当下诗论:
围绕"当下"概念的一种美学提纲

杨震 著

南京大学出版社

图书在版编目(CIP)数据

当下诗论：围绕"当下"概念的一种美学提纲 / 杨震著. —南京：南京大学出版社,2022.7
　ISBN 978-7-305-25893-0

Ⅰ.①当… Ⅱ.①杨… Ⅲ.①美学-研究 Ⅳ.①B83

中国版本图书馆 CIP 数据核字(2022)第 108155 号

出版发行　南京大学出版社
社　　址　南京市汉口路 22 号　　邮编 210093
出 版 人　金鑫荣

书　　名　当下诗论:围绕"当下"概念的一种美学提纲
著　　者　杨　震
责任编辑　陆蕊含

照　　排　南京紫藤制版印务中心
印　　刷　徐州绪权印刷有限公司
开　　本　850 mm×1168 mm　1/32 开　印张 11.75　字数 227 千
版　　次　2022 年 7 月第 1 版　2022 年 7 月第 1 次印刷
ISBN 978-7-305-25893-0
定　　价　78.00 元

网　　址　http://www.njupco.com
官方微博　http://weibo.com/njupco
官方微信　njupress
销售热线　(025)83594756

＊ 版权所有,侵权必究
＊ 凡购买南大版图书,如有印装质量问题,请与所购
　 图书销售部门联系调换

目 录

第一编 当下诗论——围绕"当下"概念的一种美学提纲

 第一部分：立论 ……………………………………… 003
  Ⅰ 方法论 …………………………………………… 004
  Ⅱ 原理论（关于审美当下问题的一个推论）…… 014
  Ⅲ 诗学 ……………………………………………… 027
  Ⅳ 诗艺 ……………………………………………… 035
 第二部分 反驳与答辩 ……………………………… 061
  Ⅰ 方法论 …………………………………………… 062
  Ⅱ 原理论 …………………………………………… 101

第二编 概念之诗或在场之思

 第一辑 ………………………………………………… 159
 第二辑 ………………………………………………… 185
 第三辑 ………………………………………………… 243
 第四辑 ………………………………………………… 291
 第五辑 ………………………………………………… 339

第一编
当下诗论——围绕"当下"概念的一种美学提纲

第一部分
立论

Ⅰ 方法论

1 思想值得用简洁、直接的方式说出来

1.1 原则:用最少的语言说出最清晰的思想。无须引证,更不需争论。因为,思想不是用来说服他人,而是用来说服自己。不是力求正确,而是力求有效。如果思想中内含论辩,那也是思维本身的逻辑活动之必然。

(注:简约不等于独断,也不等于梗概,正如思想不等于观点,思考不等于总结。用简约的方式去言说,不等于言说一个简约。思考是持续、多维、自反的意识之路。)

1.2 逻辑不是别的,只是运用语言进行思维时,所呈现出来的关联与规则。这种规则不是应当无条件遵守的律法,而是解答问题的必经之路。对于问题来说,逻辑只是工具。问题有权力改变逻辑,而不是相反。

1.3 思维具有公共性,因而崇尚逻辑。但公共性并不是思维的任务,思维的任务是提问与回答。不存在无公共性的思想,思考总是独自思考,同时又是替所有人思考,因为进行思考的是全然的意识。意识的可沟通性(思想的公共性)

是先天的。思想者并不需要通过学习来让其思想得到理解，他只需要用他所掌握的语言准确表述其思想。

1.4 在这个意义上，所有语言都是同一种语言，也就是说：所有意识都是同一种意识。对于思想来说，翻译是完全可能的。那不能翻译的语言成分与思想无关。

1.5 思想从来都不是神秘的，也不是神圣的。思想与人同在，是工具也是目的。被思想提高的是思想本身，被思想带入和平的也是思想本身。人就是思想。

2 问题是第一位的

2.1 为何我们思考？因为我们有问题。问题从生存内部生发，它无法通过技术途径消解，它必须被回答。思考并非责任，也不是荣耀，它只不过是需要。思想最终目标是进入和平，无困惑的状态，充分的自我意识，对世界的洞察——这四者是一回事。

2.2 为何写作？写作与思考是一回事。写作是思想的流通。实际上，写作不是因为"文以载道"，不是"影响他人"（虽然我们都在相互影响中成长），写作只不过是思想的自我实现。

2.3 在这个意义上，并非所有写作都是真写作。任何以"他人"为出发点的写作都是迷途。写作的第一个和最后一个读者都是自己。文字不是被"他人"阅读，而是被这个

"自我"或那个"自我"阅读。也就是说，文字是意识之镜，所看到的他者都是自我，所有的发现都是自我发现。

2.4 朝向自我是一条漫长的路，也是最值得投身的路。所谓"自我"不是狭义的排他主体，而是意识的不断反观达到的澄明。

3 没有真理，只有道路

3.1 人不需要真理。无须悬设一个对立的陌生世界，然后以不可能的方式去向往它。思考的使命是自我觉醒，是世界的自我化，和自我的世界化。两个维度缺一不可，否则是虚幻的"客观主义"，或者"自我中心主义"。

3.2 思考忌讳的是浪费，更忌讳的是徒劳。思考必须始终锚定在真问题上。思考是在生存的种种困惑中自然生长出来的解决之道。所以，思考不参与争论，不致力于说服，它只是发光并且照亮。

3.3 不求标新立异。不担心一种思考会与前人相似。只求明澈大胆地说出思路。没有新鲜的思想，但有新鲜的思考。一棵树不必因为世上有过树而丧失生长的意义。新的思考令天地间长存的思想一再复活。意识的使命在于意识到自身，而不在于是否有稳定的内容。问题的关键始终在于：去意识。

3.4 所以，关注存在的人不浪费思考于辨析异同，而是致力于求解。

3.5　解答并不等于真理。但解答对问题有效。解答只对问题有效。

3.6　问题源自冲动。问题的来源不必追问。它的出现已经是现实。若无问题最好。当它出现，我们就不得不面对。试图证明源自内在冲动的问题本身是不合逻辑的语言误用，这是没有意义的。问题之为问题，不在于真，而在于有。"渴望永恒"这个表达式并非只是在语言上对"渴望茶水"表达式的偷换，而在于，它是一个真实发挥作用的"错误"，是我们内在的真实冲动。

3.7　所以，思考并不证明它的问题为真，然后去解答。思考只须明确感到它的问题实有。

3.8　真正的问题是被"感到"的。思考本身就是一种冲动。对"感觉"和"思维"的分割，与对"自我"与"世界"的分割一样，是画地为牢的造作。思考若不从直观中来，到直观中去，就不过是无生命的标本与化石。

3.9　思考没有绝对原则，若有原则，已无须思考，真正的思考都是反思，真正的回答都是质疑。那么确定性何在？确定性只在意识本身的明澈，和随之而来的和平。

4　思考不能替代实践

4.1　思考就是实践。思考用理解来实践。思考和思索不同。思索针对直接的实践问题，而思考则针对问题本身；前者关注什么是不得不思考的，后者关注什么是值得思考的；前者关注迫切性，后者关注重要性。

4.2 思索是在既定认识框架下解决现实问题，思考是对认识框架的反思与超越，以便解答（解决）更根本的问题（关怀）。

4.3 所以，思考没有责任解决日用现实问题，不等于它不解决问题。不应当陷入"纯思"的偏执，也不应指责它为"无用"。

4.4 履行责任不等于放弃反思。应该把责任重新纳入思考。心脏也在履行责任，但它不决定整个身体走向何方。

4.5 说与做并不对立。"发生"不宜狭隘地理解为时空现象界的发生，那无时空的领域发生的事情（思想）也是事实。思考就是行动，是人类行动中的核心部分。思考和胡思乱想不同，正如行动与单纯的摆手不同，前者是有目的、有条理的。

4.6 与其说"所有思想最终都指向行动"，不如说"所有思想和行动最终都指向价值"。能有效实现价值的思想都是行动，能有效实现价值的行动都是思想。

4.7 思想的本职是解决价值问题。思想若能导向价值，比行动更为实用。行动若无价值，比思想更为空洞。

5　世界是观念世界

5.1　我们信赖思考是因为信赖观念的决定性地位。有人假定观念在这个世界上处于从属地位，但很遗憾，这无非也只是一种观念。

5.2　思考总是在一定范式中进行的。因此，没有真理，只有真理性。意识可以为自己设定客观世界，以及与之的"符合"；意识也可以研究自身内在的立法，探讨"正确性"的先验根据。但无论如何，任何一方都不能比另一方更正确。检验必然通过范式与标准，那"绝对正确"是无法检验的。标准自身限定了它的真理性（有效性范围）。

5.3　所幸的是，我们并不需要绝对真理，我们只需要相对真理。心灵的自我意识，正是在诸多范畴的观审（多角度地看）中实现的。

5.4　真正的"真理"（我们反讽式地借用这个词）在存在中。真正的"真理"是：澄明的意识，坚定的存在。

5.5　意识与存在是一回事。只有一个世界，它在进行着自我意识。

6　始终是现实感带领我们思考

6.1　我们普遍陷入对概念的思考，这是本末倒置。概念是为了解决问题产生的，本身不应该成为研究对象。现代人背负着沉重的概念史，动辄得咎，举步维艰。太阳每天都是新的，思考也是。世界就在我们眼前，我们却转身进入图书馆。

6.2　本该带着问题读文献，我们却把文献当成问题。读书的意义仅在于：启动意识在各种方向和层面上的活动，以达到健全与明澈的观照。得到阅读的文字，已经属于正在阅读的心灵。通过阅读我们并不学习什么，而是发现自己。并不是一个心灵在阅读另一个心灵，而是心灵通过一种启迪再次发现自己。就像树必须一再地从种子中长成，除了基因，它并不从其他树中借用什么，但基因不是别的，就是它自身。一个心灵在思考，就是所有心灵在思考。一个心灵获得的自我意识程度，就是任何心灵获得的自我意识程度。

6.3　心灵始终只能靠自我确认。它的自我确认程度就是它所抵达的自我意识程度。心灵并不会欺骗自己，因为它的天性是反思。自我陶醉的灵魂是心灵萎缩的表现。依赖他人确认的心灵是自弃的表现。但他人作为镜子可以强化心灵的自我意识。

6.4　经验始终是第一位的。即使在经验不可靠的时候，也依然是"经验"的不可靠在刺激着我们思考。经验是心灵的生命。经验不是别的，就是我们直接面对（造就）"世界"的方式。

7 真理性源自内省

7.1 凡有助于人坦然面对死亡获得内心和平的道路，都有真理性。

（注：真理性无须正确，只须有效。有效不等于日常所谓的实用，有效始终是指向存在的持久和平。）

7.2 真理性的论证可以是逻辑的或者经验的，但真理性的前提却始终是直观的。公理无法证明，只能直观。科学再发达，人类认识的基点始终是直观。

7.3 直观又叫内省。获得内心和平的道路只有每个人在自己内心中确认。值得重申笛卡尔那个原则：凡是在内心极清晰且分明地想到的都是正确的。难在"清晰且分明"，那是面对一切经验和逻辑的拷问依然确立的认识。

7.4 我的思考将以一些内省原则为出发点。

8 语言依然只是工具

8.1 对语言的自觉和分析，并不触及思考的实质。把哲学问题归为语言问题，并不解决问题。

8.2 思考背后是那被称作"意志"的，前面是那被称作"行动"的。思考只是一个中介，即使全部的思考还原为语言问题，也依然只是中介问题。

8.3 相信那带动思考的，比思考本身更重要；思考的目标,比思考本身更重要。

8.4 思考的核心不是"真",而是"善"。真理问题终究要归于价值问题。

8.5 思考的意义是安顿,而非求真。真理就是能安顿生命的谬误。话语不期待说得正确,而在乎说得有效。

8.6 认为语言对应一个基本事实是天真的,认为语言可以独立构造世界也是天真的。语言是与经验对应的,语言的公共性源自主体间经验的可通约性。一切交流都是经验交流。语言反过来塑造经验,但语言归根到底不是先验的,而是经验的。

8.7 客观性终究不过是主体间性——主体间的可沟通性、可互证性、可协作性、可介入性。

9 思考不必实证

9.1 实证科学在近代百年有着长足进展,成为解决很多认识与实践问题的有力工具。这不可否认,也与这里的思考并行不悖。

9.2 实证科学表明了意识与世界之间的一致性,这正是此处的思考所承认的基本前提。只不过,实证科学所探讨的一致性只限于现象——具体、个别的现象。它并不负责也无力解决本体问题、价值问题、反思问题。

9.3 如果人的意识在实证科学研究下,的确呈现出某种"进化"渊源,某种人与其他物种、物质之间的连续性,这丝毫不抵牾此处的思考,而正是此处要强调的,意识与世界之间的同一性。

9.4 然而,意识并不因这种同一性,而可以还原为可实证的某种始基。经验科学的解剖术,从根本上无法对作为整体的世界进行研究。因为这个整体并不是部分相加的整体,而是本体。

9.5 本体问题的依然存在是由意识的基本结构决定的。科学消除不了本体论,也消除不了其他形而上学追问。心理学代替不了哲学。

9.6 正如莱布尼茨所言,音乐是不懂数学的人所做的数学游戏。数学家尽可以研究并发现音乐家作品中的数学规律,然而并不能因此炮制出音乐作品。音乐家自动是数学性的,但数学家并不自动是音乐性的。鸟可供鸟类学家研究,鸟类学家却无法变成鸟。思维可供实证科学追踪,实证科学却造就不了思想。

9.7 因此,思想只须面对自身的问题,而无需考虑背后的发生原理。

Ⅱ 原理论

（关于审美当下问题的一个推论）

1 幸福是所有追问的最终目标

1.1 然而，日常的幸福之道却不是哲学的终点。真正的幸福是最简单的，也是最困难的，它不在于任何处世之道，而在于对死亡现象的洞察。

1.2 只有解决死亡问题才能解决幸福问题，否则，所谓幸福都只是自欺。

（注：死亡并不是物理上、生理上的问题，总之不是一个经验主义问题，不是实证问题，而是一个形而上学问题。见下 2。）

1.3 持久和平（幸福）不是快乐状态，也不是所谓的"无矛盾"状态。它不是在外观上异于任何生活之道的幸运或例外，它只不过是一种态度。它是心灵的高度。用来感受快乐的心灵，有朝一日只因自身而满足，那就是持久和平。

1.4 快乐是不重要的。

2 死亡是根本的形而上学问题（形而上学不会消亡，因为我们必会消亡）

2.1 是死让有限与无限，存在与不存在成为一个现实、永恒的问题。"世界存在"的问题，只有归结为"人的存在"问题才是有效的；而"人的存在"问题，只有归结为"我的存在"问题才是有效的。

2.2 "我的存在"是最神秘的问题。若无自我意识，则一切困惑并不存在。很多哲学（宗教）致力于消除自我意识，原因正在这里。但若无自我，那被消除了困苦的是什么？（谁来领受消除困苦后的和平？）也有很多哲学在强化自我意识。但强化若不是为了超出，那得到强化的除了困苦又会是什么？所以，问题的关键，不在消除，也不在强化，而在于看透自我意识，用不断的突破与反观扩大那个受到限定的狭隘自我，领会自我与世界的同一。

（注：这个自我既不是一个先验自我，也不是一个需要走辩证法道路的绝对精神，而是一个经验自我。但它与世界之间的确有一种先验的同一性。这个同一性如何造成分裂，即"自我"与"世界"分立的意识，有待探讨。本文倾向于在分裂的自我意识与同一的自我意识两极之间划出自我意识程度，"自我意识"的出发点是个体意识，而终点是世界的自我意识。）

2.3 "自我"诞生了，但还不足以充分理解自身，终生陷于"终将消亡"的恐惧中。因此,解除恐惧,不在于抵抗消亡的事实,而在于理解自我。理解"自我",就是要理解"消亡"。

3 世界是意识的产物——这是理解死亡的关键

3.1 只要人们逻辑地思考问题,就不得不承认:意识不能企及与自身无关的事物。否则就会因越界而陷入悖论。"自在世界"只是意识的假设。对那个世界,我们只能像康德那样说:即使有,也无法对之产生认识。然而这是没有意义的虚设。

3.2 恰恰只有意识范围内的事物具有实在性。假想中的"意识之外"的事物并没有实在性。

3.3 假定"意识之外"有实在,就会产生两种信仰(而非认识),一种是对上帝的信仰;一种是对科学的信仰。前者假定意识之外有更高的意识存在,后者假定意识之外有自然物存在。于是,对消亡问题的解决,就托付给了"更高的意识"或者"自然规律"。

3.4 神秘的上帝和神秘的物自身始终是我们所无法企及的,我们所能知道的只是现象,也就是我们自己意识所构成的世界。这意味着,问题并不能依靠上帝或物自身来解决,而要靠意识自身。

3.5 黑格尔(以及谢林等)提示了那个关键:这个自我意识和那个绝对精神,乃是同一的。

3.6　世界既然是意识的产物,那么,任何问题,归根到底是意识问题。任何答案,归根到底也要通过意识自身的觉醒来抵达。

4　意识也是世界的产物

（注：这一点和上一点并不矛盾,原因就是同一性。）

4.1　我们不能触摸到物自身,我们作为物自身去触摸"世界"。(我们作为物自身而存在。)我们总是先存在,而后有意识,这近似于睡醒的刹那我们身上发生的情况。

4.2　我首先是作为世界,然后作为自我而存在。我从世界中来,我就是世界。

（注：这里的"然后"不是时间上的,而是逻辑上的。）

4.3　我意识,就是世界在意识。我思考,就是世界在思考。那个神秘的上帝终将是"我",而那个神秘的"物自身"也终归是"我"。我是客观的。"我"被我化了。

4.4　意识和世界之间之所以能够"符合",人能在现象界发现规律,并不在于"立法",也不在于"发现",而在于同一。一切本来就在世界之中存有。没有什么增加或者减少。

4.5　进化论即使可能,也是表面的。世界在根本上不增加,也不减少。(那么,为何会"产生"人的意识?)

4.5.1　意识在世界中流行,就像河在河水中流行。

4.5.2　人的意识,不过是"反思"。一滴水突然从水流中跃出，照见了这条河。这是意识个体化的第一步。不管这个个体化意识（反思）是什么，都会被称作人类。

4.5.3　所以造成了："人类只能在世界之中，却又似乎在世界之外"的悖论。自我意识即反思的第一步是分离。分离并不是什么物理事实，而是意识的本质结构。

4.5.4　分离只是幻象，根本性的却是同一。为了复归本原的同一，并不是放弃反思，回归蒙昧，而是无限贯彻反思，类似两面镜子相对所出现的无穷映照。意识就是在这种无穷映照中回到世界本身。更准确地说：意识到自己就是世界本身。

4.6　没有什么会在这个世界上"死去"。当意识之火在一个躯体上点燃又熄灭之际，意识必须足够领悟自身，知道那可以视作熔化和消耗的，并不是火（燃烧）本身。

5　死亡并非一个物理事实，而是意识中的观念

5.1　伊壁鸠鲁已经指出过，我并不能经验死亡。我要么还没"死"，要么已经死了于是没有"我"。在这两种状态中，都没有死被我体验到。因此，死并非现象界的事物之一种。相比于任何其他现象，死亡更直接的是意识本身的产物。死，始终是"我"的死，但"我"并不会死，因为死就是"无我"的一种状态。"我"只会无限朝向死亡而运行。其实，归根到底，死亡是"我"向着"无我"无限接近的活动。（因而它不仅是时间性的，也是空间性的。）

5.2 因此,死亡是二元论的产物。"我"与"无我"的设定,注定了死亡成为存在的核心结构。死亡无处不在,无时不在。只有消除二元论,才能(就能)消除死亡问题。

5.3 消除二元论,意味着意识到"我"与"世界"(这两个观念)的根本同一性。

5.3.1 消除死亡,不是始终保留一个"我",而是提前进入(意识到)无我。然而,(据1.2)又必须同时保留自我意识。

5.3.2 理想状态就是:提前进入无我,而又同时保留自我。简单地说,为了解除死亡,我们只有提前死。要意识到:我们已经在死。

5.3.3 自我与无我的悖论式统一,本身是反逻辑的,因此,纯思不能抵达理想状态。

5.3.4 悖论的统一,只有在体验中是可能的。理想状态是审美状态。

审美就是实践。在当下性中存在。空间让我与无我分裂,时间恢复它们的统一。我与世界共享同一时间。唯一的时间是当下的时间。过去和未来是用空间描述时间。过去和未来是虚构的。

6 死亡问题实质上是时间问题,时间实质上是时间意识,消解死亡的关键在于消解时间意识

6.1 时间性,亦即对于"过去"与"未来"的意识,是意识的产物(注:奥古斯丁)。更确切地说,时间是记忆的产物。

对于无记忆的意识,不会有时间观念。

6.2 过去和未来是用空间来描述时间,是在记忆与想象空间中对时间的陈列,是无法体验的虚构。虚构的空间性时间观念,是功能性的,在生存层面是有必要性的,但在认识、存在、价值层面是有负作用的。

6.3 唯一可以体验的时间唯有当下。并不像传统哲学所认为的:当下只有在过去与未来的衬托下才凸显。当下是无条件的、直观的时间。

(补:"永恒"并不是"瞬逝"的敌人,"过去"和"未来"也不是"现在"的敌人。前者是我们感受和浸入后者的一种范式。我们信以为真的永恒,让每一个瞬逝的当下染上了光辉。2020-3-4)

6.4 世界只存在于当下。意识也只在当下进行意识。当下意识是自我意识的极致:在当下＋意识凝聚在当下。

(只在当下,是动物境界;在当下,且产生过去未来意识,是功利境界;在当下,且意识凝聚在当下,是存在境界,亦即审美境界。)

6.5 相对于传统的时间观念,"当下"意味着"无时间"。

6.6 流逝的时间是记忆与想象的虚构。唯有当下为实在。

6.7 当下是唯一的实存。意识经常被"过去"与"未来"

的观念带走,偏离当下,而陷入得失。意识只有回到当下,坚守当下,才能回到事实。

6.8 回到当下是难的。因为人总通过记忆与想象,在过去或未来中,评估或筹划当下。而不是"进入"当下。

6.9 即使对过去的记忆,对未来的想象,始终也都是在瞬间的当下意识中呈现的。当下意识是意识的全部。

6.10 死亡是流逝意识的产物,在当下意识中,既没有生成,也没有死亡。只有瞬间。瞬间并不在于长短,不在于一个铺展的绵延。在全部的时间中有全部的存在。

(注:若接受传统时间观念,则哪怕 0.001 秒也是一个绵延,一个有着过去与未来的流逝过程,区间,一个空间性的状态。在当下意识中,哪怕用时钟计量的一小时、一年乃至更长,都只是一瞬间。瞬间不是极短的长度,而是没有长度。)

7 真正进入当下,是审美状态

7.1 审美就是当下存在。理想的存在就是持续的审美。

7.1.1 审美不是单纯的欣赏美,抒情,感受,对形式的偏好,快感……这些都不是审美的关键。审美是凝视,倾注全部存在于当下——精力、感受、思考、情感都凝聚于当下。

7.1.2 当下性就是感性完满性。感性并不排斥任何其他心理和行为,感性是全部思想与行为的身体化。当下化就是身体化、体验化、直观化。只有直观中我们才能凝聚于当下。

7.1.3　审美不排斥人类心理、经验的任何组成部分，审美只拒斥对当下的剥夺。

7.1.3.1　所以，审美无偏好是有道理的——如果欲望和偏好将注意力引向当下之外。

7.1.3.1.1　康德关于审美只关心形式不关心实存的论断是有问题的。康德是个二元论者。殊不知形式就是存在，存在就是形式。关心对象的存在，其实是关心意识对对象的"存在感"。存在就是"存在感"，而形式是"实有的形式"。

7.1.3.2　审美与概念、逻辑思维相区别，也是有道理的。因为逻辑思维虽然无时空，但也取消了当下，也就是说，在逻辑思维中，一切都是抽象的，存在被架空。并且，逻辑思维遵循矛盾律、二元论，否则无法进行。审美正是逻辑思维止步之处，是悖论的狂欢节。

7.1.3.2.1　然而，审美终究是思维的成就。倾注全力于当下并不容易做到，更不是弃绝思维就可以回到的原始体验。这要靠思考，把全部生存要素调集起来，照彻瞬间的实存。思考只有奔跑到尽头，才会跨入审美。

7.2　审美不是人类经验之一，而是任何人类经验共有的一种可能性，一种素质。当一种经验能够指向存在之当下的时候，它就是审美的。

7.2.1　因此，审美是人类经验的理想状态。

7.2.2　不能当下化的经验是失败的。不能当下化的生活是空虚的。

7.3 时间是意识的产物。当下也是意识的产物。当意识不再瞻前顾后,亦即不再被回忆或者想象带走,而是专注于意向性活动本身,它所面对的就是一个当下。

(注:意识不仅是朝向认识的那个抽象的、运算中的意识,而是整个身体性存在的意识,通过五感、思维、身体、动作、行为来实现的综合性自觉,它实际上意味着一种"自我意识"或"自我察觉"。)

7.3.1 意识的这种专注性与当下是相互解释的。专注就是对当下的专注,而当下就是专注中的当下。

7.3.2 在当下意识中,并非排斥回忆和想象,有时候,回忆和想象恰好可以强化一个当下意识。比如某个当下场景激活了某个记忆,使得意识停留在这一场景中。这时候,可以明显分辨当下与非当下之间的复杂关系。如果非当下(回忆)过于强烈,则意识被带走,对目前的一切视而不见,在场的场景只是作为导火索,引爆记忆之后就消失无踪。如果意识在回忆的激活之下,进一步沉浸在对当下场景的玩味中,回忆就成了当下化的催化剂。想象亦如此。没有回忆与想象,我们几乎无法实现一个当下意识。

7.4 审美是道德的终点。道德是走向审美的必经之路。

7.4.1 道德主义是审美的敌人,因为道德主义把原则高悬于一切当下之上,蔑视并剥夺存在的每一个瞬间,让每个存在瞬间都燃烧来献祭给一个原则。然而,道德主义是虚无的,它的原则并不能为任何只存在于瞬间的生灵所享用。所以,道德主义首先也是道德的敌人。

7.4.2 真正的道德与道德主义无涉。道德只不过是人类获取幸福的经验总结。道德是人类朝向持久和平的道路。道德是实现持久审美之前人在生存之各方面的准备。

7.4.3 义务论的道德与幸福论的道德是一回事。因为幸福不是单个人可以独善其身的幸福,而是主体间共有的幸福。幸福的公理就是:只要世界上还有一个人是不幸的,我就有可能是那个人。义务的公理就是:即使世界上所有人都幸福,我也随时有可能成为第一个不幸的人。义务也不是异己的、物化的义务,义务不是列维坦,道德义务就是在行为中对逻辑的遵从。义务的存在恰好证明:自我就是世界。自我从来不是作为纯粹的个体而存在,他同时作为全体而存在。他对幸福的追求,就是替所有存在者追求幸福。就是世界自身在寻求完满的自我意识,自我意识的完满。

7.4.4 道德是走向审美的必经之路。个体伦理学是个体走向审美生存的道路,社会伦理学是全体走向审美生存的道路。前者是权宜,后者才是根本。

7.4.5 所以,审美必然诉诸道德,而道德又必然诉诸政治。审美实质上是一个政治问题。

7.4.6 美学既是最终的伦理学,又是最终的政治学。而在这之前,美学首先是教育学。

7.5 审美问题终归是政治问题,一种良好的美学必是政治学,一种良好的政治状态必是审美状态。

7.5.1 审美是人的最大福利,即对于只存在于当下的生活(生活的每一个当下)的提升,对当下意识的优化。良好的政治必有利于社会福利的最大化,那么,它最终要成就的是一种审美最大化。

7.5.2 但审美并不是无条件的,审美(作为感性)既是基础,(作为当下意识)又是上层建筑。因此,政治(这里把经济归为政治的一部分,政治不必然是经济,但经济必然是政治)是审美的前提,它必须为审美解决基础问题。保障生命的基本需要,这是不言而喻的;自由,民权,协调,也是良好生活的前提。否则的话,审美始终只是偶然的奢侈,形同监狱的放风。

7.5.3 同时,审美也是政治的向导,是政治是否良好的试金石。良好的政治状态,是一种审美状态。所谓"小国寡民,鸡犬之声相闻,民至老死不相往来",所谓"安居乐业",所谓理想社会,正是人们都能够最大化地凝聚于生活的当下,充分体验、投身于此时此地的存在,真正在场的状态。

7.5.4 一种良好的政治,就是要成全每个人享有各自独特的当下,保障每个人在其生活中充分在场。

7.5.5 必要的时候,柏拉图是对的,要以政治疗救审美之弊;然而,柏拉图没看到另一面,必要的时候,要以审美疗救政治之弊。

7.5.6 坚持让一个社会培养其良好的审美趣味,让其公民具备良好的当下意识,就是良好的政治变革。(只有从"当下意识"的培养这个节点入手,席勒的理想才是合理、可行的。)

7.5.6.1 坏的政治,倾向于败坏人的审美趣味,有时不惜以"美"的名义,将审美概念化、符号化、标准化,以美的名词摧毁审美,摧毁人的感性、独特性、个体性,存在之在场性,弱化自我意识,变成权力之工具。

7.5.6.2 良好的审美意识(即当下意识,个体意识,非工具意识,完满意识),对改进经济效率、政治协调性、社会宽容度、危机反应能力,有直接的促进。

(很显然,当一个木匠专注于他当下的劳动,就能比心不在焉的学徒打造出更优良的家具,当他不仅专注于劳动,还对他所处的当下有所觉悟,用通俗的话说,还能"欣赏"他自己的劳动,不仅观,而且反观,那么,他就会不断微调、改进,把更多技艺、经验、想象、思路融入当下的活动,打造出更精美、适用的产品。其他任何经济、政治活动可以以此类推。)

7.5.6.3 因此,审美的就是功利的。

7.5.6.3.1 我们往往看不到这一点,是因为审美总是朝向功利的更高层次,而不总是解决直线的、目前的功利。

7.5.6.3.2 把审美和功利对立起来,如果不是一个巨大的错误,那就是一种委屈的修辞。警告人们让审美与功利保持距离的,其实是警告人们别因为小的、短浅的功利而伤害了更大、更高远的功利。

Ⅲ 诗学

1 诗是生存的当下化

（注：这里，诗可以替换为任何一门艺术，或"艺术"。）

1.1 "诗"是一个动作。诗就是写诗。

1.1.1 写诗并非只是在纸上写下文字的诗行。所有不写诗的日子，都应当指向诗。这样，最后的那篇文字才可以称作"诗"。

1.1.2 毋宁说，文字之诗只是提炼。从生存之矿中提炼出那不惧怕死亡的部分，那不受时间意识干扰的部分，倾注于当下的部分。

1.1.3 存在之诗胜于文字之诗。文字之诗只是对存在之诗的预演、训练与过渡。

1.2 所以，诗是一种态度，从想象和回忆中脱身出来，投身于当下。

1.2.1 可是，诗中往往充满回忆与想象，人们常说，诗是想象的产物。其实，这并不矛盾。它是对非当下意识的一种当下化，在场感对非在场感的一次同化。诗欢迎回忆与想象,甚至也欢迎概念与思想,但诗中的回忆并不朝向过去,想象也并不朝向未来,思想也并不朝向一个结论。诗让它们回到当下,在当下被激活。诗中的"过去""未来""思想"都通过当下发生作用。

1.2.2 当下化就是让整个意识集中于当下。非当下就是"心不在焉"。诗就是凝聚。任何活动,一旦凝聚在当下,就是诗。

1.2.2.1 爱情容易入诗,自然风光容易入诗,异国孤旅容易入诗,因为这些时刻,人的精神容易凝聚在当下。

1.2.2.2 "凝聚在当下"不同于"在当下凝聚"。数学运算和科学试验不是诗。它们在当下凝聚,却是对当下的遗忘。"凝聚在当下",是在你所在的时间与空间,充分地在场。由于这种活动一方面取消了空间性时间意识,一方面取消了物我的概念性区分意识,所以,极致的意识近似于极致的遗忘,"物我交融",有时又叫"物我两忘"。

1.2.2.3 所以,写诗反而不是诗性活动,只是对诗性活动的保存,期待对诗性活动的激活。

1.2.2.4 "好诗不厌百回读",就是因为,读诗并非读一个文本,而是激活一种在场状态,让想象、认识、情感、道德都能自由游戏。(这一点上康德是有启发的)

1.2.2.5 "真情实感""言之有物"(区别于纯粹修辞)帮助我们回到当下。回忆、想象、情感、思想都是当下的建筑材料。只注重修辞的写作,就是无法让人"在场","情"与"物"本质上并非"客观之物",而是"在场之物",是在场性的建筑材料,甚至灵魂。

1.2.2.6 文字之诗终究是要被超越的,最终要写的是生命之诗。

1.2.2.7 然而文字之诗却不可或缺,因为日常生活总是处于功利原则的支配之下,以及工具性时间意识的支配之下,剥夺了人的当下,亦即剥夺了人的存在——在场感、隽永感。文字之诗,是在日常时间中对非时间性的提炼,是对在场感的培养,对生存的提振,将其提振为存在——当下存在。

2 所以,写诗实质上是一种道德行为,建构一种好的生活的必经之路

2.1 拥有良好生活的人,必然是下面三种人之一:能创作诗的人,能欣赏诗的人,能诗意生活的人。(但反过来并不一定成立。)没有诗意趣味的人,只能是南辕北辙的道德主义者。

2.2 "诗人"等于"好人""有福之人"。

(注:但并不是说,写作诗歌文本的人都可以称作"诗人",这里的"诗""诗人",都是指符合本文描述的诗性原则的人与事。见Ⅲ.1的界定。)

2.3 写诗是一种修行。

2.3.1 修行却不是写诗。诗是开放的,对人性全部组成部分的包容,宗教性修行或多或少总是对人性的否定,适得其反;诗是凝聚于当下,宗教性修行总是对当下的遗忘、贬低

与摈弃，执着于超越。但是，真正高明的修行，最终也会走向诗。是否有诗意，是衡量一种修行是否良性的标志。

2.3.2 对于克服死亡意识，朝向好的生活，诗是比宗教活动更合理的方式。后者是不可能的超验取向，是对时间意识的承认，然后试图超越；前者却是对时间意识的跳脱，回归在场。

2.3.3 不是"通过写诗来构建更好生活"，而是"写诗即更好地去存在"。

2.4 因此，道德上有所建树的人才能写好诗。

（注：见Ⅱ.7.4的论述）

2.4.1 这听起来耸人听闻，很像是柏拉图式的道德美学又复活了。然而，这里有特定的语境。"道德"是在Ⅱ.7.4的意义上使用的，即道德是建立美好生活的途径，是克服死亡意识的诸行为原则。这个意义上，作为行为原则的道德，和作为行为本身品质的诗，是一体之两面。

2.4.2 把诗理解为纯文学现象是不妥的，理解为纯美学现象也是不妥的，诗是伦理现象。当人用全部的存在去写诗的时候，就是道德的人；当他把存在之诗翻译成文字，就是写诗的人。当他道德的时候，他是存在性地审美；当他审美的时候，他是形式化地道德。

2.4.3 审美不是单纯地"去观看"，更是"去存在"。凡是更有助于人存在于当下的，都更有利于诗。良性的道德，就是良性的美学。

2.4.4 反对静观的美学。要在人的全部实践中实现诗学理想,也要用全部的诗学成就去改良人的实践。

2.4.4.1 审美之静,并非静坐之静,而是对当下的专注,在场即静。专注于一场体育运动,也能体验到审美之静。

2.4.5 道德上无所作为的人,即使有诗,也只是装饰。

2.4.5.1 这里决不是以道德教条绑架诗,而是要强调"诗"本义上的实践维度。毋宁说,这里要以诗性重塑道德。只有作为伦理学的诗学才是良性的,也只有作为诗学的伦理学才是良性的。

3 诗是哲学的实现

3.1 哲学的顺序:认识论—美学—伦理学
教养的顺序:哲学—诗—生活

3.2 诗是哲学成就的实现。更准确地说,诗作为体验既是哲学的来源,也是哲学的归宿。有价值的思辨终究要付诸体验。

3.3 哲学是为诗做准备的过程。没有哲学思辨,难以实现真正的诗性。为了更好地感受,我们必须更透彻地思考。思考并不是达到合乎理性的结论,而是达到更为坦然的存在。

(在此并无规定判断与反思判断的区分,经验与思想不是两个东西。没有思想支撑的经验是盲目的经验,没有经验支撑的思想是空洞的思想。)

3.4　思指向更好的存在，那就是诗。

诗也是对思的一种开拓。

3.5　但若认为可以借用诗的形式来议论，那就是对诗与思关系的最大误解。虽然诗与哲学都使用文字语言，但诗实质上是直观的，是哲学的肉身化。让原本无时间的思想具备当下的生命，这是诗的使命。诗是活的思想。

3.6　实际上，人是一个活体，他既思考，又感受，又行动，三者从来不曾分开。分析法只是方法上的权宜之计。

3.6.1　所有名词，实质上都是动名词。没有一个叫"思想"的东西，也没有一个叫"诗"的东西，只有"在思考""诗性地存在"。

4　诗是二级语言

4.1　不存在语言要去符合的世界。语言是世界自身的言说。世界在言说中成长。它是运动，是创造。对科学语言的追求是徒劳的。语言始终只能在具体使用中改良。把语言精制成一件自成目的的艺术品，是悖谬的。

（语言不只是符号，也不只是工具，语言是我们存在的方式。）

4.2　诗歌的语言并非日用中的语言。诗歌并非初级语言，而是二级语言。也就是说，它并非直接言说某事，而是通过言说来构造意象，再通过意象的语言来进行言说。

4.3 因此,诗并非从经验上升到概念的普通语言活动,而是将概念还原为经验的艺术活动。

4.4 诗的语言本身就是一个证明,证明语言的生命在于经验。语言就是我们经验世界的方式。没有什么是真正抽象的,凡不被我们感到的,都不被我们想到。任何语言实质上都是诗,都朝向具体的存在。

4.5 诗扬弃了语言的工具性、符号性,还原了语言的经验性。好的诗歌、语言和经验是一体的,我们对语言的经验,就是我们对经验的言说。

4.6 但这不等于否认语言的工具性身份。语言有两重身份:作为工具的语言和作为经验的语言。这可以类比于我们的肢体,我们的肢体一方面是工具性的,另一方面是经验性的,它们一方面为"我"所利用,另一方面构成"我"。

4.6.1 只有重视工具性的语言,才能优化经验性的语言;从工具角度对语言的改进,就是从语言角度对经验的改进。

4.7 诗作为"二级语言",是以初级语言激活经验,再以这些经验为语言,构建"二次经验"。

4.7.1 所以,诗实质上是创造。不仅创造语言,也创造经验。它是对经验的提升,不仅提升对语言的经验,也提升表达经验的语言,还提升人类经验自身的强度、精度与深度。

(注:在这个意义上,我们这里的"诗"是广义的文学,也

是广义的艺术。)

5 诗是一门技艺

5.1 技艺意味着,存在着人所共享的基本原则和技能。不是"会说话就会写诗"。因为,"会说话"只是掌握了一级语言,而诗是二级语言。二级语言有自身的技能和原则。

5.2 技艺意味着,诗艺是可以传授的。不掌握技术必然写不好诗,但掌握技术并不等于能写好诗。

5.3 技艺意味着,诗和任何一门艺术一样,有赖艰苦持久的练习,而不是信手拈来的长短句。

5.4 技艺意味着,诗不忌讳"老生常谈",也不忌惮突破与革新。

Ⅳ 诗艺

A 原则

(注:同样,此处可将"诗"视为一个隐喻,来指向"文学"和"艺术",以及其他表达、体验与创造活动。)

1 精于遣词造句

(说明:诗是语言的艺术。语言之于诗,就像乐谱之于音乐,颜料之于绘画,肢体动作之于舞蹈,大理石之于雕塑,砖瓦柱石之于建筑。不经营语言,无以谈诗。)

1.1 尽量扩大词汇量和句型(表达式)。只有掌握尽可能多的词汇,以及不同的句型,才有可能选择对于当前表达需要来说最恰当的表达方式。

(注:一方面,并不存在像克罗齐所说的,在媒介表达之前已经在头脑里完成的作品。作品就是通过媒介实现的作品,即便媒介可以通过想象虚构,比如打腹稿。另一方面,作品也不是随机创作的,而是先有了某种既定的表达欲求,表达内核,然后结合媒介来进行创作。可类比于基因的显性表达,及其变异、突变。创作是既有与未有之间的互动,媒介与

意图之间的共生。)

1.1.1 为了扩充语言库,第一是阅读,第二是聆听,第三是创造。个人在语言上的创造性是有限的,语言是公共产物,凯撒也不能制定语言,但个人可以创造对语言的新用法。语言的学习也不是机械阅读和聆听所能实现的,要通过创造性运用来学习,也就是说,携带着表达中出现的难题来阅读和聆听,这时候的学习才有效果。

1.2 培养语言的精确性,用高度准确的词汇和句式来描述一个事物、叙述一个事态、表达一种情感、澄清一个思想。

1.3 多做基本语言练习。笔记、日记都是非常好的语言练习。

1.4 注重日常语言。不滥用语言,养成检点语言的习惯,在任何口头和书面表达上,避免流俗、随意、坐滑梯,要利用一切使用语言的场合,优化表达的简洁与准确。

1.4.1 诗相比其他艺术的优势,就在于随时随地可以练习。这等于直接把日常生活提升到诗的水平。也把日常生活的一切营养纳入诗。

1.4.2 日常语言与诗歌语言脱节,只能说明这个"诗人"是虚假的。他貌似高雅的诗歌语言只是造作,他泯然众人的日常语言只是放纵。

1.5 他应该用他全部的存在去练习一首诗。这样,诗的品质就会注入他的全部生活,作为回报。

2　善于观察

2.1　诗要最大限度地汲取个人的全部经验。这就不仅要投入生活,而且在生活的各个环节上要养成观察的习惯。不仅做到,而且看到;不仅经过,而且进入。

2.2　观察不是旁观,是既投入又审视。古人有一个词"体察",是对这一原则更适合的表达。

2.3　观察,是自我意识的强化,是观看,也是对观看的观看,即反观。

2.4　因此,观察是当下化的核心方法。即,全部意识凝聚于当下。

2.5　不仅要用眼睛观察,还要用耳朵、鼻子、舌头、手指、脚步、呼吸、肌肉、运动、劳作来观察。只有调动全部感官,才能获得现场感。

3　观察的要点,在于细节

3.1　功利的生活,以及概念的生活,都造成对细节的忽视,因而也就造成了人始终"不在场""心不在焉"。做到充分在场,一个重要的步骤,就是对细节的关注。一个苹果只是用来卖,或者用来吃,它的细节丰富性得不到重视。一旦它的全部细节丰富性被人注视的时候,它就进入了我们的当下,我们也进入了它的当下,它就变成了诗。

3.2 对细节的观察,并非事无巨细的观察。一个人倾其一生,也无法穷尽一个苹果的全部细节。要选择有意义的细节。有意义的细节,是与人的当下存在相关联的细节。细节的丰富性应该相应地揭示出个人存在的丰富性,这样的细节才是有效的。(如海伦出现时长老对话的细节,哈姆雷特犹豫的细节,麦克白夫人洗手的细节。)

3.3 细节也是塑造真实性的关键。只有实际体察过的事物,它的细节才得到彰显。虚构的、忽略的、抽象的事物,缺乏细节,是对当下的遗忘。注重细节,就是注重当下。

3.4 细节让事物在场。

4 具体

4.1 每一个当下都是独特的。为了把这种独特性描画出来,需要锁定很多向度上的坐标:特定时间,特定地点,特定事物,特定的色、声、香、味、触,特定动作与关系,特定的气氛,它们共同锁定一个独一无二的当下。

(这种多坐标的锁定,并不是古典三一律的复述。诗不应该机械地遵循什么范式,而应该变通地掌握一种原则。)

4.2 具体性要靠细节来落实,但具体不等于细节。过多的细节,也会让文字失去焦点,变得芜杂而空虚。具体性要寻找坐标点,把细节整合在一个总体氛围中。

5 精确

5.1 与具体性相应的是精确性。

5.1.1 精确性,这个问题似乎暗含着符合论,以及更为基础的二元论。也就是说,所谓语言与世界、表达与内容之间的吻合。但是,符合论是牵强的,顶多是认识论历史上的权宜之计。

5.1.2 不妨结合机械的精确性来理解诗的精确性。说一个机械精确,并不是说它和某个柏拉图理念王国中的机械吻合,而是说它各个部件制作精良,筛选严格,配合紧密,能够低故障、高效率地完成任务。诗的精确性也如此:调集恰到好处的词汇、句型、语法,精密、优质、高效地致力于效果——可以是抒情,刻画形象,制造气氛,发展情节,也可以是以理服人。

5.1.3 任何粗糙、草率地运用语言,对于诗都是不能容忍的。但任何毫无理由的藻饰文采,对于诗也是不能容忍的。

5.1.4 诗既不是创造美,也不是直抒胸臆。诗只是精确地表达。

6 思维的广度与深度

6.1 第一层,强调的是诗作为语言艺术。第二层,就要强调诗作为思想艺术。实际上,思想和语言不可能两分。只不过,哲学用一级语言表达思想,或者说,通过概念逻辑直陈思想;诗用二级语言表达思想,通过一级语言所描画的物象、情景、境界来实现思想,呈现思想。

6.2 在任何艺术中,反智主义都是悖谬的。艺术家首先是人,人是思想的存在,能把存在思想化,也能把思想存在化。思想的高度,决定存在的高度;人的高度,自然也决定了艺术的高度。

6.3 诗人需要勇于思考,善于在思想上突破。他会发现,他的思想像屋顶一样,限定着他全部的活动空间。

7 诗要不像诗

7.1 历史形成了对"诗性"的舍本逐末的定见,让人们把某些特定的词汇、意象(夕阳芳草,玫瑰夜莺)当作"诗意"的象征,这是对诗的背弃。因为,诗反对脱离语境的抽象,对语言的纯粹符号化运用,尤其是对在场性的剥夺。

7.2 所以,保持诗性,恰恰要靠抛弃"诗意"——传统对诗的定见、俗语、惯例。回到直观,回到当下。用自己的眼睛注视眼前的世界。

7.3 好诗总是"不像诗",不符合人们对诗的想象、定见。好诗总是让人们忘了它是诗,而被它直接带入它所构造的世界,就像那是一个更真实的世界,属于正在阅读的"我"的世界。

8 扩大阅读

8.1 阅读是学习诗的必要条件。"读万卷书,行万里路"这句俗语,正好概括了这里的两个诗艺维度:来自语言的,和来自经验的。

8.2 通过阅读,扩充的不止是词汇量、句型、表达方式,通过阅读,更多地掌握了不同的经验方式,知道了多种可能性,甚至,通过阅读,可以汲取诗中承载的能量,因为诗并不只是文字,而是历史经验的当下化。一旦阅读,就是对某种能量的激活,就是把存在的复杂性、多面性融贯在同一个鲜活的当下中。

8.3 阅读让人保持旺盛的生长性。

8.3.1 阅读即坦诚,即虚心,不宜浮光掠影、断章取义,不宜以个人偏好定高低,否则起不到拓展和开发的作用。

8.4 同时,不宜迷信海量阅读。皓首穷经并无益处。要相信,世上的书并不多。也就是说,非读不可的书并不多。一本厚书中,真正有意义的内容,也不多。

9 美并非诗的原则

9.1 流传广远的误解莫过于认为诗跟美必然相关,甚至以是否"美"来衡量诗的好坏。

9.1.1 "美"只不过是一个叹词,是人在感到快乐时对对象发出的赞赏。人可以对任何事物发出这个叹词。它并不具备规范性的价值。

9.1.2 当我们检查"美"这个词使用的各种场合,就会发现:并没有任何实质性的共同之处。我们称呼任何一首令我们满意的诗为"美",不管它们之间有多大差别。实在不必在一个叹词面前浪费太多时间。

9.1.3 "美"这个词不仅是无意义的,而且是有害的。因为,这个判词意味着令人愉快,当原本只是后果的愉快颠倒成目的,导向的就会是媚俗,浮华,虚伪造作。

9.1.4 古典时期人们总结出的那些"美"的形式法则,和后来心理学测试得出的"最受人喜欢的几种形式"一样,后果是败坏趣味,磨灭人的判断力。它们跟甜味素一样,只会令人发腻。

9.1.5 当"美"令人麻木,那令人震惊的"丑"就获得了审美价值。

9.2 不只是"美",诗不需要听从任何审美范畴,包括"崇高""自然""高远"。诗是创造,它有权成为任何样子。评论总是紧跟创造之后。

B 技艺

1 用词

1.1 宜用实词,少用虚词。

1.1.1 名词具有空间范畴上的实在性,动词则具有时间范畴上的实在性,这两种词容易唤起在场感,故为诗之首选;数、量、代词紧随其后,名词变化而成的形容词具备实在性,近于虚指的形容词(如"美丽""高尚")应当少用、慎用;副词作为形容词的变体,宜慎用;介词、叹词、连词、助词这些都只是偶尔的附属零件,不具备实际分量,令节奏拖沓,为诗之忌讳。

1.1.1.1　俗见与此相反,爱用虚浮的形容词、副词、叹词如"孤独""无情""非常""悠然""啊""唉"……以为有诗意,能抒情。殊不知,人情皆为物感,应该呈现"所以感动者",读者自然感动;而不是渲染"感情"。"昔别君未婚,儿女忽成行"自是离愁别绪、岁月迟暮之感;"涧户寂无人,纷纷开且落"自是遗世独立之意。何必"感时花溅泪",何必"闲愁最苦"。(举例随用古诗词,说的是古今诗的通理。)

1.1.2　但不可拘泥于此。有时候,虚词是节奏的润滑剂,过分地拼接实词,令节奏干涩、僵化。

1.1.3　诗多用实词,正是诗的在场性的体现。

1.2　用词力求准确

1.2.1　准确意味着甄别和选择。最先跳入意识的,往往并不准确,只是因为熟悉。要对词语有控制力,而不是被词语控制。

(注1:像"爱""思念"这样的表达式,容易脱口而出,却空洞无物。它们在口语中还能获得现实语境的充实与定位,写在纸上顿时成为干枯的公式。若无充足语境铺垫,这样"自

然而然"的表达式最不自然,不准确,也不真实。这就需要替换,不言"爱"而言"努力加餐饭",不言"思"而言"日暮倚修竹"。)

(注2:准确并不意味着"符合"。"寻找"只是一个托词,它的真相更是创造,镜子并不是准确的,它没有分辨、重点与层次;从大理石里精密刻削出来的雕像却可以是准确的,准确不是别的,就是"那正是我所感所思所期待的"。)

1.2.2 选择词语,并不是选择一个孤立的词,而是为上下文量身定做合适的配件。所以,词的价值只在具体语境中才可度量。(如众所周知的"红杏枝头春意闹"之"闹","悠然见南山"之"见"。)在一本词典中,没有任何词比其他词更重要,更有诗意。

1.2.3 所以,有时,平凡的词可能比高雅的词更符合诗意;常用的词比古奥的词更加独特。(世人爱用"龃龉""彷徨""恣睢",以为文雅,其实让文意变得空洞,文气变得稀薄,节奏变得僵硬。岂如"莲动下渔舟"之"下","落叶满空山"之"满"。)

2 造句

2.1 避免习惯性地使用主谓式,陈述句。善用倒装、省略、跳跃和暗示。(如"落花人独立""遥望是君家""天寒红叶稀"。)

2.2 避免在行文中过多使用单一句式,为不同语义量身定做不同句式,并且考虑句式之间本身的节奏性。

2.2.1 诗句不同于命题,就在于:诗句的句子顺序是有意义的,"猫在窗台上"和"窗台上有猫"对于诗来说,是迥然不同的,前一句的视线从猫开始,后一句的视线从窗台开始,是两种画面,两个当下。

2.3 疑问句、排比句、祈使句,各自在行文中拥有其表现力,有节制地运用,令效果更准确、鲜明。(比如《普鲁弗洛克情歌》开篇"那么,走吧",这样的祈使句,一下就把读者带入了情境。犹如"晚来天欲雪,能饮一杯无?"的疑问,其实并不期待回答,而是增强了气氛和情绪。如《关雎》《桃夭》的回旋,如《挽约翰·邓恩哀歌》开篇的大排比,《死亡赋格》的排比与复沓,赋格般建造起诗的气氛。)

2.4 句子要尽量节约,提高表达式的效能,一语双关是诗的艺术追求。既为实景,又为人情,这样的句子最具诗意。(如聂鲁达"你是灰色贝雷帽和安静的秋天",既刻画了时间、典型物象,又抒发了思念之情,以"是"字连缀,把想象指称为事实,增强了在场感。又如"丛菊两开他日泪,孤舟一系故园心",既是写"丛菊"的两次盛开,又是指"泪"的"两开",还能表达"丛菊"与"泪"之间的因果关系,即:因为见丛菊开而催生了泪。堪称诗中典范。)

3 人称

3.1 人称意味着视角,第一人称是主体视角;第二人称是对象视角;第三人称是旁观视角。

3.2 人称并不只是称谓,也是存在的维度。对应的是自我、对象、世界。人称并不是事实区分,而是语言的建构,言说的向度。

3.3 日常语言工具性地割裂存在,诗却让我们意识到:自我与对象与世界,并不是三种东西,而是在同一种关系中朝不同方向看。在很大程度上,诗的功能,就是打通这三者,还原一种浑然的在场性。("白日依山尽,黄河入海流"是第三人称,描画出一个"世界";然而,我们也可以体会出这背后隐藏的"我"——省略了的"我看到……",因此将主体视角升华为上帝视角。"欲穷千里目,更上一层楼"是第二人称,有一个假想的言说对象、祈使对象,但这个对象首先可以是对象化的"我"。在这首诗中,主体和对象都融汇在一个宏大的世界中。)

3.4 实际上,凡是写作即言说,凡言说,都有假想的受众。因此,都是第二人称视角。言说背后都隐藏着言说者,因此也都是第一人称视角。因此,诗歌要尽量隐去第一人称代词,慎用第二人称代词,多使用第三人称视角,创造"世界感""意境"。

3.5 人称代词并不必然对应相应的人称视角。诗中的"我"可能是第三人称视角("昔我往矣,杨柳依依",虽然有"我",其实是第三人称视角),"你"可能是第三人称视角("遥望是君家"其实是第三人称,即隐藏了"他说……";"他"可能是自指——如普希金、茨维塔耶娃自拟的墓志铭)。

3.6 在具备上帝视角的时候(不仅为我,而且观我),可以大胆使用"我",这时候,主体既是自我,又面对自我,旁观自我。陈述一种客观性的"自我"。自白性的诗都具备这种特征。("我本楚狂人……""字余曰灵钧……"都属于这类。)抒情诗中,可以适时使用"你",这不仅让读者有假想的写作对象,而且容易让读者置身于受动位置,容易引起现场感,充当言说对象的幻觉。

3.7 忌讳携带过于强烈意志的"我",过于界限分明的"你",过于漠然的"他"。"我"中要有"他","你"中要有"我","他"中要有"我们"。任何一个人称中,都要携带其他两种人称的影子。

3.8 慎用复数人称,多用单数人称。复数人称是一种语言的抽象,难以找到实指,是思考与日用的需要,却是诗的忌讳。在场的总是一个一个的个体。入诗的最好是一个一个的单数。

3.9 视角之间,可以互通。更重要的,是根据节奏和气氛的需要,自由转换视角与人称,让诗内部节奏和意义空间可以对流,造成更为丰富多维的在场效果。

4 时态

4.1 诗从来都不是真正的现在时,诗又始终只是现在时。前者是因为,诗不可能对正在发生的当下做出任何言说,并且,诗作为一个作品,拥有了非时间性;后者是因为,诗并不是一个外在的独立对象,它只在每次阅读活动中展开,而且每次展开都不一样。

4.2 诗是现在时的艺术。即使描写过去的事物,展望想象中的事物,也用现在时,才能让诗产生现实感、在场感。("兔从狗窦入,雉从梁上飞"不管什么时候读,都是现场感。"前不见古人,后不见来者"亦如此。故云"北冥有鱼"而不言"北冥曾有鱼";称"朝饮木兰之坠露兮,夕餐秋菊之落英"而不必解释。都是如在目前的现场感。)

4.3 诗有两个"现在",诗中的"现在",和读诗的"现在"。这两个现在并不能清晰剥离。但,很多时候,需要通过诗中的现在,强化读诗的现在。(注:通过构造并沉浸于诗中的"现在"——作诗与读诗,我们训练对自身所在的"现在"的觉知能力,我们学会以"入诗"的态度来反观生活的方方面面,让日常显现其光芒。)

4.4 不管日常视角的"过去"还是"未来",在诗中大都以"现在"口吻写出,这正是对"当下感"的建立。

5 意境(情景)

5.1 "意"与"境"的一体化,是诗的要害。在诗中,"意"都要通过"境"来体现,"境"都要携带"意"的内核。"虚"的东西,在诗中都要以"实"(事)写出。正是通过这种一体化,诗将一切不在场的事物在场化。("人闲桂花落,夜静春山空","闲""静"并不是作为"情""意"抽象出来,而是化为事实呈现出来:"桂花落""春山空"。荷尔德林"船夫满载货物回到村庄"既是一个现实场景,也是命运的隐喻。弗罗斯特"我选择了人迹罕至的一条路",亦是如此。)

5.2 意境并不是"象征",而是"事实"。只不过这个"事实"有两个(多个)意义层次。

5.3 意境讲究单纯,一个平凡的场景,能带来巨大的意义空间。(比如卡瓦菲斯《一个老人》,酒馆里打盹的无所事事的老人,这个再平凡不过的场景,却有惊人的深邃之处。比如"空山不见人,但闻人语响",这个素朴简明的场景中,也蕴含着微妙的情怀。"屋子里不会再有人来了,只剩下空寂",这既是一个场景,也是一种关系、心情、处境。诗歌经常以单纯来抵达丰富。)

6 比喻

6.1 比喻不是修辞,而是对实际关系的提炼,它之所以有效,是因为意识和世界本来就是一致的,属性其实都是关系。

6.2 比喻的实质,就是用形象呈现非形象的事物(赋予无形事物以形式),用在场事物呈现不在场事物。

6.3 好的比喻不是发明出来的,而是发现出来的。

6.4　好的比喻,实质上都是隐喻(含借喻)。本体直接就是喻体。不应该再提示甚至说出本体,更不应该说出寓意。"人生如梦"是拙劣的比喻,而"庄周梦蝶"是直言其事,毫无比喻痕迹。"命如纸薄"是拙劣比喻,"青青园中葵,朝露待日晞"是实有其事,寓言自在其中。"天凉好个秋"。

6.4.1　所谓"明喻"其实只是形式上的比喻,多为粗糙的比喻(所谓"美人如花""脸红得像苹果"是最没表现力的)。博喻被近代的散文家、诗家用得较多,其实博喻正是诗之忌讳,盖因容易泛滥、拼凑,虚张声势,不得要领。

6.4.2　借喻、转喻与提喻,在此都归于隐喻。凡是不将喻体与本体对照并提,而是直言其事,双关其意,都是隐喻。

6.4.3　象征属于广义的比喻。一般把有无实际相似之处,作为象征与比喻的区别。"权杖"象征王权,权杖与王权之间并无相似;"泰山北斗"比喻有威望之人,则为比喻。然而,实质上,二者都是赋予无形之物以形象,将不在场的事物转为在场事物,故而都是比喻,更准确地说,都是诗性语言。

6.4.4　动态比喻比静态比喻更有力,更形象,有现场感,更容易找到契合点,"病去如抽丝";更有力的是动词引导的借喻,把比较隐藏得很深,当作事实来陈述。一种是喻体在动词,一种是本体在动词。前者如"容颜凋谢""流年""灵感涌现";后者如"希望升起""心情荡漾"。

6.5　诗就是隐喻。但不应该说"隐",而应该说"显"。诗并未把任何东西隐藏,反而是把不得见的东西显现出来。

诗,就是为不可见的事物找到呈现方式,使其在时空当下向意识显现。

6.6　准确地说,不应该称比喻为"比喻",而应该称为"诗"。

6.7　写诗的关键,要为每个句子找到"双层性""正反面"。(诗的典范如"木末芙蓉花,山中发红萼,涧户寂无人,纷纷开且落"。)

7　描写

7.1　说"诗就是比喻",不等于同意在诗中大量使用比喻。后者恰恰是对诗性的伤害。说"诗是比喻"是要人明白比喻中事实性的力量,是要着力于提炼事实本身的表现力,而不是匆忙地离开事实去寻找"喻体"。因此,诗忌讳明喻,慎用暗喻,最终以描写为比喻。

7.2　描写,就是塑造事实性。

7.2.1　描写并非对"对象"的描摹,而是对经验的深入、细致挖掘。所以,描写的关键词是"事实性",而非"客观性"。

7.2.2　但是,为了获得这种"事实性",我们不得不假定一种"符合论"以及相应的"对象",我们不得不首先学会观察,学会深入细致地了解事物(事实)的各种细节。

7.2.3　描写实质上是一种训练,训练我们的注意力、洞察力。描写中不仅有发现,同时有建造。描写的精密性,不仅如宣纸在石碑上拓出的精密性,而且如凿子在大理石上雕塑出来的精密性。

7.3 写作必须建立在描写的训练基础上。

7.3.1 没有什么"抒情""表现""议论",一切写作都是描写。无论事物、情感还是思想,都是"事实",都通过文字刻画出来。这其中的第一要务就是精确。

7.4 作为训练的描写,和作为创作的描写,不是一回事。

7.4.1 前者假定了"符合论"与"客观性",是为了获得可操作性,精密的训练。后者则揭示了写作本质上的创造性。

7.5 事无巨细的描写,对于诗是灾难。盲目追求客观性,也是诗的灾难。

7.5.1 即使是一个苹果的全部细节,穷尽毕生也无法完全描述。一味追求全面的描述,只能限于琐碎、纠缠、乏味。

7.5.2 描写最宜选择带有意味、成全表达意图、形成整体合力的物象,描写的实质是塑造。是否能在芜杂的材料中,一眼看出匹配目的的良材,是艺术眼光的关键。

7.6 诗一面忌讳堆砌性的描写,一面忌讳空洞抽象的抒情与议论。要用情感与思想来提炼材料,要用材料来充实情感与思想。让情感与思想获得实在性,让事实具备感染力与启发性。(如"犹抱琵琶半遮面""明月夜,短松冈""尘埃不见咸阳桥""半个夕阳,在你眼睛里燃烧")

8 想象

8.1 我们都说"想象丰富"。其实想象本身是贫乏的。想象之物并没有进一步的考察余地（想象"人头马"就是人头马；想象战争的胜利就是战争的胜利）。想象即抽象。

8.2 生活中，想象与观察相依存。诗中，想象与描写相依存。想象在描写所充满的空间中飞行，就像鸽子在充满空气阻力的空间中飞行。阻力太大，飞行困难；但一旦失去阻力，在真空中，鸽子寸步难行。（这里化用康德批评柏拉图所用的比喻。）

8.3 失去描写支撑的想象是空洞的，失去想象提升的描写是累赘的。

8.4 想象是观察的一种方式。（"天凉好个秋""八月蝴蝶黄""竹喧归浣女，莲动下渔舟"都是通过想象来观察，实现言简意赅，如在目前的描写。否则，不知从何处着手，如何选择，如何连缀，如何写出效果。）

8.5 观察是想象的一种助推。（"青青河畔草，绵绵思远道""遥望是君家，松柏冢累累"，就是通过实际描写而推高了一种想象空间。）

8.6 生活中，想象总是受到实际事或物的刺激与启发而生；因此，诗中，首先要寻出这激活想象的事与物，自然就有想象滋生。不宜舍本逐末。（"千嶂里，长烟落日孤城闭"

无一字不实,自有塞外军旅的想象;"杨柳堆烟,帘幕无重数"自有孤寂闲愁的想象;"可怜无定河边骨,犹是春闺梦里人"更是事实与想象合一。)

8.7 所谓想象力,其实就是洞察力。缺乏想象力的人,必然也缺乏感受力。

8.7.1 感受从来都不是被动的,它是一个主动选择的过程,实质上就是一个想象的过程。所谓想象,其实就是突破障碍、寻找关联、发现线索的过程。

8.7.2 良好想象力的产物一定具有高度的事实性,一种超越想当然的事实性。("只在此山中,云深不知处""明日隔山岳,世事两茫茫")

8.8 培养想象力和培养观察力的方式是一样的:突破习惯,多角度、多途径地去了解自我与世界。从同一个侧面看到不同事物,看到同一个事物的不同侧面,看到不同事物的同一种侧面。

8.9 想象,就是存在维度的拓展。想象就是感受的可能性,实践的可能性。

8.10 培养想象力,就是培养感受力、行动力、存在感。

9 结构

9.1 诗是一种有机体,有机体都有自己严密的结构。缺乏结构的诗,就像残疾一样,难以行走于世。也正因为是有机体,诗的结构,不能停留为机械结构,它必须获得一种自然结构。

9.2 历史上对诗歌结构有过很多规定,首联颔联颈联尾联之说有之,赋比兴之说有之,所谓"体"所谓"例",都是结构的教条化。然而,这种教条所遭到的诟病也多,教条必然导致形式主义。

9.3 但是,诗应当先考虑结构,布局谋篇之章法;在熟练之后,才能走向自然。

9.4 学习结构,可以先从剖析名篇的结构入手,并且不能拘泥于模仿。胸中积累了许多结构模式,贯通之后,自然能在写作中量身定做一种结构。

9.5 结构重要,但结构上的定势也是有害的。比如很多人喜欢"结尾升华",很多人喜欢排比,这是值得警惕的。模式化总是诗性的反面。

9.6 结构意味着,不断以新的结构推翻旧的结构。结构是一次性的。为每一首诗量身定做一套结构。绝不存在特定的"富有诗意"的结构。

10 修改

10.1 迄今为止,艺术中危害最大的传言,莫过于所谓"一气呵成"。并不存在"一气呵成"这回事,只存在"(看似)一气呵成"这种苦心经营的效果。

10.2 最初浮现在脑海里(或脱口而出)的都是最熟悉的表达式,它与其说是"表达"不如说是"条件反射"。不能期待条件反射的产物会是多么高明的艺术。真正的写作,要追求那个最恰当的表达方式,这就需要反复斟酌、调试、校正。精良的仪器设备和精良的艺术作品,都有漫长而精心的调试过程。故五年画成蒙娜丽莎,"两句三年得"。

10.3 修改无非考虑三个方面:用词、句式、结构。三者是否符合表达的需要。选择更准确的词、更匹配的句式、更有机的结构。

10.4 修改要掌握一个"恰到好处",无限制地纠结,过于大动干戈,也会令诗元气大伤。

10.5 有些修改并不是在同一首诗中做出的,而是在下一首诗中实现的。每一首诗,都应该成为下一首诗的练习。

11 灵感

11.1 灵感也是危害极大的一个概念,一种迷信,一个谎言。

11.2 彩虹并不是灵光乍现,而是整个大地与天空持久的积累、对流运动制造的风暴过后的产物。灵感也无非是持久的积累酝酿而成的熟能生巧。

11.3 艰苦训练之后,获得技艺上的自由的人,才有资格等待一种所谓的"灵感",一种情感或命运的巨大刺激,像火花一样点燃引信,引爆早已凝聚的火药。

11.4 这个问题唯一有益的,是提醒我们反对无病呻吟。人若不能做好人,是不能写好诗的。需要整个生活带给你积累的深度、生命的热度、激情的强度,然后,从你满溢的存在中自然流露出一股能量,携裹着你以饱满的动力完成一首必然的诗。

11.5 所以,为了所谓"灵感",我们可以勤加练习,投入地生活,深入地思考,自觉地做人。

12 模仿

12.1 诗人不应该惧怕模仿。

12.2 模仿能力即创造力。

12.3 与自己真实生活脱节的模仿是奴隶式模仿,与自己独特生活融为一体的模仿就是创造。

12.4 只要人使用语言,就是在模仿。语言总是先在的。

12.5 所以,不宜计较是否模仿、是否独创,而应该计较,如何利用一切现有的成果,致力于解决新出现的问题。

12.6 若无模仿,便无从学习。任何一门艺术,都从模仿开始。诗不例外。否认模仿而鼓吹独创的人,是在兜售空中楼阁。

12.7　尽一切可能模仿感动你的作品。

13　韵律

13.1　诗歌在听觉方面的韵律,对诗歌而言不是本质性的。

13.1.1　韵文是一个历史现象,它有利于记诵与传播,带来有限度的美感,但并非"诗性"不可或缺的部分。

13.1.2　格律和音韵带来的美感,是有限而单调的,格律诗从不因其严格符合格律,就自动成为一首好诗;一首好诗,也不因为破坏了格律,而妨碍成为一首好诗。事实上,因为恪守格律,诗人的想象力与创造力经常受到限制。

13.1.3　当然,听觉维度的显现对诗歌来说不可或缺,但这种听觉维度是广义的、灵活的,更多的是二级语言维度呈现于心象的听觉元素,而不拘泥于文字在物理上产生的听觉效果。

13.1.4　诗歌作为二级语言的艺术,是综合感官艺术,听觉并不具有优先性。

13.2　诗歌需要韵律,音乐性;但这种音乐性更多的是内在的,在意象连接、诗句发展上的,可称为结构性韵律,而非听觉韵律。韵律不是别的,不过是运动所具有的内在结构与有机联系。

13.2.1　诗歌有两种韵律,它所呈现的诗歌运动(诗意发展)的韵律,以及语言自身运动所获得的韵律,前者才是重点。

13.2.1.1　即便后者,亦即语言自身运动所获得的韵律,也并不需要严格遵守格律——固定的韵律形式,而是跟随诗歌地形而形成的独一无二的起伏。

13.2.1.2　如果说诗歌需要听觉上音乐性,那也是因为语言与情感之流的契合,我们之所以应该聆听一首诗朗诵,是寻找"心声"。

13.2.1.3　只有充分理解和感悟了一首诗,才有符合心声的朗诵。表演性的朗诵与诗歌的音乐性无关。

13.3　现代自由体诗的不讲音韵,并非革命性的突破,而是对诗歌内核的还原。

13.3.1　自由体诗让人们注意到,对诗歌有灵魂性地位的韵律是什么。并非具有一个可以普遍套用的韵脚和格律,就能伪装成一首诗,它必须像生命体一样,有属于自己独特活动的独特韵律,韵律不是别的,就是存在的显现活动自身的有机性与生命力的体现。

13.3.2　现代语言去掉了诗歌身上的格律镣铐,把责任还给诗人的每一次创作活动。需要在每一个独一无二的创作活动中,为每一首诗量身定做它的节奏与韵律,也就是说,它的呼吸与心跳,它的姿势与动作,它自成一体的舞蹈。

13.3.3　诗歌的不可翻译性并非如流传的那样,是诗歌的内核,而是诗歌的皮毛;正是因为我们夸大了外在韵律的"诗性",才会产生这样的误解;如果我们倾注于内在(基于意

059

象、隐喻和结构张力的)诗性及其内在韵律,就会发现,不同语言之间,诗歌的韵律也完全可以翻译。

13.4 节奏韵律不是别的,就是"节",从节制中促成一种欲扬先抑的张力,张力的流露与回旋就形成旋律。

13.4.1 韵律就是诗歌的灵魂。雕刻家的手,从大理石中刻画出活灵活现的生命形象,最后竟然让雕像赢得了生命,那生命就显现为韵律。

13.5 正是在诗歌综合感官心象所构造的韵律中,促成了有形式、有质感、有结构的充实而立体的当下显现。

14 思考

14.1 最终,思考的深度决定了作品的深度。诗人应该勤于思考,正如哲人应该勤于感受。

14.2 学会用诗去思考。用形象去思考。把思考转化为体验。这既是一种诗学训练,也是一种存在训练。写一首好诗需要的训练,和建立一种好的生活需要的训练,是一致的。

14.3 通过诗,人们从思考走向存在。

(2015 年)

第二部分
反驳与答辩

Ⅰ 方法论

1 反驳：思想值得用复杂、系统的语言表述出来。因为思想并不是一个简单的结论，思想是建立关联，人类为了理解某个命题，需要逻辑或实证的力量，提供信念。所以，复杂的分析和演绎，对于理解与信念是必要的。并且，思想很多时候并不在于结论，而在于过程，思维是一种梳理、疏通，是精确复杂严整的建构，是精密的仪器，复杂的公路网，提供交通、重组与扩张，而不是单一的抵达。思想的内容与形式并不能两分，不同的语言风格，能提供不同的解释力与揭示力。

答辩：这里涉及对"思想"的不同理解：把思想理解为提供可验证的命题，逻辑与论证的思维过程；还是理解为人类的一种基于概念、朝向生活、提供理解与启发的思维活动。相应地，思想可分为"证明学"与"启迪学"，后者是本文的立足点。（其余请参考 1.1—1.5）

1.1 反驳：思想的基本责任是提供论证，无论是逻辑的还是经验的。否则，那只是迷信。

答辩：如 1 答辩所示，区别依然在于，思想被视为证明学，还是启迪学。启迪学之所以依然有必要，并不是复古为独断论,智者箴言,宗教启示。启迪学在这里无非是重申思考与生活世界之间的连续性,乃至一体化。它相信思考就是存在对自身的认识,这种认识并不限定为逻辑的、论证的、数理的,就像任何一个严格科学的公理都是基于直观,启迪学保留了对直观的信赖,它相信思考是自然生长性的活动,而不是一个切割于生活世界的无机世界。

1.2 反驳一:思维必须遵守逻辑,否则是无效的。

答辩一:有两种有效性——一,逻辑上的;二,经验上的。所以,思维遵守逻辑,或者遵循经验的指引。有时候,经验可以出现反逻辑的情况,比如"愉快的悲伤""含泪的微笑"这是经验可能的,虽然是违反矛盾律的。但它也可以得到理解与说明。也就是说,能够获得思维中的显现。如果我们遵循生活世界的指引,思维就不只是符合逻辑那么简单的事情。借用康德的意思,我们的"知道"是有边界的,如果我们不得不"越界",我们就无法通过"知道"(逻辑),而是通过"做到"来实现越界。思维有时起着驱动"做到"的作用。

反驳二:这里说思维不必遵循逻辑,后面又从同一律谈论世界与意识的同一。

答辩二:所谓"思维遵守矛盾律和同一律",指的是思维有一种极限,不能同时设想被定义为相反的两个事物,这是一种事实。所谓"思维不必遵循逻辑"指的是一种态度,这种态度鼓励矛盾,期待在矛盾的陈述中带来启迪,比如"真理就是有益的错误""上坡路就是下坡路"。实际上,这种矛盾并非真正违反矛盾律,而是改变了定义而已,完整的表述是"在一种语境中被视为错误的判断,在另一种语境中,因为有益,而被视为真理"。这里强调思维可以突破逻辑,是指这种未被精确定义所带来的表面矛盾的陈述,本身却可能有巨大的启迪力量,它利用了这种模糊性所造成的表面矛盾,带来理智上的冲击力,从而让开启出来的直白道理获得了力量。这里强调,思维不以逻辑自洽为目标,而以开启新知、新可能性为目标,哪怕这个途中会遭遇错误和悖谬。

1.3 反驳:思维的任务就是实现交流,不存在"独自思考"。

答辩:是的,不存在无法沟通的思想,"私人思想"只是一个空洞的假设。但真正的思想都是通过"独自思考"来实现的,可沟通性是内在于思想的载体——语言之中的;它是思想的基础,而非目的。所谓"真正的思想",指的是有生命的思想,有机的、原发的、生长性的思想,它只能通过一个有机的生命体而滋生出来,它遵循所谓"个体化原则",它的核心是原创性,它的威胁来自外在的公共性要求,后者让思想可能变成传声筒、复制品和机械拼凑的产物,成为"学术生产"。相反,思想是通过坚定的"自我思考"而自然实现其公共性。就像任何一个有机体,它的公共性和可交流性,源自生命体对世界一刻不停的能量与物质交流,它的个体性本身就是公共性的成果,它无法抛弃个体性来追逐公共性。它聆听的是生命的召唤,而非公约的召唤。

1.4　反驳一:语言有不可翻译的部分,意识也有私人的部分。事实表明,翻译或多或少总是一种损失。

答辩一:翻译若是一种损失,其实早在翻译之前已经损失了,因为即便是母语读者,面对同一本书,也都要在自己脑海里,借助自己的知识与经验储备翻译出来。在这个严格意义上,不曾有两个人阅读过同一本书。然而,思想之为思想,并不在于不可交流性,而在于可交流性。在字面意义或者隐喻意义上的翻译活动中损失掉的部分,并不是思想不可或缺的部分。思想,意味着沟通,即便只是与自己沟通(让自己明白、信服——思想是制造相信的活动)。

反驳二:这一个答辩与1.3的答辩矛盾。既然思想并不等同于"逻辑思维",强调了"有机性"和"启迪",那么,思想就允许个体性和不可沟通性。

答辩二:思想不局限于逻辑,不等于思想部分放弃了公共性与可沟通性。思想的可沟通性并不等同于逻辑或数学的客观性,思想的可沟通性基于生存的"共在",基于生活世界是同一个世界,它把相互理解看成共存的前提。在这一点上,彻底地为自己思考,就是彻底地为世界思考。

1.5　反驳:人不只是思想,人还是肉体、感性、实践、欲望。思想不能替代这一切。

答辩:思想与肉体、感性、实践、欲望并不能分割开来。被称为"思想"的,就是这一切构成的存在对自身的意识,或者说,思想就是存在的全面自我意识,这一自我意识不仅通过概念的方式，也通过感性、欲望、肉体、实践等等来进行，思想只是这种知世与自知状态的凝结，它不是一个抽象、独立的东西。

2 反驳：问题不是第一位的，第一位的是思想史演进出来的逻辑、问题序列、概念体系。

答辩："问题是第一位的"表示的是，我们的思考响应的是生活的号召，而非"学术"的号召。什么是值得思考的？问题在哪里？——应该由生活来提供指引，而非所谓"学术的要求"。这不等同于停留在肤浅的经验总结层面的思考，但也区别于草率地切割了经验召唤的空中楼阁式学术。这里的"生活"，不只是满足基本欲求的日常，指的是整个生存世界，依然活着的经验世界。我们应该大胆地回到生活，亦即回到内心，遵从真诚的内在冲动，不管它是技术的，还是形而上学的。我们不应该在充分聆听我们自己的心声之前，提前关上诸多门窗，只为了那些高尚的术语化、专业化诉求。从这个角度，"认识你自己"依然是不必回避、不必羞赧的首要担当。

2.1 反驳：思考是因为我们有理性，理性有自身的法则，必须遵从，理性与情感与意志，本属于三个独立领域，不能混为一谈。思想不是需要，正如理性不是情感，也不是意志。思想也与"和平"并无直接关系，思想只是一种工具，工具不许诺一种价值。

答辩：任何一种区分都是临时的，都有一个未经论证的独断论的前提,所以,就为进一步的打通提供了可能。当然,思考的核心责任是区分,不建立在区分基础上的统一,是空洞的。但我们始终面临一个问题:理性的使命是什么?这大概是区分"工具理性"与"批判理性"的必要之所在。更确切地说,还是那个康德式的设定:结论只可能是"人",理性的使命是人的成全。而人是什么呢?如果最终目的只能是人,我们就不能对人再进行任何定义,否则将陷入悖论循环。人只能是人自身想成为的那个东西。人就是那个"想要"。可以肯定的是,人这个起点与终点,注定了一元论的既是经验的又是先验的合法性。这个一元,注定了思想与体验、最初与最后都是一回事,是同一条生命之河的两种表象方式。思想的使命是成全人自身的实现,即人的自知、自满,而这必然以对世界的洞察为结果与前提。镜子通过照见世界而照见自身。

反驳二:不存在什么"和平""无困惑状态""纯粹的自我意识"和"对世界的洞察",这是形而上学的虚构,现实的人只能置身于矛盾与争执之中。

答辩:现实与理想是需要区分的,否则我们既无法理解柏拉图,也无法理解康德。既然没有绝对现成的现实,也没有可以一劳永逸抵达的理想,那么,我们反而可以把现实看成在理想的引导下的"实现"活动。在这个意义上,幸福论在根底处也是一种认识论。自我—世界认识所带来的清明状态,是安顿存在的根本。(参见Ⅱ1.3的答辩)

2.2 反驳:写作是表达,即潜在地影响他人,承担着社会、历史、政治责任。

答辩:写作的确是一种表达方式,但写作首先是思想的自我实现。就像一颗种子要表达出来,它就长成一棵树,并且不断成长下去。这是内在(自然)的要求。树并不能还原(简化)为种子,也不能等同于种子。写作(言谈)让思想实现出来,这是思想的内在要求。写作要遵循这种内在的指引,而不是外在指引。至于一棵树最终需要外在条件(土壤、阳光、空气、雨水、其他植物)的配合才能实现自身,并且带来各种关联与社会影响。但那只是后果,而不是内驱动力。思考首先为之负责的是内心,言说的对象首先是自己,而不是他人。否则,思考与写作就成了无源之水的造作与异化。

2.3 反驳:自我阅读和自我发现是一个同义反复和循环,毫无意义,人的目标是了解外在世界。

答辩:正如不能说种子长成大树再结出种子是一个无意义的同义反复。自我发现与实现之路,也并非空虚徒劳。它是我们全部的现实——更准确地说,构成我们称之为"现实"的全部。自我与他人的关系,正如上一条所回应的,首先是通过自我实现来实现的,其实并无一个现成的"他人",有的只是一个一个正在成长的"自我":你所作为的自我,与你所不作为的"自我"。但你只有通过"作为"才能深入这个在"作为"中展开的现实。充分地"作为"已经是对"他人"最好的领会。反之则不然,自我无法进入他人的"自我",当它弃家而走,却无法进入别家之门,就会陷入一种流浪状态,一种浮光掠影的漂浮状态。只有深入"自我",才能深入"世界"。别无他法。

2.4 反驳:"意识的不断反观"并不能带来内容,只有不断接触世界才能带来充实的认识。

答辩:我们可以通过反推的方式,明白意识并不能源自意识自身。于是,我们就可以假定:意识"源自"世界。进一步说,意识不能外在于世界,它其实就与世界同一。自我意识即世界意识。一个在进行意识的自我,就是一个正在进行自我意识的世界。所以"认识全世界"也不过是"自我意识"的一种高度实现。这里只不过强调,"认识世界"既不是认识的缘起,也不是认识的归宿。"认识世界"是自我意识的道路。最初与最后,是意识的一个闭环。

(联系6.3的答辩)

3 反驳:真理是存在的,否则陷入相对主义和虚无主义。

答辩:见3.1—3.9。真理问题是衔接几乎每一个哲学思考的核心问题,不管人们对此持支持还是反对的态度。诸如$1+1=2$这样的命题,巩固了一种普遍的客观主义真理观。"太阳东升西落"则巩固了一种经验主义真理观。这里则放下了传统的真理观,把"真理"置换为"道路"。因为无论哪一种真理观,它的积极价值从来不是因为找到了真理,而是通过自己的错误而引导人们实现了某种现实:关于上帝存在的

"真理"导致了宗教生活,关于客体的"真理"导致了严格实验科学和技术的兴起,关于道德的"真理"导致了某种社会伦理生活,关于美的"真理"则导致了一代又一代的艺术活动与审美经验……所以,"真理即有用的错误"这话依然成立,只是我们需要把它从"有用"的狭隘价值判断中释放出来,"真理是朝向现实性的道路"。(关于真理的争执则归根到底是关于现实构建的权力之争。)

3.1 反驳:人是需要真理的,否则生存无可依凭,没有目标,没有价值,也就没有判断和行动。

答辩:可区分"相对真理"与"绝对真理",本文所反对的是严格意义上的"真理",即绝对不会犯错的命题。亦即"绝对真理"观。如果把真理看成一种临时的信念,用以支撑起一种存在,那么,当然用不着反对,也用不着支持。它归根到底是一种自然现象,而不是理性后果。这里想要说明的是,真理并非思考的责任,思考的责任是"认识你自己",通过自我意识的充分实现来实现对世界的认识,或者反过来,通过对世界的认识来实现充分的自我意识,从而实现自觉意义上的自我—世界同一。传统意义上的客观主义和心理主义,不但未能消除,反而加深了意识与世界之间的假设性鸿沟。因为二者都是"对象化"思维,它未能集中注意力在"作为"上,"作为"世界的意识,和"作为"意识的世界,它的任务是充分施展这种"作为"。任何现成的"真理",都可能既成为这种任务的台阶,也成为它的阻碍。

3.2　反驳:何谓真问题？思考若不参与辩论与说服,岂不剩下了命令与抒情？

答辩:真问题即后一句所说的"思考是在生存的种种困惑中自然生长出来的解决之道"。它并不否认有间接的真问题,但它反对不从困惑出发的思考模式,即把思考当作一种技术,把思想当作一种"物",可以置于生存的对面来进行加工的对象。思考是生存自身自然的发问,以及自身的解惑,它的目标是"自明"而非"服众"。因此才有了"思考不参与争论,不致力于说服",说的是它的动力与目标不在外,而在内。虽然它承认,一定的辩论动机和服众动机也会迫使思维高度运转,产生效益,但这不是思考的本职,而只是副业。这就像太阳并不必以照亮"谁"为目的而发光,它只要专注于自身内在的热量,就会发光,就会照亮。

3.3　反驳:思想总是在进步,时代呼唤新的思想,重复前人的思想是一种浪费。要寻找新的课题,新的理论生长点。

答辩:接上一条答辩,如果思想的使命不是制造,不是对象化活动,而是自身的生长、施展和完善,那么,重要的就不是是否能生产出新的思想,而是能否进行新的思想生产活动。重要的是这个活动,而不是产品。这个活动的使命是:自我意识能否再一次以活的方式得到实现,并实现得更充分。思想之所以仍然有创新,只不过遵循"水往低处流"的法则,去弥补那些尚未令自己满意的待定点,这不过是思维的内在驱动,而非外在责任。康德虽然意识到唯理派与经验派之间的矛盾以及自身的某种时代责任,但真正驱动他的是"我能知道什么""我可以希求什么"以及"人是什么"这样的原发性问题,这些问题并不是新鲜的,但它在康德心中带来的召唤是新鲜的。当一个人致力于回应内在的困惑,而现存的一切思想又无法完全解惑时,某种意义上的创新就产生了。但这不是思考的责任。思考,一旦发生,就已经是全新的了。它始终是一个当下的心灵在当下语境中进行的当下发生活动。一个个体心灵,它若不亲自去实现这种充分的自我意识,那么它的存在始终是不完整的,更准确地说,它几乎尚未存在(有似于黑格尔的"自为"存在)。所以,它的首要使命根本不是去突破什么课题,提供什么发明,而是完成自身的成长,实现充分的意识(自我意识)。这是不可以被任何现成的"真理"替代的活动。从这一点上来说,思考的责任,要致力于为自己解惑,不论是通过阅读还是写作,交谈还是独白。足够忠于自身的"再思",必然是创新。

3.4 反驳:辨析异同才能求解。

答辩:这里强调的是,不必浪费精力于辨析一种思考是否重复了前人,而是要致力于辨析它是否解决了困惑。为了解决困惑,当然需要进行区分和比较,也需要参考前人,但不能本末倒置,陷入概念史无法自拔。

3.5 反驳:答案之为答案,应该具有足够稳定的有效性,经得起长久的质疑与检验。

答辩:结合上面3与3.1关于真理的答辩。有问题,自然就要提供回答,就有答案。但答案并没有独立性,也没有客观实在性。它是思考的一个环节,任何一种问答,都是一种平衡练习,一种前后呼应关系,一种有机结构的建造。重要的是建立起针对性、精确性的联系与有效性。"正确"不是思考的关键词,"有效"才是。好的问答,能够解惑,能够带来意识的清明、行动的顺畅、生存的自然。因此,既没有固定的问题,也没有固定的答案,只有暂时契合的问答结构。问答可能是风中翻飞的两只蜻蜓,它们在进行生存与繁衍的活动。

3.6 反驳:问题并不出自冲动,而是出自理论的发展、逻辑的要求、现实的挑战。

答辩:这三种当然是推动问题的动因。但问题分为两种,一种是原发问题,一种是次生问题。我们把凡是意识主体基于生存现实自发的发问,称为原发问题;凡是通过"知识"和"操作"的间接作用而提出的问题,称为次生问题。原发问题和次生问题在现实中当然经常交叉在一起难分彼此。但我们还是能对之做出区分。原发问题是持续性的,你走到任何地方,置身于任何处境,未被解决的原发问题还会困扰你;但次生问题则不然,它脱离了具体的知识与实践语境,就不再有效,不再追随。简而言之,原发问题是你的生命本身提出的问题,是在荒野、深夜和孤寂中浮现的问题。这样的问题,不像次生问题那样,需要追问问题本身的合法性。它的涌现是绝对的现实,并不因技术性的分析,外部的观察而消解。它就是我们二十世纪作为"形而上学"而抛弃的那些问题:生死的问题、永恒的问题、至善的问题、美的问题。对,它们不能作为知识而得到回答,它们不能置于认识论的问答体系中来,无权利追问真值。但这不等于它们可以从生活世界中取消,从思维中取消。原发问题涌现在意识中,是先验的现实,我们不得不去面对,否则,生存依旧无法安顿,意识依旧无法自明。一个数学家或者逻辑学家,并不等同于一个解决了生存困惑的人。

反驳二:问题本身有可能是错误的表达,若不对问题本身进行语义分析与澄清,则会陷入无谓的争论。

答辩二:语言分析哲学为人们摆脱形而上学所带来的误解做出了巨大贡献,让人们得以进一步推进康德的"哥白尼革命",继续审视眼睛本身,而不是带着白内障去考察"世界"。但这种自觉反思作为思维工具的语言本身的努力,却不得不陷入一个悖论,即"所思"始终已经不再是"能思",更不是正在进行时第一人称的"我思"。我思必须通过自身报告出来,携带着它全部的确定与不确定性表达出来,表达有时候是表达"事实",有时候是作为("表达"这个)事实。我们能够通过语言分析澄清和扬弃的是前者,所不能简单扬弃的是后者。这也是现象学和精神分析之所以能与分析哲学并行的原因。

3.7 反驳:思考必须先证明自己的问题为真问题,对它的回答才有效。思想与"感到"毫无关系,思维是以概念为基础的判断、推理过程,感觉则在概念之下。"感到一个问题"是不成立的。

答辩:二十世纪语言分析哲学的核心成就之一,就是从"研究答案",到"研究问题本身",检查问题的合法性。形而上学问题因不具有知识论意义上、逻辑学意义上的合法性,被排除在知识之外。但这并不等于它丧失了任何合法性。正如3.7的答辩所示:还有一种原发问题,它是生存的直接性所带来的,是无法通过逻辑演算、编程和语义分析而消除的。这种问题是被"感到"而不是被"知道"的。更准确地说,它呈现在一种意识的直接性中,只要我一"琢磨",一"沉吟",一"运神",总而言之,一启动我的意识,它就会出现,折磨"我"的存在。它的动因是一种生存论的不安,不是经验论意义上的不安,是任何经验(七情六欲)无法还原、安顿、消除的不安,它只能通过理解活动来安顿。

3.8 反驳:同3.7,说"问题被感到","思考是冲动"是一种自相矛盾。

答辩:这并不是发明,可以追溯到柏拉图的"回忆",德尔图良对"不可能"的强调,叔本华和尼采的"意志",以至弗洛伊德的深层心理剖析……思考源于冲动,似乎已经被普遍谈论。但这里有所不同:"思考是冲动"是说,它的出现本就是作为冲动而出现的——"我为何会死去""到底什么永恒存在""意识是怎么回事""幸福如何可能"……这是一种原发问题,是一种冲动。"冲动"的意思是,当它出现的时候我们才意识到它出现了,它作为前提被接下来的思维接受下来。(亦即:"形而上学作为天然禀赋是如何可能的?")在你问之前,它已经是你的现实了。检讨它是否合法,并不是要点。你不得不尊重这个事实,面对它展开思考。前现代思想家过于盯着它而失明,后现代思想家过于转过身而失明。我们看看是否能像柏拉图提供的方法那样,不着急躲到技术的投影背后,先从倒影和阴影出发,并不放弃对光明的接待。

3.9 反驳:思考若无原则,确定性何在?思考本就是形成确定的概念、判断、推理和结论。否则,思考就成了一种空洞的游戏。

答辩:思考正是一种游戏,但并非"空洞"。思考是基于概念、判断、推理、结论的游戏,但游戏不终止于结论,而是从结论重新出发。思考是一种生长活动,任何固定的原则必然都会伤害这种生长。思考若非得有一个原则,那就是无原则性,就是把反思彻底进行下去,不断突破原则,朝向新的可能性。最后它得到的确定性是什么?是自我意识的彻底性,一种生命状态。思考的敌人不是错误,而是停顿。一个生命不再生长,就是死亡。一个思维不再朝向新的可能性,也是死亡。思考并不害怕否定,它的生命就是否定,反思与质疑是思维的本质。那么,肯定的一面是什么呢?肯定的一面,是意识自身的实现,生存的充分在场,随之而来的和平。

因此,思考不会是空洞的,它通过质疑与反思,不断填补那些潜在的空缺。反思跟单纯的怀疑与否定不同,它是理解的开疆拓土,而不是拒绝。只不过,它把理解过程看得比结论重要。它朝向的是充分的生存,而不是颠扑不破的结论。

4　反驳:首先,这是一句空话,思考当然不能替代实践;其次,这句话也有漏洞,思考是实践的一个环节。

答辩:这里区分了两种实践,一种是包括思考在内的全部意识活动,自主地在时空中展开的现象;另一种是狭义的,运用工具,对既定现象进行加工改造的实践。第一种是意识自身的实践,第二种是意识施加的实践。所谓"思考不能替代实践",主要是说第一种实践与第二种实践不能相互替代,不能把思想当作实践的一个工具、一个准备。所谓"思考是实践的一个环节",指的是第二种实践中,思考充当实践的指导。但思考本身,就是一种显现,一种世界的创造。它并不像常识所认为的那样,只是虚构。

4.1　反驳:同反驳4,思考不是实践,只是实践的一个条件、一个因素。

答辩:同答辩4,要区分两种实践,也要区分两种思考,在此处被标记为"思考"与"思索"。前者对应自身展开的意识,后者对应施加于日用实践的意识。前者是原发性思考,后者是技术性、实践性思考,二者共同构成现实,生活世界。正如答辩3.6已经谈到的,思考是无法摆脱的冲动,思索则随着语境而生灭或转移。所以,思考是更具有生存论意义的活动。它是一种更高的实践,即"去存在",它虽然不能脱离后者而实现,但不能为后者所替代。用通常的话来说,前者往往就是所谓的"赋予意义"的活动,为后者赋予意义。前者的任务是实现高度的"自觉",后者的任务则是实现一个"目标"。

4.2 反驳:这依然是一种形而上学区分。

答辩:这是对4.1的补充,已经在4.1的答辩中得到说明。这不是一种形而上学假定,而是思维的两个施展维度。思索是在既定范式下的技术性理解与构造活动,思考是对范式本身的思考。前者往往回答"如何",后者往往回答"为何"。但后者并不是一个独立的世界,它是对前者的一种负责,它的任务不是画出界线,而是实现沟通。

4.3 反驳:这种思考,如果去除,也不会对现实产生任何影响。

答辩:一样地,这里要区分两种现实,即包括意识活动在内的全部生存现实,以及在自然法则支配下的物理生活现实。思考不解决第二种现实问题,那是思索的任务。但思考直接影响第一种现实,而第一种现实原则上是包含第二种现实的。前者决定了对后者的理解。所以,既不能把思考全部归于技术理性,也不能反过来把思考归为形而上的玄思。现实并非有待理解的现成,而是有待理解来实现的现实。

4.4 反驳:思考本身就是一个工具,服务于生存,工具良好地履行每一个现行任务即可,并没有什么总体的方向,至善或者真理。

答辩:这只是理性中工具性的一方面,理性首先是一种反射(反思)能力,它在"目标"与"手段"之间做出计算之前,首先需要确定"目标"——这是它的首要任务。虽然我们经常说,目标是被动给予的(比如自然欲求和与之相关的社会责任),但目标终归是由理性裁定并颁布的。没有明确方向的工具,是不成其为工具的。思考的使命首先并不是成为工具,而是为工具找寻方向。至于"客观上有没有方向"这并不是重要的问题,重要的是,方向首先是一种需求,或许是理性为自身立法(康德),或许有着某种自我完善的冲动(黑格尔)。无论如何,这个需求总归是一个事实。

4.6 反驳:所谓"思考就是行动",无非是偷换概念,玩文字游戏。思考是抽象的、非时空的,行动是具体的,在时空中展开的。二者本质不同。

答辩:实践不同于单纯的、本能的"活动",实践是一个行动,它受到目的的指引,而澄清、裁定并确立目的的,正是思考。在任何一个行动中,都有思考在起着结构性作用。正如任何一辆正常行驶的车辆,方向机都是"行驶"的结构性部分。思考并不能从行动中剥离出去,它既不外于,也不先于行动。一旦思考,就是在行动,首先是"思考"这个行动,它已经制造了一个"无中生有",有了一个"思想"。

4.7 反驳:① 思想的职责是实现理解,至于价值,是由现实关系来决定的,每个人的价值都不同,没法衡量;② 价值既不是思想的主要部分,甚至不是伦理学的主要部分,康德会说,义务才是伦理的保障,而不是追求价值实现。

答辩：首先，可以排除"无所追求"的状态，即便遁入空门的佛教徒，他也是在追求着什么。不管人追求什么，只要他有所追求，就是有一个价值，而这个价值引导着一生的主要言行。所以，只要我们启动了"有意识的生活"，我们的首要任务就是建立价值。因为这个"有意识"不允许我们盲目地、被动地生活。康德不是摆脱了价值和幸福论，康德只是用"普遍有效性"重新定义了价值和幸福。价值不只是在欲求支配下的目标实现所带来的价值；价值也不只是任意颁布的，如某种话语权的诱导。价值有赖于认识，有赖于分析、比较、鉴别和认定，这正是思考的责任。（也许这是"知识即德性即幸福"公式的根由）。思考一个"为什么"，是比"是什么"和"怎么做"更重要的任务，否则会南辕北辙。（但通过思考"是什么"和"怎么做"，有助于更好地辨析"为什么"。）没有价值，你不足以安顿自己的每一个言行："我为什么要这样生活"。但没有强大的逻辑，你的价值也得不到真正的回应。"为了满足口腹之欲""为了求存""为了快乐"，这些都会被理性自身的逻辑冲动穿透，最终落到空无。所以，理性会继续追问下去，直到心满意足。为了实现这个满意的理解，它需要思考太多的问题。所以，价值既不是现成的，也不是可以脱离现实关系而强行颁布的，它遵循理性的原则，由理性为自身立目标。

5 反驳：① 世界并非观念世界，世界是实在的；② "世界"是一个虚构的形而上学概念，对"世界"无法下判断。

答辩:正如康德已经阐明的,"世界"(作为全体)这个概念是理性推理的产物,不属于"现象",而无法对之进行判断。所以,无论该"世界"是"观念的"还是"实在的",都是无效的命题。但是,我们毕竟继续在使用"世界"的概念,这个概念若要得到理解,只有理解为"经验的总和"或者"但凡可以经验到的"(这个"经验"既包括行动,也包括意识)。如果这是我们唯一可以无矛盾、不空洞理解的"世界",那么,这个世界无疑是观念的。

日常中的人们之所以如此敌视"世界是观念的",是因为人们如此确凿地感到了"某物存在"。但这毕竟是"感到的"。并且,人们把"观念"过于草率地等同于"虚幻""空洞""任意""抽象"。他们没意识到,"实在"只不过是一个更为坚定的观念——信念。巴门尼德早就提醒,如果毕竟有某物存在,那么整个存在的世界就只能是一回事,没有什么会凭空增加,没有什么会凭空消失,如果世上有了观念,那么观念就不外乎是这个世界上的"某物",与此同时,我们又无法脱离观念来想象任何事物,这透露出我们的观念和世界是重合的。实际上,我们是如何运用这个"有"字的呢?当我们说"世上有某物",我们指的都是"我以无论何种方式感知或思维到了——意识到了某物",我们说"有",说的恰恰就是一个"意识",更准确地说,一个"观念"。"有某物"对我们来说其实就是"有某观念"。那么,到底存不存在"不被我们感知或思维到"的某物?我们会发现,这个"不被感知或思维的某物"比"感知或思维"更属于一种"观念",更为抽象而空洞。(当然,这是十七八世纪的哲学早已充分讨论的问题。)

5.1　反驳：观念不是决定性的，而是被决定的，物理学、生物学、心理学都证明了这一点。

答辩：物理学、生物学、心理学只能证明某些具体的观念是被决定的，但它们无疑也是用一系列"观念"来证明某一些"观念"是被决定的，却不能脱离"观念"来说明。这无非只是加强了观念的自觉而已。"我思"是人类的认识基底，突破这个基底就像突破视网膜来寻找更清晰的视觉一样悖谬。科学是通过更为精致、可信、有效、持久的观念来编织的一套新的信仰体系。

5.2　反驳：这会陷入"相对主义"，让人无所适从，丧失共识。

答辩：真正的共识，就是我们不能脱离语境来谈问题。这非但不会陷入相对主义的怀疑论，反而"人人都能抵达各自切实有效的真"。从前那种超越语境的"真"，反而是空洞而无效的假设。

5.3　反驳：相对真理等于没有真理。

答辩：这里区分了"局部有效的真"和"意识自身的实现"。虽然真理是有范围的，相对有效的，但正是在这种不断随语境游移的认识实践活动中，意识实现了自身的照彻与澄明。意识并不留意于服务性的真理，而是着意于高度自我意识的实现。在这一点上，不断破除和超越既定真理观，恰恰是意识的自我实现之道。

5.4 反驳:前面否认真理,这里又承认"真正的真理"。

答辩:这里并不相信"绝对正确""超越性"的真理,但这里依然保持一种好奇,即为何人类产生了真理观?所谓"真正的真理"是试图追问:真理观背后真正的意图是什么?循着这种幻象的指引,实际可以抵达的是什么?

答案只能是:充分的自我意识,和对应的坚定不疑的存在。除此之外,我们无法设想任何超越的抵达:上帝?至善?道?理?反过来,我们也无法否认有所抵达。唯有意识及其存在的自我确认,能成为既不虚妄也不虚空的回答。

这种抵达,就是曾经被人们描述为"幸福"的状态。它不过是不来不去、无彼无此的状态,是一种反身而成的肯定状态,而不是从此向彼的"抵达"。

5.5 反驳:意识与存在是两回事。

答辩:准确地说,意识与存在,只能被"设想"为两回事。在意识所做出的一切区分中,唯有"意识"本身无法再被区分。这遵循笛卡尔那个推理。意识若被区分,依然置身于意识之中。

由此,世界也只能被设想为一个世界,才能遵循不矛盾原则(同一律与矛盾律),否则是不可被意识所理解的。而一个"不被理解"的世界,连对它做出假设都不可能。这就是巴门尼德想说的:这世界只能是一个,两个(以上)世界是不可理喻的(因此对它的假设也毫无意义)。【此处参见 5 答辩部分】为被假定为"全体"的世界再假设一个外在于它的"意识"，是自相矛盾的。意识在自己之中为自己区分出"世界"，借用黑格尔的逻辑，只不过是"绝对精神"自我实现的一种方式。世界是意识的自我对象化，自我意识的一个必要环节。

至于意识是从哪里来的，如何存在的，这个不再是一个有可能、有必要回答的问题，这是笛卡尔之问的极点。意识是一个绝对事实："追问者"立于所有追问之前，当它试图追问这个"追问"时，追问依然作为绝对事实立于追问对象之前。（至于如何看待生理学、心理学的解释，参见 5.1 答辩）

6　反驳：思考总是超越现实，引领现实，至少，思考遵循自身的逻辑和问题历史。服从于现实的思考只不过是庸俗的实用主义。

答辩：固然，从技术角度来说，思考是一个漫长的朝向现实的过程，在社会分工细化的情境中，有些人的工作可能始终无法直接触碰到狭义"现实（日用生活）"，那些在模拟机器上操作的工程师、面对代码的程序员、实验室的核物理学家、分析宇宙电磁波的天文学家、摘取语言案例进行剖析的语言学家、进行论证的某个数学家和逻辑学家……

但思考永不能丧失现实感——对现实的敏感和责任感。正是因为思维和存在只能被设想为同一，那么，思考就总是这个世界在思考，思考来自这个世界，又指向这个世界。意识若不从（到）对象化的世界中来（去），就始终是空洞的，也不能真正实现自己。

现实感是世界（在这里被定义为同为经验世界与意识世

界)连续性的体现。一个思维主体,要能够遥望到思考活动不论多么遥远的来源和归宿。这样,思考才不是无源之水。

6.1 反驳:有原理研究,有应用研究;有历史研究,有现状研究;有学术史研究,有学术问题研究。二者不可或缺。所以,概念自身也可以成为对象,因为,不断研究并且打磨工具,是更有利于解决问题的途径。

答辩:真正有效的研究,都是"现实问题研究",任何一个转身去研究工具的人,都是因为工具在解决问题的时候出现了问题,要针对需要解决的现实问题,来解决工具自身的问题,并不存在脱离了问题语境的"工具自身问题"。孤立地、抽象地在一个概念链条上讨论问题,是偏离思想的基本责任。应当勇敢、果断地回到现实——不仅仅是生活日常的现实,更是思维自身的现实,每日真实困扰着头脑的疑惑,追问的冲动,好奇心,反问,诘难,盘根究底的热情……这些都是"现实"。即便一个"学术史"问题,如果它是有效的,一定能够间接地有助于解决一个具有现实生命的问题,而不至于只是停留为一种负担,一个过去时。

6.2 反驳:读万卷书,行万里路;学而不思则罔,思而不学则殆,若不读书,思维就会陷入空洞。

答辩:对,不读书,思维就会陷入空洞,流于浅表循环。但这不等于读书就解决了根本问题,书本获得了可供膜拜的最高价值。书本并不是一个自在之物,书本是一个真实的心灵思考的记载而已,"古人之糟粕",那已经榨完油之后枯竭的渣滓,你只能循着它的痕迹,去激活另一个心灵独立思考的活动。书本是一个智慧的良导体,以一个心灵去激活另一个心灵,它并不具有独立价值。多读书,意味着的是学会用多种途径去思考问题,拓展自己的问题,以及解决问题的方案。书是头脑的健身器材,锻炼身体各个部位,最终帮助人们实现的是更为健康、晓畅、丰富、自由、多能以及自觉的心灵,来面对属于自己的现实。

6.3 反驳一:心灵通过对世界的认识才能实现自身的完整,心灵也只有通过他者的确认才能成全自身。读书就是学习他人,学习"别的"。

答辩:心灵对"世界"的认识,是自我确认的一个核心环节,但这也需要它自身来确认,卸下概念、历史和他人的包袱,直立行走,独自面对赤裸裸的生存,来思考,来确认,这时候,它会发现,对世界的确认,就是自我确认;反过来,对自我的确认,就是对世界的确认。读书,学习,都不是朝向外界的纯异化活动,而是通过这种异化来完成自我充实与自我实现。

反驳二:这不是一种"自我中心主义"吗?

答辩:这不同于一般所批判的"自我中心主义",这个"自我实现"是广袤而漫长的旅程,是"自我"与"世界"的不停往复,实现"意识"与"存在"的同一。它只不过从原理上,认为任何试图弃绝"自我意识"的努力都是徒劳的,因为但凡努力,背后都有一个主体意识在推动,佛家消除"我执"的,依然是一个"自我意识",否则就只剩了"无意识",显然那不属于"努力"的范畴。我们所谓克服"自我中心"的那个"自我",其实并非这里"自我意识"的"自我",前者指的其实是一个具有排他性利益与诉求的个体而已。

反驳三:既然本文谈到"意识"与"存在"本是一回事,那么,又谈何"追求意识与世界的同一"呢?

答辩:【参见5与5.5答辩】如果我们假定一个作为"全体"的世界,那么,对于世界来说,它始终存在着,不增不减,不来不去,它从逻辑上不应该产生任何"对立之物"。按理,人类的得失/生死/兴亡,都只是虚幻的,跟世界的存在无关,"人类"毁灭了,世界还是那个世界,并没有什么真正被毁灭的,被称之为"毁灭"的,只不过是那个虚妄的幻影。可是,反过来,既然是同一个世界,那么就没有什么会是"幻影",幻影也在这个世界上,也属于这个世界,它既然被感知到了,理应分有同样的实在性。那么,在这个逻辑上同一、永恒、静止、完整的世界,到底发生了什么?到底为何竟有了发生?

（1）"世界"（存在）并不被定义为一个不可谓述的形而上的"全体",那是一个自相矛盾的概念,它只能被理解为"经验的总和"（参见5答辩）,而"经验"即"意识的展开",于是,"世界"就是"意识"的展开的总和。

（2）既然"世界"不能被表述为一个现成的"实在",有待意识去认识。那么,世界与意识的同一,就不能被表述为一个有别于"世界"的"意识"去与"世界"同一的问题。"世界"只可被理解为"意识"自身的展开与实现。

(3) 所以,世界与意识的确是从来就同一的,但并不是现成同一的,否则又会推出世界是现成的,那又会回到悖论。

(4) "世界就是意识"意味着,它是由意识所展开的、定义的、构造的、变现的。

(5) 在虚空中展开了一朵花,这朵花既被称为"世界",又被称为"意识"。除此之外,并无任何有意义的实有。

(6) 所以,这种"同一"恰恰不意味着死寂、凝固、静止的巴门尼德之"一",来等着一个悖谬的"意识"发现并研究。它的同一恰恰意味着:它是在意识的过程中生成的,它就是意识为自身所呈现的模样。它最终达到的"同一",是意识对自身的充分自觉。

(7) 这个过程,并不是从"非同一"到"同一",而是"同一"从虚有到实有,从"无意识"到"自意识"。并不是说,"世界"不够完整,所以"意识"要不断进行;意识不断进行,就是"去存在",否则世界不是实有,世界展现为一个丰富的经验世界,在此意义上,意识必须充分展开。(可联系亚里士多德的"潜能"到"现实"。)

(8) 在这个意义上可以说,存在无数个世界(世界阶段和世界面相),但又都是同一个世界。(可联系莱布尼茨单子论。)

6.4 反驳:这无非是经验主义的老调重弹,正如典型的批评——经验无法带来普遍有效性;经验难免流于肤浅,不能洞察到背后的结构与规律;它揭示的无非是偶然性(盖然性),而非必然性。

答辩:除了同义反复的分析命题,没有什么别的必然性知识。更重要的是,我们并不需要那同义反复的必然知识。我们的知识真正需要克服的,不是偶然,而是无效。这里的"经验",不等于"日常经验""生活经验""驾驶经验"这些或意味着"经历",或意味着"熟巧"的经验,它意味着的是全部生存呈现给我们的现实。这是我们全部思考的出发点。我们在思考过程中,时刻要返回我们的生活经验,就像把种子种在泥土中一样,我们不能指望一棵脱离了大地的树能带给我们什么。我们必须真诚地聆听自己的经验,它的呼声,它的反馈。这样,我们的思考才始终是鲜活的、持久的、有效的。

7 反驳:真理源自对世界的观察、调查、实验、分析、试错和检验,内省达不到真理,也达不到"真理性"。

答辩:这里用"真理性"替代了"真理",5 和 6 的系列答辩已经阐述了为何"真理性源自内省"的原理。这里的"内省"不是说人不需要学习与观察就能有充实的认知,而是说,任何认知,都要求出自内在发问,并返回内心,接受内在的审视,获得内在的和解。

"内省"的意思就是,要"亲自"去思考,不借助任何"理论"的拐杖,而是凭借自己的语言能力去思考、去表述。当然,此处的"思考"主要是指人对自我与世界的反思,一般称为"哲思"的范围。

"内省"是相信人对自我和世界的反思,是通过一个常态的生存境遇就可以支撑进行的,就像苏格拉底和庄周等人曾经进行过的那样,并不像我们今天所认为的那样,需要一个系统性、大规模的理论史学习才能够进行。

因为,根据5和6及其答辩所建立起来的理解,对我们而言重要的不是掌握某种对象化的"知识",而是实现认识活动本身的充分性,通过认识一个又一个的对象,来实现认识的清明与通达,最后实现充分的自我认识。

7.1 反驳:"真理性"的问题不能被还原为"死亡"问题,"死亡"只是一个过于具体而个别的问题,不足以覆盖"真理性"。

答辩:本文"原理"部分将详细阐述"死亡"问题。此处简而言之,"死亡"是一个根本性的哲学问题,就是理解"存在"与"虚无"的关系问题——世界既然有,又何必无;终将无,又何必有?安顿这个问题,意味着彻底接受生存的全部现实。但我们似乎需要用对全部生存的现实的理解,来实现对这个问题的安顿。

联系到3.7的答辩,持久和平不能通过解决具体需求来抵达,只可以通过理解来实现。所以,真理性的道路,就是朝向这种和平的理解形式,对"虚无"的克服。

本文认为,对于一种哲学(反思、自我意识),若能解决这个问题,就没有更迫切的问题了。反之,若不解决这个问题,作为理性的存在(人)终归是不完整的。

7.2 反驳:直观无法带来合法有效的前提。

答辩:前提很多都是未经证明的,谈不上是否"合法有效",它是其他命题是否合法有效的保障。"我们认为以下所说为自明的:人生而平等""我们承认人有自由意志,否则道德与法律将变得不可能"——我们需要相信直观和自明的真理,以便相对有效的生活世界能够成立。直到有一天,生活世界的矛盾和冲突积累起来,反过来颠覆了那个自明的真理。

这并非只是"权宜之计"。直观是意识与世界同一的证据。意识在经验充分施展之前,或者经验暂停之后,或者在经验途中,都可能照射进某些确凿的关联。这些关联尚未经由认知来整理。就像一个熟练的球员的卡位与投篮,它并不因尚未经清晰表述而不发挥命中的作用。直观也为认识提供总结性或者前瞻性的洞见。在逻辑尚未抵达之前,到达生存的某种境地。

对直观的信赖,是生存保持活力,认识保持开拓性的关键。

7.3 反驳:笛卡尔的这个原则未必就是正确的,它本身是独断论的,未经论证的。

答辩:【参见 3.6 5.5 的答辩】笛卡尔这个原则不是未经论证的,对"我思"的还原法,就蕴含着对这个命题的论证。"清楚、分明"就是对"不怀疑"原则的定义,任何一个命题要做到让"我思"不疑,并不是一件容易的事情。这里笛卡尔区分了 clearly(清楚)和 distinctly(分明),前者与后者的区别,在于后者是以概念为基础的区分,前者是无概念的区分。我们可以把二者共同称作"直观"或"内省"。也可以更严格一点,把前者称作"直观",后者称作"内省"。前者是朝向经验之无疑,后者朝向逻辑之无疑。

这里强调的,不同于笛卡尔对"正确"的追求,甚至不同于他所追求的"无疑"。这里要追求的是理解所带来的平静。它的最终目标不是客观的"无疑",而是主观上的"明白"状态。这种明白是难的,理性总免不了要怀疑,一个判断要经得起理性的反复怀疑,已经是高度"明白"的状态了。

7.4 反驳:仅以内省原则为出发点,有流为主观、肤浅的风险。

答辩:"主观""肤浅"并不要紧。要紧的是说服自己,让自己获得"无疑"。除了不停返回内心,平息理性的不满,没有任何办法获得这种"无疑"。学富五车,权威的论断,繁复的论证,都无法直接带来理性的满意,除非它经由理性的亲自拷问、咀嚼、消化与认可,已然脱胎为理性自身的成就。

内省原则会告诉你:你最关心的问题是什么,你最期待的回答是什么。只有从这些原则出发,思考才是真诚的,也是有效的,才有可能带来真正的"明白"(无疑),带来真正的满意(和平)。否则的话,你虽然交代了一百个问题,但依然没有给自己解惑,依然在混沌中生存,因为那不是你自己的问题。

8 反驳:语言和思想是一回事,脱离语言,思想就是虚设。所以需要规范语言,澄清语言自身的问题,思想才会有真正的清明。

答辩:分析语言、澄清语言,自然是思想迫切需要进行的工作,它让思想不至于陷入糊涂,被暗藏的语言陷阱禁锢,因为偷换定义而在概念的障眼法中迷失。清晰的定义、符合逻辑的推理,这是思想必备的技能。但语言分析依然只解决"如何"思想的问题,不解决"为何"思想的问题,它不解决我们的关切、我们的疑惑。我们思考,终究是因为我们有来自直观的发问,语言响应这些发问,为这些直观的疑惑提供精确的描述,为寻求"不疑"的理解提供载体与技术支持,在这个意义上,它依然只是工具,而不是鹄的,不是真相本身。"理性"依然并不等同于"语言",它对应的是"世界","世界是语言构造的"这依然只是一个比喻,它要说的是"世界是一场表达"。在这个意义上,"世界"当然就是广义的"言说",但这个"言说"包括了意识所能展开的任何形式——感觉、情感、行动、直觉、欲望……这里试图把思考还原到这个广袤的"世界语言/语言世界"之中。

8.1 同上。

8.2 反驳:否定了思考的独立价值。

答辩:不但语言是工具,思考在这里也被视为工具,前文被视为"意识"的那个"世界"领域,其实主要是由三个阶段构成——意志—思考—行动。意志驱动思考,思考部署行动,行动创造对象。三者都是"世界"的构造活动。本文把"存在"看成三者的真正目标,亦即三者的接力与循环,无非是实现一种充实和全面的存在。

8.3 反驳:同上。容易陷入庸俗的实用主义。

答辩:庸俗的实用主义并没有错,它只是太狭隘,没有看到"实用"的全面图景,只把应付自然的生存当作全部"实用"。在这种应付中和应付后,它会发现问题并未解决,困惑并未消除,生存依然未得到安顿。理解本身的债,只有靠理解本身来还。那就是通过理解来应对存在的发问,实现对存在的充分自觉(自我意识),进入充分的存在。

8.4 反驳:"真"是与"善"并行的一个范畴,把"真"归于"善",会导致庸俗主义、反智主义和道德主义,抵消启蒙的成果。

答辩:【参见 2.1 和 4.7】把"真"脱离"善"作为单独的一个价值,是近代启蒙运动的巨大成果,解放了人类的技术生产力。但它也不是没有弊端的,技术与科学不会没有服务对象,它若不主动追问"善",那就被动地沦为自然欲求的奴隶,为无止境的贪欲服务。也因此,技术伦理、科学伦理再一次成为重大课题。

当然,这里的讨论视野,并不是社会问题,而是一个"意识"自身的内省问题。在这种内省活动中,价值更是一个方向问题。生存发出了疑惑与召唤,思考需要对之进行响应。思考(真)没有独立价值,它的价值在于解惑。它循着我们自身关切的指引而取得自身的价值。任何偏离关切的理性活动,都会让"我思"适得其反地陷入更大的迷茫。必要的时候,我们甚至需要思考这个"关切"——我到底最关切的是什么?什么能让我穷尽理性与行动去追求?

8.5 反驳:如果不把"求真"放到第一位,思想就得不到深入发展,浅尝辄止,而且也会陷入相对主义。

答辩:在某种"价值"居于绝对统治地位的时代,比如信仰时代,"求真"的旗帜才具有解放意义,把"求真"当作最高价值,只是理性自我解放的策略。但理性终究会醒悟归来,问"为何"。即便在启蒙年代,"求真"作为最高价值,也依然回应过这个追问——为了"人"。

所以,任何时候,"求真"只是策略,终究还是为了安顿生存。"正确"总是针对某个标准而言,它终究不具备超越时空的效力。思考不应把"正确"当作目的,它的目的是"有用"——有助于实现理解与安顿。

8.6 反驳:语言能力是先验的,它支撑并塑形了我们的经验。

答辩:唯有"存在"是先验的。唯一不被我们经验塑造的,却带来了我们的经验的,是"我存在"这个事实,它是被给予的。"我存在"一旦启动,同时就启动了经验。存在的共享性(共在)先验地决定了经验的可交流性,经验的可交流性决定了语言的可能性,又被语言能力所赋形,呈现出可被表述和定性的形态。从混沌的经验中,语言抓取(创造)可被思想把握的东西,在这个意义上,语言是创造世界(世界自我创造)的途径,语言是存在的道路。在朝向自我意识的途中,语言是最伟大的发明。语言的实在性不亚于任何实在性,但我们依然不能忘却,更为广阔的实在是"我存在"("我思")这个哪怕混沌也依然清晰(clear)的前提。

8.7 反驳:客观性就是脱离了主体性的实在性,依托于主体性的,都不是真正的客观。

答辩:客观性亦即"意识到其客观性"。所谓"脱离主体性的客观"是一个无法理解的空洞假设,它依然被自己所否定的主体性所包含,也就是说,它是逻辑思维的产物,是极为抽象的概念。

这里依然尊重一种"超出个体意识的客体",但这个客体无法"超出所有意识"。它若要无矛盾,就依然只能在意识的限度内得到领会。这时候"主体间的可沟通、可互证"就成为我们唯一可以确保的"客观性"。"意识到其客观性"亦即"通过主体间沟通与互证而意识到其客观性"。

并且,唯有这种"客观性",是我们真正需要的,是对我们有意义的。这是上文所谓的"充分的自我意识"的道路。个体意识(世界)从一开始就总是生活在与其他意识(世界)的互渗与互证关系中,从而达到对局限性与片面性的超越,并且不停地实现对自我的反观、彻查与充分认识。[是的,它扩充的任何认识,从有效性上讲都只保留为自我认识,对自我(世界)的认识。]在这条道路上它追求着"客观性",把"个体意识"扩充为充分、全面而清醒的"自我意识"。它并不追求取消"主体性",更不追求取消"意识",它只是追求更大的"主体"和更充分的"意识"。

9 反驳:思考若想达成有效认识,必须付诸实证,否则只是循环论证(分析命题)或者错误。

答辩:【详见 1 的说明】本文将思想区分为"启迪学"与"证明学"。前者并不指向"真伪",而是指向"存在"及其"领悟",促成充分的在场与自我意识。这里将存在最重要的任务辨析为"充分自在",那么,思考意味着每个个体意识独立自主进行的活动,它的本性和使命是"自思""思忖"。"真伪"对它来说不仅是不可能的,也是没有意义的,它要实现理解,让理性在每一个环节都感到无矛盾、无阻碍,可互通。这里试图表明:在技术(知识)最薄弱的文明之初(如前苏格拉底时期希腊和先秦中原)与技术(知识)大爆炸的当代之间,在有学识与无学识的人之间,在"思考"这一点上没有,也不应有根本性的高下之分。每一个意识,无论它的"世界"被描述为何种世代,都面临同样的问题和可能性,去实现(展开)充分的意识(存在)。

9.1 反驳:此处定义的"思考"不具有科学性,无法与实证科学比肩。

答辩:"思考"与"实证"的不可比较性,有似于"情感"与"饮食"的不可比较性。后者是不可或缺的,前者也并没有表面上想象的那么可以或缺。后者并不能替代或者决定前者。在很大程度上,前者对"存在"的意义大于后者。如 1 及其分论点所阐述的,最优秀的科学家(政治家、经济家)丝毫不等于他是一个解决了生存困惑的人,明白无疑的人。

9.2 反驳:意识也可以被当作一个"现象"来研究,心理学和生物学已经证明了这一点。

答辩:本文承认"意识"与"世界"之间的连续性,所以,也承认实证科学是意识充分施展的一个必要环节,但实证的天然屏障在于,它把一切置于"对象"的地位来研究,却因此恰好不能对"我思"(主体)做出研究。这就依然为本体论、价值论留下了余地。"我思"只能通过主动思考与行动,来实现自我意识,而无法通过对象化活动来观照。一旦对象化,就不再是主动的主体。

9.3 反驳:意识不过是物理、化学原理的一种产物,它可以通过植物的应激性、动物的反应、大脑的进化等等做出科学解释,并不必加以哲学描述,让问题陷入不必要的概念纠葛。

答辩:本文的观点并不与这种物理学、化学、生物学和进化论的观点相抵触。相反,后者反而对前者构成了某种支持。意识并不恐惧它服从了某种"物理学"或者"进化论"的描述,反而把这种描述看成"意识"与"世界"同一的一个说明。它说明"我思"就是这个"世界"在思考,"世界"就是"我思"不断实现的一个过程。"从泥土中进化出了一个意识",这个描述如果去掉时间维度,其实就是"泥土在进行自我意识",如果"泥土"无非代指"存在",那就是"存在在进行自我意识"，既然我们无法设想无中生有，那么，就不能设想真的凭空出现了一种"意识"，而只能设想"存在就是在意识"。但不宜忘记"意识"终归要作为第一人称的"我意识"才是有效的。

9.4 反驳：凡是能解释的，都能用分析和还原的方式解释，凡是无法解释的，都不过是迷信或者谬误。

答辩：对"我思"无法做出任何还原。且不说一只舞蹈的手卸下来再装回去能否继续舞蹈，以及格式塔心理学关于整体大于部分之和的研究。更重要的是9.2答辩所阐述的，拆解与还原的，都不再是一个能动的、进行时的主体。对"我思"的认识，只能通过"我思"正在进行的内省来进行。

9.5 解释：同上。"我思"和"所思"处于永恒的对立状态，后者并不以其"可科学描述"而吞噬前者。前者是形而上学的保留地。只是形而上学再不能称自身为科学了，即形而上学不必宣称"可科学描述"甚至"具有可检验的真理性"。它负责的是价值，是在场性、有效性。

9.6 同上。

9.7 反驳：思想若不考虑原理，那就是盲目的胡思乱想。

答辩："思想只须面对自身的问题"说的是，思想有两个面向，一个是面向"对象"，一个是面向"自身"，面向事物的思考，都具有可还原的发生原理，但面向自身的思考，忠于那些原发的问题:"我为何存在""存在为何会陷入虚无""究竟何物存在""幸福是什么"……这些"不科学"(不可以科学描述)的问题,是思考自身原发的问题。一个逻辑学家可以说"幸福是什么"是一个充满漏洞的表述,但他依然遏制不住对自己进行这样的追问。他更要问:为何我们会问这样的问题。这就是原发性问题。这不是发生学意义上的追根溯源所能解决的,也不是语言学的条分缕析所能解决的。他必须真诚地、直接地思考该问题,而不只是理解该问题的(心理学、生物学、经济学)发生机制。

Ⅱ 原理论

1 反驳：① 没有"最终目标"；② "幸福"是一个主观性很强的概念，随机应变，不适合充当目标。它更像是人们在实现了任何目标时所发出的肯定与确认。

答辩：① 参见Ⅰ2.1的答辩；② 所谓"幸福是所有追问的最终目标"，恰恰是否认了任何外在目标可以充当"最终"目标，也否认了任何"目标"的绝对合法性。没有任何目标可以充当人们追问的终点，但"幸福"这一评判，却是任何追求的句号。不管人们追求什么，最终追求的是"满意"，即意识的暂时的无矛盾、无困惑状态。这种临时状态转眼为新的目标所打破，并陷入不满。但意识追求持久的（如果不是彻底的）无矛盾、无困惑状态。为了达到这一目标，它只有转身朝向自身的充分施展与实现。它把任何外在求知与实践的追求，都当作意识的健身。真正的幸福只有通过持续、多面的理解才能实现。因此，这里把"幸福"看作冒号，它既意味着一个抵达，也意味着一个开启。幸福在这里被定义为2.1所描述的意识无矛盾、无困惑的和平状态。它是理解持续、通透进行的一种状态，是进行时的充分、通达与均衡，而非静止。

1.1　反驳一：幸福是一种感觉，它必然是经验的，也就是日常的，没有"非日常"的幸福之道。

答辩一：幸福不只是一种感觉，更是一种自我意识，对自身状态的确认。它可以是经验的，也可以是反思的。前者一般叫"快乐（或痛苦）"。后者却是要通过理解活动才得以真正解决。从而它也是不依赖经验的。

反驳二：幸福需要满足太多条件，如生理的、经济的、社会权利的、家庭的……不满足这些根本谈不上"幸福"。不能空谈斯多葛式的幸福。

答辩二：即便我们承认这些是幸福的必要条件，它们也不是幸福的充分条件，没有人能设想一个国王必然是幸福的，或者必然比平民幸福。更何况，这些也未必是幸福的必要条件，身患疾病的人很难谈幸福，但未必被剥夺了幸福的可能性。既然幸福是一种精神状态，那么，它并不完全服从自然规律。正如 II.1 的答辩所指出的，日常幸福并不简单等同于这里谈论的幸福。这里的幸福跟"死亡"相关，甚至只跟"死亡"有关。更准确地说，真正的不幸只跟死亡有关，只有安顿了死亡问题，才有真正的幸福可言。

1.2　反驳 1：死亡问题不可解决。

答辩 1：要解决的不是"死亡"这个事实，而是关于"死亡"的观念；也不是去除"死亡"观念，而是达到对"存在"与"虚无"的更通达的理解。

反驳 2：并非解决了死亡问题就能解决幸福问题。

答辩2:参见1.1的答辩2,"幸福"在这里定义为"一种反思性的评价""对自我状态的肯定""持久和平"。

联系此处答辩1,此句可翻译为:"只有通达理解了存在与虚无,才能实现对自我状态的肯定,实现持久和平。"

反驳3:不解决经验层面的问题,认为可以通过观念来消除不幸是一种虚幻的自我陶醉,是传统宗教的造梦术。

答辩3:主要答辩参见1.1答辩1与答辩2。在经验层面,没有不幸可以彻底消除,即便依靠知识技术规避了所有具体的风险,那个终极的不幸也不可消除。所以,经验性地应对不幸,不是幸福的充分条件,基本上也不是幸福的必要条件,但它在最低限度上构成幸福的必要条件,幸福如果有唯一必要的经验条件的话,那就是健康,包括身体和精神的双重健康,即出厂设置的基本状态,能够发挥日常水平的功能。除此之外,任何不幸都是观念性的,都可以,也应当通过观念来抚平。(即便残疾人,损失了出厂设置的基本生理条件,也不是不可能获得幸福,而这正是靠观念来调节。)

1.3 反驳:"持久和平"是不可能的,也是不必要的。这无异于传统宗教观念所谓的"不动心""寂灭",或者世俗所谓的"安心"。

答辩:第一,"持久和平"是可能的,它是智识努力的目标,是幸福的定义。它不是对波澜的取消,而是对波澜的看透,是在起伏之外另有一双眼睛审视这起伏。"和平"的主词是"审视"而非"波澜",是不以"起"为永起,"伏"为永伏,是在多角度的"审视"中实现的"审视"自身的显明。所以它并非"不动心",而是"动"外另有"心"。

第二,"持久和平"是必要的,它是人克服悲剧命运的必经之路。没有这种"动外之心",人就始终是起伏的奴隶,在得失祸福中沉沦。命运也许永不能彻底克服,但命运的规定性却可以克服(克服其貌似牢不可破的"是")。

在这个意义上,"持久和平"甚至欢迎变化、矛盾和冲突,就像那个观看(参与)球赛(戏剧、电影……)的观众,她/他的"和平"来自剧场之眼,而不来自情节的和平,反而,情节越激烈冲突,她/他越能陷入"看"之和平。

1.4 反驳:对于人来说,并非只生活在思辨的世界,还生活在经验世界中,若无快乐,生活的依托何在?事实上,大多数人的生活都寄托于那些饮食男女的快乐,那是大多数人的动力与安顿。

答辩:快乐固然重要,但快乐若不奠基于理解,亦即对死亡所带来的终极虚无的克服,则任何日常快乐都只是临时的、敷衍的,临刑前的买醉而已。克服死亡问题所带来的和平,会让日常快乐有一个坚实的依托,进可攻退可守。所以人的着眼点不宜停留于快乐,而要追问持久和平之道。

2 反驳1:死亡是一个物理事实、医学事实,而非形而上学问题。

答辩1:死亡不是经验的,甚至也不是一般意义上形而上学的,而是先验的,它奠基了我们存在的样态。死亡不是死亡的事情,而是生活的事情。死亡不是死亡的本质,而是生活的底色。正如伊壁鸠鲁早已说明的,死亡是无法被经验到的。但我们也可以说,死亡时刻被我们所经验着,它是一切经验之所以可能的基础,是我们所有筹划的动因。相反,能赎回的流逝,能填补的虚无,都不是流逝,也不是虚无。"死亡"这个词标记出"彻底流逝"与"终极虚无"。在这个意义上,它是不可以被体验到的,一个超越论意义上的假设。

在根本上,"死亡"是矛盾律、排中律的产物,我们以"无"来标记"有",以"终极之无"来标记"终极之有"。

所以,从经验层面来说,死亡是不可怕的,因为没有人可以经验到死亡(经验的时候你还活着,死了的时候你已无经验);让人们害怕的是通过排中律推导出的那个超验的"无"。要克服后者,则要克服矛盾律(排中律)和实在论,理解一种"同一哲学"和"唯名论"(更准确地讲,唯名实在论)。

因此,死亡问题,就是"存在"与"虚无"的对立问题。把"无"归为一个"事实",是传统形而上学的阿喀琉斯之踵。

反驳2:既然这是一个形而上学问题,我们如何还要谈论它,把它当作"一个事实"来谈论呢?这只是一种徒劳,"死亡"既然不是一个经验事实,那么就没有讨论的余地,一切停留在假设之中,无法辨析真伪。

答辩2:"死亡"概念虽然是一个形而上学概念,而非经验事实,但"死亡观念"在经验世界中发挥着作用,影响甚至决定着经验的底色与方向。所以,虽然不存在"如何面对死亡事实"的问题,但毕竟存在"如何面对死亡观念"的问题。

2.1 反驳1:死只是一个普通的生存论问题,何以奠基根本性的形而上学概念(有限与无限,存在与不存在)?

答辩1:死是沟通经验与超验的一个旋转门,它不可体验,但引领着经验,奠基着经验。它是属于我们的无,是撕裂巴门尼德同一律的永恒矛盾,带给我们无法完全倒向经验,也无法完全倒向超验的两难。以至于"存在"与"无限"概念既无法实证,也无法消除。生存,就是从"有"到"无"的运动,准确地说,是内涵着"无"概念的"有"概念,是一种以"无"为底色的"有"。"死"是经验世界内涵着的超验基底,这是无法克服的"错误"。

反驳2:第二句话只是重复了一个老调重弹——人是万物的尺度,甚至是极端化了的唯我论版本的老调。

答辩2:我们过于恐惧"人类中心主义"和"自我中心主义",把一个认识论问题混同于伦理问题、政治问题、生态问题。"世界存在"—"人存在"—"我存在"是一个逐步迁移主语的运动,是概念的翻译与精确化活动。简而言之,"存在意识"从属于"自我意识"。当人类说出"X存在"的时候,它是发出了第一个自我意识,它说的其实是"我意识到:X存在",这时候已然不是形而上学所假定的那个"原初的直观"。更准确地说,这个意识确认的并不真的是"X存在",而是"我在意识"这个最基本的事实。更近一步说,"世界"概念和"我"概念只是撑起这个自我意识的一个二元空间,这个命题的简化版本就是"意识",意识活动本身,从存在论(形而上学)意义上来说是世界在进行自我意识;从认识论意义上来说是意识活动在进行自我确认(真伪);从语言学(唯名论)意义上来说,是意识活动在建构世界(符号世界)。

某种意义上,"世界存在"才是初级阶段的、缺乏自我意识的一种"自我中心",是前哥白尼革命语境;"我存在"是自我意识的高级阶段。笛卡尔的"我思"并非"存在"的确证或者理由,而是"存在"的同位语,"思即在",类似于黑格尔后来反复强调的"自为"的存在,黑格尔误在区分了"自在"存在与"自为"存在,忽视了"自为方为自在",无"自为"之"在"只是一个空洞的悬设。

无论经验/直观、思维、语言意识、符号活动……无论秉持存在论与否,一切都是从这个"我思"发出,从这个"自我意识"发出,它才是最初的事实,经验中的经验,也是存在中的存在。在这个意义上,经验论和存在论并不必有分歧,实证论与观念论也不必有分歧。

"我"不但不是"自我中心主义",反而是谦逊而诚实的基础。那试图"无我"的意识,背后也是一个"我思"。

然而,如何处理这个"我意识",并不是没有文章可做。

2.2 反驳:消除"我执"似乎的确是诸多宗教与古代圣贤所提倡的根除痛苦之道。

答辩:正如上文已经谈到,自我意识是消除不了的,"消除自我"这本身是一个悖论,任何一个动词付诸实施,背后都有一个主语,"消除"这个动词也不例外,让一个动词来"消除"其主语,当然是自相矛盾的说法。合乎逻辑的结论,似乎是停止任何动词功能,但那样又陷入了纯粹的虚无与无知状态。所以,并不必进行这种虚妄的宣扬。"自我"意识并不是什么原罪,它是(如果可能有的)"混沌"中诞生的第一个"秩序"。令意识最费解的是它本身的发生。当然,我们并不必追问这种"发生",只需面对这个"已然"。可以肯定,的确是自我意识带来了痛苦,因为"痛苦"无疑是一种自我意识,没人会因为"无意识"而苦恼。但消除痛苦也绝不会是撤销意识那么简单的事情。相反,痛苦是意识还不够彻底的表现。

"自我"也不等于一个对立于"世界"的自我,更是一个作为"世界"的"自我",作为"自我"的"世界"。世界意识与个体意识,并不必然是两回事。"自我"置身于"世界"之中,并无处可来,也无处可去。"世界"就是"自我"表象出来的世界,"自我"就是"世界"实现出来的自我。

2.3 解释:当"自我"把自身理解为"世界"的对立面时,这就成为"自我意识"不可避免的成长过程中的"代价"。它必须走出"区分性"的第一步,这一步荒谬地把"自我"与"世界"隔离,除此无法完成自我意识的觉醒。但这并不是它的终点,也不是它的污点,不是它的无能,更不是它的"智慧"。这只是必经之路。

几乎与自我意识同步出现的就是"消亡"意识,即对一个"长存的世界"和一个"暂存的自我"之间的冲突的意识。其实,在"自我—世界"图式中,"世界"本身就被定义为"长存的世界","自我"本身就被定义为"暂存的自我",这是区分之所以可能的基础。问题在于,在自我意识的初级阶段,意识把这种区分当作不可修改的"事实"接受下来,这是痛苦的根源。只有当自我意识通过再一次的"反思",意识到这一区分活动本身,才能抵达更为明澈的自我意识阶段。

3 反驳:世界存在在那里,亘古如此,与意识无关。正如我们可以观察到的,一个人失去了意识,他周围的事物依然正常运转。

答辩:所谓"世界存在在那里"无疑是一个无法证明的假设,"世界"是一个无法被直观的概念,"存在"也是。我们唯一可以确认的,是对"一个人失去了意识,他周围的事物依然正常运转"的旁观。但我们在这里需要区分第三人称视角和第一人称视角。我们可以旁观一个无意识表征的存在物及其周围的事物,但我们无法脱离意识去设想任何事物。"一个不依赖意识的世界"依然只是意识的构造。它可以被设想为不在这个或那个意识中,但无法不被设想为在意识中。意识设想出一个独立于意识的存在,那只是一种徒劳的悖论。

"是否存在独立于意识之外的世界?"我们只能像康德那样回答说,这个"世界"可以去定义,却无法被认识,更准确地说,对它的定义已经注定了关于它不可能形成任何有效的认识。

当然,我们不至于推断出"世界是意识所生产出来的",但世界的呈现样态(可知世界),的确是意识的结构所决定的。然而,对我们有效的,恰恰是这个"呈现样态"。在众多表象中,意识作为表象并不对其他表象具有发生学意义上的优先性,但就其皆为表象而言,它们同属于针对意识而言的显象。所以,在这个意义上,的确可以说:"(对人有效的)世界是意识的产物。"

"死亡"正是这个"表象世界"中的一个"表象",但在日常的理解中,它却是依赖"世界存在"这样一个形而上学假定而伴生的一个被当作"事实"而接受下来的假定。其实这是不合逻辑的。合乎逻辑的推理之一是:若世界存在,则无物不在,则"死亡"是假命题。合乎逻辑的推理之二是:若世界为表象,则无物不为表象,"存在"亦为表象,则无往而不为"死亡"。

3.1 （同上）

3.2 反驳1:"实在性"是事物的自在性,正是与意识无关的。

答辩1:一个"与意识无关的实在"恰恰是意识的界定。真正"无关"的"实在"是不会进入意识的,对它我们只可能"无知"。在这个意义上,贝克莱是难以反驳的,一切对"实在"的检验都是通过人的感知来进行的,"实在"究其本意是"可感知性"。至于为什么人们依然产生一种"不依赖感知的实在"的印象,可以参考休谟所说的"习惯",一种相对稳定的经验,就是人们眼中的"自在世界"。

反驳2:如何区分"意识"与"幻觉"？如果幻觉也是一种意识,难道"世界"也是幻觉的产物?

答辩2:"意识"的最基本定义即"反思",或"自我意识",它无疑是一种主动的、"有意识"的行为,与"无意识"恰恰相反(在这一点上,心理学并无助于抵达意识的真相,有可能南辕北辙)。"幻觉"作为一种被动、附带的类意识现象,并不具有意识的地位。幻觉既不能直接映照,也不能直接构造一个世界(它只是一个派生的"症状")。但"幻想"是意识的一种亚类型,幻想具有主动性和反思性,是意识的实现和世界的扩展。

3.3 说明:死亡要么被归为超验问题,要么被归为经验问题。超验的解决方案是追求"不死",经验的解决方案则把死亡看成"规律"(它只能延缓,而不能消除)。我们还有第三种解决方案——观念地解决。"消亡"源自对现象世界不充分的理解,源自自我意识的缺乏,源自把现象当实存。

3.4 说明:"永生"的解决之道,和归为"物理"的解决之道,都无法带来安顿。在一个不生不灭的混沌中,"生"与"死"本就是意识构造出来的两个概念,它们是对现象进行描述(构造)的一对工具。不看到问题的产生机制,不对问题进行透彻的理解,所谓的解决和解释都不过是在迷误基础上叠加的新迷误。

3.5 反驳:这里是否默认了"绝对精神"的存在?
答辩:这里并不继承黑格尔的形而上学命题,对一个无法证实的"绝对精神"做出断言。但本文把"自我"与"世界"的对立看成意识的产物,一对用于为主体描述现象所采用的概念工具。由此,"自我"与"世界"并不能构成存在论意义上的"二元"。由此,本文承认一个由推论而来的"一元",即巴门尼德基于矛盾律产生的论断,即若有某物存在,则此存在者为一。由此推论,一个已经呈现为事实的"自我意识"另一方面也不得不被视为"世界意识";与此同时,"我在"也不得不视为"(世界)存在"。

3.6 反驳:世界上的问题要靠实证来客观地解决,无法通过改造意识形态而主观地解决。

答辩:实证(实践),其实也只是间接改造意识形态的一种手段。我们承认世界的"客观性",只是承认表象世界不受某一主体左右的强制性。承认意识的奠基性地位,并不等于承认想象力的任意性对世界的影响力。世界的"意识性"与"客观性"并不冲突,它的客观性是一种"在意识中呈现""对意识有效"的"客观性",而不是一种"与意识无关"的客观性。世界的"外在性",所揭示的也只是与意识的主动性难以两分的一种被动性。人们盖一间房子,并未在"世界上"增加或减少任何"质料",而是通过一种形式的构造,营造一个相对稳定的表象,成全一个稳定的意识,当这个表象坍塌下来,这种"居住"意识也就坍塌下来。所谓的"外在性""客观性"其实只是"经验稳定性""持久效用"的代名词,而不是"非意识形态"的证据。这里并不能把"意识形态"等同于"主观想象"。改变"意识形态"需要很多途径,包括间接途径(通常称之为政治的、经济的、法律的、医学的、物理的等),但也包括直接途径(观念途径),死亡问题属于唯有通过后者才可以得以真正解决的领域,幸福问题也是。因为它们直接是观念所造就的观念。

4 反驳:这两个命题自相矛盾——要么世界是意识的产物,要么意识是世界的产物,两个命题不能同时成立。

答辩:我们无法逆知世界的"样态",从经验事实的角度,我们无法断言世界与意识哪一个是哪一个的产物。也就是说,我们无法像陈述一个可以观察的事实一样,陈述世界是意识的产物,或者意识是世界的产物。但我们上面说过,"世界"和"意识"是我们用以描述现象世界的一对概念工具。从存在论的角度来说,不管我们从多少个角度来描述一个现象界,如果存在某物,那它始终存在,并且是同一的。区分只不过是意识的后天行为。由此,我们可以僭妄地把意识活动也纳入这种"同一性"的范畴,我们无法验证但却可以推测:如果意识活动具有存在论地位,那么它就应该是同一个存在所进行的"自我意识",我们为自己描绘出这样一个图景——在一个无分辨、亘古如一的混沌的宇宙中,诞生了一种自我意识(区分性活动),这只能被解释为同一个存在在进行自我意识(如某位哲人所描绘的"从自在进而自为"。并非增添了什么,而只是同一个存在的自我施展进程)。但这种图景难逃其悖论的命运:"诞生"是什么意思?"存在"为何会有"诞生"?"自在"为何割裂于"自为"却又终究同一于"自为"?存在的混沌状态为何有必要、有可能进展到自我意识的清明状态？这种形而上学假设，只是我们内在冲动的一种产物，无法得到有效的说明。

但奇妙的是这种形而上学冲动。这种冲动本身是实在的，可检验的。这是意识现象学和存在论之间可沟通的一个通道。即便意识的任何内容都无法诉求一个存在论地位，但"我在进行意识活动"（我思）这个事实本身是可以要求一个存在论地位的。就是说，我们也许无法为意识所照见的世界（表象）诉求一个存在论地位，但我们可以为意识这个活动逆推一个主体（实体）。

4.1 解释：上文已解释了4.1的主要问题。如果在存在论意义上假定一个"世界"（或称之为"存在"或者"物自身"），那么我们联系这个"自在世界"的唯一办法是"作为"，"我思"无法照见一个自在之物，但它从逻辑上不能外于这个自在之物。一句话：我不能知道的事情，我可以做到。我作为存在的征兆而在世。在这个意义上，我们无论如何不必彻底抛弃形而上学，我们可以合法地谈论"世界"与"存在"，只要我们把这谈论活动当作"存在"的征兆，而不追究这谈论的内容的（命题式）真理性。

4.2 反驳："我"不是"世界"，"我"只是"世界"的一个部分。

答辩：下面不从语言分析角度，直接从存在论角度来谈论这个问题。我们无法割裂"部分"与"整体"，如果世上有某物存在，那它就是一个整体，其中的任何一个"部分"，都并不能外于这个整体来发挥作用或得到理解。"我是世界中的存在",等值于"我就是这个世界",更准确地说,"我代表、反映了这个世界"。

4.3 反驳:这是一种虚妄的自我中心主义,把自我等同于上帝和世界,并不能带来认识,更无益于提升个人在世间的真实处境。

答辩:接续4.2的逻辑,这里并不是要把"个体"提升为"整体",也不是把"个体心灵"类比为"世界心灵",这里遵照同一律的原则,不把存在割裂为"个体"和"整体"两个量级,而是视为同一个存在的不同面向。每一个单子都自成世界,也反映世界,每个单子都具备世界的基因。每一张现实的桌子和"桌子"的共相之间,也并不是"部分"与"整体"的关系。每一张桌子,就是桌子。从这个意义上,我们说,每一个心灵,就是世界心灵。不仅"我在世界之中",世界也在我之中,经由我的身体而运行,经由我的语言而表达,经由我的概念活动而进行思考。"我"并非一个一厢情愿、任性妄为的"我","我"是一个被创造物,一个在我的任何经验之前在场的先验之物;对于一切主体活动,它是一个既定事实。但"我"并非一个纯然被动的在场之物,它是自我意识的标志。"我"意识是对无知蒙昧状态的克服,它是把一个自发行为置于眼前加以审视的反思行为。"我"并非第一人称,而是第三人称的视角,更准确地说,是置于第三人称视角中的第一人称。当我说"我",已经把自我当作对象来审视了。我们也许无法不陷入自相矛盾地去表述这个问题：为何在一堆无意识的有机物和无机物的组合中诞生了这种自我意识。但它对我们构成一个既定事实：世间某物在进行自我意识。我们从这个确定点上出发来思考其他问题。

4.4 解释：这"世界"如果"有"，那么始终都是"同一"个世界。则并不存在一个"意识"对这个"世界"进行反映。人对世界的认识，归根到底是存在的同一性的体现（人能"认识"世界，这本身就是同一性的证明）。世界并不因其只能显现为"表象"世界而变得肤浅（如埃利亚学派所贬斥的那样）。在一个既然同一的存在（世界）中，不能设想一个与"实存"截然两分的"表象"。映现在水面的倒影，也是世间的"实存"。这个映像本身就是实存的一种方式。"表象"是世界的自我显现，"意识"是世界的自我意识。一个"对人而言"的表象世界，并不真的只是"对人而言"，它通达神秘的自在之物，它就是自在之物。人对事物的"认识"，所谓的（相对有效的）"真理"，都是同一性的征兆。在同一个存在之中，没有什么会是真正矛盾、错误、无效的。问题只会针对特定的用途、目标、语境而呈现出矛盾、错误和无效。任何一种"正确""协调"和"有效"，都暗示着"同一个（世界）"这个存在论基础。这个"同一"，也使得任何足不出户的"个体意识"得以通达存在本身。认识自己就是认识世界。一种书房之内的学识可以照亮宇宙。（因为"宇宙"就其为"宇宙"而言，并不在"书房"之外。）

4.5　反驳:进化论是逐步得到实证的科学,怎么会是表面的?

答辩:进化论试图实证地并且历史性地回答从无机物到有机物、从有机物到生命、从生命到智能生命的连续性。它或许能物理地解释这一过程发生的机制,但它不能哲学地(逻辑地)解释为何一个混沌的宇宙中会做出这样的"进化",其目的与动因何在?为何这一过程的出现会是合乎逻辑的?为何宇宙不能保持在"无意识的混沌"状态?更进一步,进化论割裂了"原始宇宙"与"生命宇宙",把宇宙区分为"意识"之前和之后两个阶段,这两个宇宙(两个阶段)如何可能在一个存在的整体中发生?不如说莱布尼茨的猜测更有说服力,这宇宙若能产生出意识(智能),则它自始至终就有智能,它所能产生的必定一直就具备,只不过在不同的单子中,这同一个智能有不同的表现。进化未必是"物质"向着"智能"的进化,也可以是"智能"向着"物质"的进化。进一步说,"智能"与"物质"是同一个存在的两种表现。人类在思考,就是宇宙在思考,就是那个整体的存在在思考。思考不是什么特立独行的阶段性产物,而是存在自我显现的必然活动。在同一个存在中,没有什么会增加,没有什么会减少,有的只是一场显现活动,一个在循环运动中持存的在场性。

4.5.1　说明:河水是"河"的载体,"世界"是"意识"的载体。我们形而上学地来表述:如果有某物"存在",被我们称为"世界",则"意识"并不是"另外某物",而是"存在"的自我显现(自我意识)。一个"无意识的""不被知道的""盲目的"

"纯然被动的"存在——这种表述是悖谬的,这种"存在"无法自证(表明)其存在,只是一个空洞的假设。存在若为存在,必然照见其存在。存在与反思是一回事。

我们观察到石头是无知的,而人才可以照见自身。这正如我们观察到人的指甲、头发乃至四肢都是无知的,只有"头脑"才能照见自身一样。其实,准确地说,脑细胞也是无知的,只有"思想"本身才能照见自身。但我们很容易发现这种说法的荒谬之处:并不存在一个独立实存的"思想",分离在躯体细胞之外。不如说,"思想"就流转在肌体细胞之中,它是整个身体在思考,而不是任何一个部分(甚至不是脑细胞)在思考。对于"世界"也是如此,不是一个个体的"人类"在思考,是整个"世界"的身体成全了这样一种反思,一种对"世界"的反照活动。

4.5.2 反驳:前面说到"存在与反思是一回事",这里又谈论"人的意识"的发生,似乎是矛盾。

答辩:存在作为完整的"存在",应当包含"在场意识",即"反思"。但存在又凝聚为"个体存在",意识凝聚为"个体意识",正如河水总是可以具体化为一滴一滴的水。但并不存在"河"与"水"两种东西。这种"分离"并不是"两种实体""两个阶段",而是同一"存在"的两种角度。不过,意识的本质就意味着"意识到分离"。所以,当一滴水照见了这条"河",它已经启动了一种"分离意识"。"分离"是意识活动的"产物",是认识论意义上的产物,而不具有存在论地位。意识就是一种"自反",一种置于第三人称视角中的第一人称,"作为"且

"视为"。分离是意识的必经之路。正如个体化是存在的必经之路。

4.5.3 反驳：分离是一种物理事实，或者至少有一种物理事实所支撑的分离，来成全意识所表达的分离，否则人根本没办法移动，也不能进行任何实践活动，不会有任何"改变"，认识也停留于不可把握的幻觉。

答辩：强调"意识"与"世界"的同一，并不是要否认客观性。对客观性的承认，也不需要另外假设一个"客观精神"或"世界精神"。这个世界的客观性和它的精神性，是同一回事，它是客观地具有了意识。意识不仅其内容具有客观性，其发生活动本身更是客观性的明证。这个"世界"产生了"意识"，就是一个"客体"拥有了"主体性"。并不存在一个纯然的虚构意识，意识可视为存在的表征。但意识的客观性并不意味着在意识中映现之物具有绝对的实在性，它们只是"对意识而言"的实在，具有的只是相对的、临时的实在性，它们只在作为整体的存在这个意义上具有绝对存在地位。简而言之，我们的世界是"生活世界""有效世界"。从另一个角度来说，意识活动参与了这个"世界"的构造，意识自始至终就不是一个被动的、无所作为的"映照"活动，这个"主体"活动不断转化为"客体"。哪怕主体的一句话，也可以作为第三人称客体反作用于主体自身。意识形态的塑造，对于客观世界的塑造是有着实质性影响的。所谓"客观世界"，也无非是一个"意识形态"，更准确地说，"意识可以领会的形态"。"世界"参与对"意识"的塑造，与"意识"参与对"世界"的塑造，是同一个过程。

4.5.4 说明：在"意识"的映照中，"世界"呈现出三个阶段：无意识的蒙昧阶段；有意识的区分阶段；透彻意识的同一阶段。第二阶段是意识（显现）的必经之路，但终究要走向第三阶段，第三阶段在"超区分性"这一点上相似于第一阶段。三个阶段并非三个历史时期，也不是三个世界，而是同一个存在的三种面向。

反驳：一个有意识的世界为何会具有无意识的阶段呢？一个无意识世界为何以及如何进化出意识呢？

答辩：这个反驳是建基于把"世界"与"意识"的区分当作"事实"接受下来。如果我们意识到这一区分本就是意识所做出的，我们就会意识到我们并不能在存在论意义上将"世界"与"意识"区分开来，也就不存在谁产生谁的问题。"自在世界"终归还是那个自在世界，但这一设定对意识而言并无意义。"意识"则开启了现象界全部的变化和丰富性，它不能（也不必）改变"自在"，但它可以把映照进行得更彻底更全面，而这才是它所面临的有效的"实在"。意识有一个貌似悖论的规律：当它不再把表象当成自在，它就能真正表象出实在。当它意识到"世界"背后的意识，它就能意识到"意识"所担任的"世界"。

4.6 说明："死"是一个观念，而不是一个事实。也就是说，在存在论意义上，并没有"消亡"这回事，没有任何"存在"会进入"虚无"。"消亡"是一个"现象"，亦即意识的一个表象,是认识的区分性活动的必然,其实它是认识的基本结构的产物,当认识要对任何现象进行观照的时候,它的第一要求就是进行区分,而认识进行区分,它的第一原则就是矛盾律,即区分 A 与－A,这是一个先验区分,先行于任何经验而成为经验之所以可能的基础。当我们意识到"某物在",我们就能先验地推出"非某物在"以及"某物不在",而并非我们经验地观察到"非某物"与"不在"。很多时候,我们观察到 B 却将其定义为－A,来促成区分的明确化。我们之所以能在观察到 A 的同时观察到 B,就是启动了－A 这一先验原则的产物。因此,对任何一个"在"的意识,都伴随着"不在"的意识,这不是经验总结,而是先验结构。"死亡"是矛盾律的产物,而不是存在论意义上的"事实"。

5 反驳:死亡是一个物理事实,而非观念,一个人死去了,他的观念也随之而去。

答辩:我们容易忽略:他人的死亡与自我的死亡,是完全不同的两个问题。第三人称视角中的死亡,与第一人称视角的死亡,是两个问题。我们只能观察到"他人的死亡",却无法经验到"我的死亡"。即便一个正在死去的人,他所经历的也只是"痛苦""恐惧""绝望"……而非"死亡"——纯粹的无。

反驳:即便死亡总是"他人的死亡","我"也会成为一个"死去的他者",在他人的见证下死去。

答辩:一个人见证他人的死亡,或者被他人见证死亡,都不是"死亡"作为事实的证明。因为我们所在意的、从"存有"

变为"虚无"的那个死亡,是第一人称的,对主体而言的"死亡"。这一死亡恰恰是无法被体验的。没有人能体验到第一人称的死亡(第一人称的虚无)。在这个意义上,"死亡"只是一个虚构的、矛盾的观念。"我"不会"死","我死"是一个永远不会得到证实的命题——要么"无我",要么"无死"。有"我"则无"死",有"死"则无"我"。

5.1 (同上)

5.2 同 4.6 说明。二元论源自矛盾律,即 A 与 －A 的先验区分。只要维持这种将先验二元结构等同于存在论结构的幻象,死亡问题就不可解,它所带来的虚无与绝望就不可解。要解决死亡问题,归根到底是要解决矛盾律的问题,需要理解并接受一个矛盾统一。但这对于认识论领域来说是不可接受的,它意味着悖论,"存在就是不存在,不存在就是存在"这样的说辞形同于废话,是不会被一个正常的理智所理解和接受的。

但若不消除矛盾律及其所带来的顽固的二元论,死亡问题终究得不到解决。人们依然会陷入"存在"与"虚无"的幻象中无法释怀,要么渴望一个"永恒存在",要么接受一个"绝对虚无"。殊不知二者都是"先验实在论"所导致的幻觉。

可是,消除矛盾律以及二元论如何可能?

5.3 参见 2.1、2.2、2.3 的答辩。

5.3.1 说明:正如上文 5.2 的说明所表达的,消除死亡观念,不是无限延长一个经验性的"我在",也不是承认并接受一个超验性的"我无",而是在自我意识正在进行之时,就消除那个实在论的死亡观念,提前意识到"我"与"无我"的同一,意识到自我意识与世界意识的同一。是基于"我"意识而对"我"观念的超越,是由一个第一人称"我"转为一个第三人称"我",由一个第三人称"世界"转化为一个第一人称"世界"。

5.3.2 反驳:"提前死"如果是一种"消除死亡(观念)"的办法,也是一种"自投罗网"的办法,因噎废食的办法,人们恐惧死亡,是为了克服消亡,延长生命。"提前死"不但没有解决问题,而且是完全承认并放大了问题。

答辩:正如正文所说,"提前死"意味着"意识到我们已经在死"。就是要取消"死亡"与"生存"的二元区分。为了把"死"视同为"生",就要学会把"生"视同为"死"(这大概才是柏拉图"练习死亡"的本义)。如何可能做到这一点?那就要看到"生"和"死"皆为表象,同一场"存在"既被表象为生,又被表象为死。从否定的意义上审视,任何现象都可视为某些现象的"死",也可以视为另外一些现象的"生"。生和死是同时"发生"的"事件",任何一个现象,随时都朝着"非"转化,就其为现象而言,它始终是"作为某物"(是)与"不作为某物"(非)的矛盾统一体。没有一个现象,作为现象,保持着严格的同一性,直到最后一刻才异化为"非"。任何一个现象,都同时呈现为"是"与"非",或者更准确地说,在"是"与"非"的框架中显现。从这个角度上来讲,"死"并不是积累到某一刻的一个突变,而是一个与生俱来的事情。

反驳:然而,人人都可以观察到一个"最后的死亡",即一个人或者任何生命的相对稳定的延续性的彻底中断。

答辩:第一点,如 5 的答辩已经解释的,第三人称死亡不同于第一人称死亡,对我们来说有实际影响力的、为我们所恐惧和抗拒的是第一人称死亡。即便存在"最后的中断",这中断也与"我"无关,我无法体验到一个"最后的死亡",对我来说有影响力的"死亡"是一个永不会进入体验的超验可能性——彻底的虚无,一个想象中的无我的世界,一个自相矛盾的观念。

第二点,从存在论的角度来说,这个"最后的死亡"也是可疑的,如何定义"彻底的死亡"?心跳停止,呼吸停止,还是意识的停止?似乎只有意识的不再苏醒能够严格定义一个经验论意义上的死亡,即一个主体不再能展开经验活动,更严格来说,是不再进行意识活动。但这一"不再"并不能得到清晰的界定,一个人在睡梦、醉酒、昏厥……也能进入一种"无意识"状态。更有甚者,有意识与无意识是随时并存的,意识总是"意识到什么"与"没意识到什么"并存的状态,我们可以把二者描绘成浮现与隐没的状态。也就是说,对于意识,我们无法测度"有意识"与"无意识"的比例与程度。我们无法测度:所谓的"无意识"状态是"意识沉睡"还是"丧失意识"。对意识来说,只存在有意识和无意识两种状态,若以此来界定生与死,则并无常态的生,也无常态的死。生死是偶然的,正如意识的发生是偶然的。

第三点,意识并不是一个数量问题。在一团被称为"人"

的分子黏合体构成的(临时)形态上,发生着对世界的映照(意识),这样一种映照,无论长短,都是存在自身的产物,是世界的自我观照。它并不因其所寄托的分子黏合体的解体而撤销。它不以"持存"为自身的素质,也不以"瞬逝"为缺陷。一个光滑的镜面,一片水面,映照出天空大地,这种映照没有时间长短的问题,没有存在与虚无的对抗。它发生了,是一个过程,而非一个事物,它是存在在进行自我观照,是无机物与有机物孕育出了自我意识。

5.3.3 说明:如上所述,尤其是4.6与5.2的答辩与说明所示,"死亡"问题终究是二元论的产物,二元论终究是矛盾律的产物。所以,克服"死亡"观念在于克服矛盾律。但矛盾律作为思维的基本法则,是不可以克服的,克服矛盾律的企图只会陷入纯粹的无知状态,"某物存在且不存在"即便不是一句思维所无法理喻的悖论,充其量也只是一句自相抵消的空洞话语。所以,思维是无法带来最终对死亡观念的克服的。思维的本性是进行区分,而不是取消区分。当然,克服死亡观念只有经由思辨之路,亦即:要实现对意识活动自身的理解,实现对二元思维模式的理解,对表象世界的反思,对先验模式的觉悟,对语言区分活动的自知。这些都是走向最终那个矛盾同一的整体性在场状态的必经之路。但思维的逻辑本性注定了它无法跨越最后的边境,跨过去就将是对认识功能的"超验运用",会遭遇悖论,折戟而返。

所以,我们需要逻辑思维之外的另外的意识活动,来实现"有意识"与"无意识"、"有我"与"无我"的融合。总之,我们需要一种活动,既承认区分活动作为意识的基础,又合法地超越了区分活动。

5.3.4 反驳:何谓审美状态? 审美状态何以超越悖论?

答辩:审美,按照鲍姆嘉通、康德以来的区分,被定义为与认识和道德活动相区分的、聚焦于感性感受的活动,它的特点从否定角度讲是不依赖概念、不朝向目的、不产生效果、不形成命题式判断、不分辨真假的;从肯定角度讲,是一种游戏状态,即聚焦于时间与空间的当下,留意于当下涌现的无限丰富的细节,关注变化,容纳矛盾,允许不同乃至对立的判断同时出现,沉浸于活动本身所带来的愉悦(区别于目的达成,物质消耗所带来的愉悦)。这一活动常出现在人们创作和欣赏诗歌、音乐、绘画、雕塑等聚焦于形式的活动中,以及对自然风光的欣赏活动中,也体现在以游戏为主的体育运动和劳作(如园艺)中,它也可能体现在任何一种活动中。它被视为任何经验活动所可能具有的一种状态,或者一种素质。

简而言之,审美活动就是一种集中注意力于时空当下涌现的感性感受的活动。这种活动之所以得以超越悖论,是因为它放弃(超越)了区分性活动,让人类的认识能力和实践能力进入一种游戏状态。在这里,悖论之所以能统一,是因为它不再是一种认识活动(以及建基于认识的相应的实践活动),而是一种感受,故而不再受基本逻辑法则的制约;它不致力于形成一个真命题,而是获得一种感性充实,充分的在场感。

严格来说,我们不应把审美活动定义为"一种活动",它实质上不应是在认识活动与实践活动之外另辟蹊径的一种特殊活动,它是任何活动可能具有的一种特殊素质,进入的一个特殊状态,它是停留于当下,是一种纯粹的"在此"状态,这种活动除了确认了"我在",别无他物。当一个人在劳作时抬起头来,看见周围的山和云,听到泉水与鸟鸣,感受到皮肤上的凉风,这一刻他就进入纯粹的存在状态,在此地,在此时,这种纯粹的"在场"就是审美状态。

在审美活动中,我们承认并体验到"某物存在又不存在","某物是某物,又不是某物";白云与苍狗,存在与瞬逝,确定与不定……统一在同一个体验中,并且成全着这个体验;我们驻足流连这种矛盾、悖谬与不确定性的游戏,我们因其悖谬、流逝与不定而欣喜。在审美活动中,我们不再执着于下判断,判定"某物存在""这是某物"。(在审美活动中虽然经常发出"某物是美的"这一感叹,但它并没有命题地位,不形成认识,按照维特根斯坦的说法,它只是抒情的信号。)我们放弃了区分活动,放任一种混沌状态。但这种放任并不排斥作为意识基础的概念区分活动,它只是在概念基础上的一种超脱,不着意于区分,止步于自由的游戏。

质疑一:何谓"空间让我与无我分裂,时间恢复它们的统一"?

答辩一:空间作为一种"并列"的形式,构成了"我"与"非我"世界的互相外在。但在"时间"这种形态的观照中,"我"与"世界"处于同一个时刻之中,内在于同一个时间,"我"与"世界"同在——同时在场。空间是一种分裂形态,时间则是一种同一形态。时间观念是我们领悟存在之同一性的信号，通过时间观念，我们意识到"万物同时存在"。为了理解"同时"，区分性的认识又根据矛盾律划分出"不同时"，即"过去""现在"与"未来"三个"不同时间"。跟任何其他区分行为一样，这种区分在带来方便的同时，也制造了巨大困惑。

6　说明：死亡观念背后支撑性的基础观念，除了根本的矛盾律，就是时间观念。尤其是对"过去""现在""未来"进行区分的时间观念。它让我们把存在理解为一条河流，让我们虚构出与正在显现的"当下"相并列的"过去"与"未来"，以便在想象中描画出时间的图示，实际上这是以空间观念来描绘时间，将时间铺展在一个想象的平面上。若有世界存在，它的存在一定是全部同时存在，并没有一个过去世界和一个未来世界，平行于当下世界。流逝模式的时间观念把"在"与"不在（待在）"翻译成"现在"与"过去（未来）"。可是，基于"在不能不在"的基本逻辑，对于存在而言，若有时间，也只有当下时间，而没有流逝时间。亦即，存在是同时性的，在同一时间完全地存在，而不会有两个时间中的两段存在。所以，如果非得用时间术语来描述，存在是"永恒的现在"。流逝时间是人对现象的一种描述，用视觉效果来描绘听觉效果，用并置来描述继起。这种继起，正如康德指出过的，并不是什么事实，而是人自身的一种要求，他必须把多于一个的现象在一个"前后顺序"中来进行直观，否则直观就无法进行。

关于"曾经有我""之后无我"的观念，就源自这个"前后继起"的时间观念。要破除这个观念,就要意识到这并不是什么"实存",而是人类意识为了方便认识的进行而必须要求的一种秩序,它属于对现象的描述,而不具有存在论地位。对于同一个存在而言,并不会有什么生出,也不会有什么消失。有的只是"永恒的当下"。

6.1 质疑:为何会有"前后相续""过去""未来"? 为何会有空间化的时间观念?

答疑:"前后相续"的线性时间观念,空间化地铺展的"历史"观念,其产生的根源是记忆(包括记载),更准确地说,造就"过去"观念的是记忆,造就"未来"观念的是想象。归根结底,二者都是基于既定"存储"进行表象的能力。因此,线性时间观和空间化历史观,都是"存储"功能的产物,我们统称为记忆。对于意识而言,真正"在"(在场)的只有当下(即便记忆或想象,都是当下发生的意识活动)。因为有了记忆存储功能,当下意识得以(部分)存储,当它再一次调集起来,浮现出来,就表象为过去或者未来。在一个始终如一(如:物质与能量守恒)的混沌中,并无所谓过去和未来,只有永恒的在场。但意识为了观照,基于矛盾律的二元区分机能,为自己发明了"现在"和"非现在(过去、未来)",在想象中撑出一个"历史空间",对无序的涌现进行规范。设想一种没有记忆的生物,对它而言就不会有时间观念,只有进行中的"此刻"与"当下"。它不能存储,无法比对,没有历史空间意识。可见,时间是记忆能力的产物,无分辨的当下意识则是时间观念的敌人。(这也就是我们常说的"忘记了时间"的那种"沉浸感"。)

反问:没有记忆的人(如果有的话)是否能强化一种当下感?

答辩:虽然时间观念是记忆的产物,克服时间观念就要理解这种机理,并致力于强化一种当下感。但这并不意味着,强化当下感(克服空间性时间观)就必须丧失记忆或者抵制记忆;也不意味着,一个人弱化记忆功能,就能强化当下意识。当下意识要靠记忆与想象来成全,一个人通过持久的观察和感受力训练,在记忆中存储了大量细节、图式与参照物,同时通过训练想象力储备了大量记忆所不具备的新的可能性,才能在当下的涌现中捕获足够多的表象,充实一个丰富多样的当下感。否则,当下也只是贫乏的闪现,不能成为凝视的对象,不能固化在细节的包围中。丧失记忆的人,也会丧失感受。但并不能说,记忆强大的人,感受力也强大。在日常功利活动中,我们习惯了用感受服务于记忆,像一个不断往仓库中堆积物资的收割者,我们很少努力用记忆能力去充实感受,服务于当下意识的多样与充实,后者正是诗人和艺术家的主要职能。

6.2 (参见 6 的说明。)

说明:通过与空间类比而产生的线性时间观念,从实用功能的角度来说是必要的,有利于生存的筹划与应对,做出总结与预测、调试和规训。但它从认识论角度来说,并不具有真理性,不能诉求一个稳定的"事实"地位,不能作为真理来压倒人的意识;从存在论的角度,这种"时间"只是一个表象,更准确地说,表象出场的形式,而不具有存在论地位,不是一个实存,甚至不是一个经验可把握和验证的对象,只是经验得以展开的先验模式而已,这种先验模式并非不可更改,人可以通过意识到这种时间模式的局限性而采取审视表象的其他时间模式(或无时间模式);从价值论的角度,这种时间观念只有利于满足日用功利层面的需求、安全与生存,并不利于追求长效的幸福与安宁,它把生存套嵌在一个永无止尽的此消彼长中,一个永不结束的得失拉锯赛之中,它是对当下的不停抛弃,因而也是对个体生存价值的不停抛弃。

6.3 说明:"永恒"是沉浸于"当下"的一种策略。"永恒"是"当下"的另一种说法。一条无限延伸的线与一个持续显现的点是一回事,只不过是审视同一个"存在"的不同视角而已。我们不能把"当下"理解为短暂而肤浅的瞬逝,"瞬逝"依然透露了线性时间观,是对"当下"的贬低,对"持存"的推重。"当下"是整体性的在场,是存在的全部显现,它不是临时的,而是同时的。"当下"不是醉生梦死、浅尝辄止,"当下"是存在的显现,"永恒"是"当下"的质地,"当下"是"永恒"的表征。

质疑:如何解决"过去""未来"与"现在"的关系,脱离了"过去"与"未来"两个维度,"现在"还能得到领会吗?

答疑:参见 6 与 6.1 的说明与答辩。我们不妨称其为"三段式时间观",它只不过是我们直观世界的一种先验模式,而不是我们必须采用的唯一一种表象方式。"现在"当然先验地与"非现在"相对,但这个"非现在"并不是一个经验事实。时间性的经验基础是显现——表象世界向人的意识显现,至于该显现被构造为三段式,还是被构造为"绵延",这都是第二步的事情。至于三段式(或绵延)融进了对当下意识的构造中,这更是后话。

所以说,时间观念的基础是"显现",然后我们才把这一显现区分为"曾显现""正显现"和"待显现"。但显现就其为显现而言,无所谓长短快慢,也无所谓"曾经"与"未来"。"曾经"与"未来"意味着从有到无、从无到有的运动,这一表述根本上是悖谬的。若有某物存在,它就"一直"存在,不会有任何"从无到有"或"从有到无"的可能,对于存在而言,则无所谓三段式的线性时间。在这个意义上,我们说:唯有当下,也就是说,唯有正在进行的显现。这是一个基础性的事实,既是经验性的,又是存在论的事实。

6.4 说明:如6.3的说明已经表明的,当下并不必须参照"过去"和"未来"维度来获得凸显,它在经验论和存在论意义上都具有优先性。"存在"即"当下在场",自我意识即意识到在场,"我思"即"我在","我"在当下"思","我"之"思"让"当下"得以展开。但"我思"还有更深的一层反射,即对当下的意识:当下展开的对当下在场的意识。这是一种二阶反思,对在场性的意识。在这个意义上,我们可以说,我们并非始终在场(存在于当下),因为我们的意识虽然始终发生在当下,但并不始终聚焦在当下。只有当意识聚焦于当下,即对于"在当下"这个事实的觉悟,不仅显现于当下,而且让当下显现,才是一种真正的在场,回归。

质疑:何谓"当下"?

答疑:"当下"指的是既不沉浸在"过去"又不投射于"未来"的一种(涵盖身心的)意识状态,它凝视一个正在进行时的意识活动,容纳现象的丰富性涌进意识之中,相对于"想象"与"回忆",它更多的是一种"感受"状态;相对于注视"过去"和"未来",它更多地留意于"此刻";相对于空间的"远方",它更专注于"此地";相对于关注"概念"和"目标",它更多地关注"这一个";相对于操心抽象与普遍,它更多地聚焦于细节、多样性与丰富性。

说明:我们并不把作为时间维度的"当下"当作一个特殊的话题来对待,毕竟,现象世界的显现始终是"在当下",无物不在当下,我们无法摆脱当下,也不必在此意义上强调当下。对我们来说,有意义的,值得追求的,是一个"当下意识"。因为它将意味着超出三段式时间观,生死对立,二元论,甚至矛盾律。它将帮助我们感受到自身所是的"存在"。

6.5 说明:如 6 至 6.4 的答辩与说明所示,"当下"意识是对三段式时间观念的克服,意识到"存在全部同时在场",也就意味着对线性时间观念的抛弃,在这个意义上,正是一种"无时间"或"非时间"意识。也正是在这个意义上,"死亡"观念失去了其根基。

6.6 （参见6.1的说明）6.1的分析已经表明："流逝"是一个虚构的观念，它是意识对表象的加工的产物，是意识领会表象的权宜之计。只有"当下"具有经验论以及存在论意义上的实在性，它既是"实存"也是"实感"。

6.7 质疑："过去"与"未来"对"当下"就没有构成性的价值吗？

答疑：详见6.3和6.4的答疑，尤其是6.1关于记忆的答疑。"过去"与"未来"观念，就其可以充实一个"当下"观念而言，是有积极价值的。但就其剥夺了我们的当下意识而言，是值得警惕的，需要警惕它们从一对功能性的概念，偷换为一个不容置疑的"实在"，而牢牢奴役着人的经验，使其陷入无穷的奔波或绝望之中。人（意识）要实现与存在的吻合，从"自在"进入"自知"，就要摆脱三段式时间观，习得"在场意识"，回到那个最基本的事实：存在在此。

6.8 说明：正如上文说过的，"过去与未来""记忆与想象""评估与筹划"从实践功能角度来说，是不可或缺的，但这种区分一旦僭越了存在论地位，宣称为"真理"和"事实"，就会变成一种奴役的力量。要摆脱这种区分所带来的奴役，真正进入当下，享受自由而充分的实存，需要经历一个漫长而艰辛的认识论攀缘过程。简而言之，意识需要意识到自身的运行原理，从而实现超越，而不是陷入。

质疑：这跟坊间所谓的"活在当下"有何区别？

答疑：在上述意义上，"活在当下"这样的口号在很多时候是过于草率的,它往往被误解为"及时行乐",但"及时行乐"恰恰是对线性时间观念的无可救药的承认与固化,是自以为即将溺毙的人死命抓住的一根稻草。我们并不是因为"过去"和"未来"遥不可及而抛弃了二者,去抓住那唾手可及的"当下"。我们在存在论意义上不承认有"过去"和"未来",或者说,我们把"过去"和"未来"看成两个支撑性概念,用来领会"当下"。也就是说,我们不把"当下"看作一个唾手可得的现成之物,而是看作一个需要努力充实与展开的过程,"当下"是无止境的,"当下意识"的达成是需要不断推进的,需要理解、感受、收集、凝聚与充实。

6.9 说明:"回忆"与"想象"也要在"当下"中展开,那命名为"回忆"与"想象"的,其实也是一个正在进行时的意识活动,只不过其聚焦的对象不是正在涌现的无限的现象世界,而是有限的、加工过的、抽象的记忆与想象世界。正如 6.1 的答辩所指出的,记忆与想象能力,有助于当下意识的丰富与充实,但它们终究是要进入一个当下意识而得到激活。不妨说,它们是当下意识的构成性要素。

6.10 说明:死亡是线性时间观念(流逝观念)的产物,看透了线性时间观,则无所谓"过去""未来",无所谓"从有到无"。有意义的只有"当下",一个没有时态的当下,可以视为"永恒的当下",但更准确地说,是不接受时间概念描述的当下,"无时间"的当下。在当下意识中,只有"存在存在着",只有在场——丰富的、持续的在场。它不接受"有""无";"过去""未来";"生""死";"长""短"的描述。你可以称之为"瞬间即永恒",但更准确地说,"存在存在着",并不接受"瞬间"或"永恒"的描述。

7 质疑1:何谓"当下",何谓"审美"?

答疑1:关于"审美"参见5.3.4 的定义;关于"当下",参见6.4的定义。

质疑2:为何说"真正进入当下是审美状态",这属不属于循环论证、同义反复?用"审美"定义"当下",用"当下"定义"审美"?

答疑2:"审美"与"当下"的确是相互阐释的,但并非循环论证。"审美"的关键是感性丰富性,"当下"的关键是显现的同时性、在场性。所以,翻译正文的这句话,就是:只有放任感性丰富性,才可以实现充分地显现,完全地在场。举个例子,面对一个杯子,当我们主要把它认作"杯子"或者只是用它来喝水,这就是认识活动与实践活动,虽然期间有感性活动,但只是服务于认识和实践;当我们转而凝视这个杯子,放任它每一个侧面的不同光泽、曲线、色调……它与周围环境的关系、方位、角度……被感受所捕获,充实在一场感受活动中,我们就进入了审美,而与此同时,我们也见证并参与了"杯子的存在",更准确地说,我们进入了一场显现活动,我们进入了自己的存在——在此时,在此地。"审美"与"当下"不是简单的同义反复,而是对同一场"存在"的两个描述角度。主体通过投入表象世界所涌入感官的无限丰富性,得以超出矛盾律和二元论,进入无时空区分的当下显现活动之中。

7.1 说明:审美活动所成全的感受的开放性、丰富性与无限性,向我们提供了一种存在的理想形态,即充分地"在此"——显现。让我们摆脱瞻前顾后,而体验到(并因此而参与)"世界在此":始终如一的"在",显现。所以说,理想的存在状态,是持续的审美——不是持续地欣赏艺术,而是持续地开放、容许感性的丰富性和无限性进入意识之中,通过让"世界"显现而令自身的存在更充分地显现。

7.1.1 说明:审美即专注,专注于当下在场的情状,可以是凝视一幅画,聆听一首乐曲,吟味一首诗;也可以是凝视一个茶杯,一缕热气,下午投射到地板上的一道阳光,聆听远处大街上的混音,窗前树上的鸟鸣;注目露天市场堆放的五彩货品,呼吸各种粮食蔬菜散发的气息;可以是沉醉于一场考虑周全、应答准确的论证,不在于抵达某个结论,而被这场思辨过程的流畅与通透而攫住;可以是在菜地花田里的劳作,不管收成如何,感受到泥土的蓬松与破土而出的嫩芽所展现的生命奇观;可以是登山,可以是骑车,可以是滑雪的飞驰,可以是跳水的纵身一跃,可以是对爱人发梢上的光亮的凝视,可以是对教室里的热烈讨论气氛的突然动情⋯⋯只要你突然注视到当下,注视到此时与此地正在发生的事情,更准确说,只要你注视到此时此地正在进行的"发生",你就进入了审美,也进入了当下。你的全部感受、情绪、思想、肌体都投身在这个当下中,成全着这个"当下感"。

所以,一方面,审美并不专属于艺术或风景,更不专属于所谓的"美",它并不排斥思考和实践活动,只要它在那一瞬间并不着意于判断和目的,而是着意于此时—此地—此事—此在;另一方面,审美也不等于任何意义上的"专注",而要求专注于当下的显现过程:一个专注于比赛的运动员,并不是审美的,因为他的全部注意力都放在进球或者"取胜"上面,并不能倾注于当下的事态,他敏锐地捕捉对他的目标而言最有效的信号,做出最直接的反应,以最高的效率奔赴那个目标;只有当他结束比赛,在一种松弛的、毫无负担的状态中,以一种游戏状态进行拍击和投篮,感受着自己在空中的转体、球的腾空、旋转、命中与坠落,体验到身体肌肉的张弛……总之,感受到这个过程所展现的全部细节,并因而产生充实与愉悦,这时候他才可以说是审美的,也是在场的,倾注于当下的。(这一刻的到来,可能往往是因为他赢得了比赛,才得以安心沉浸在这种漫无目的的游戏状态中。但我们在这里并不追究实现审美状态的各种充分或必要条件。契机对于审美不是构成性的。因为失败同样可以让人沉浸在当下显现中,正如打击与悲伤让诗人流连于落花。)

反驳:上面所列举的审美契机似乎都是愉悦的例子,并未考虑到痛苦、悲剧、恐惧、沮丧、紧张、愤怒等负面情绪所可能具有的审美价值。

答辩:本文既已把审美活动定义为"集中注意力于时空当下涌现的感性感受的活动",那么,这种安于当下的状态,总体上自然表达为"愉悦"而非"不快",因为"不快"总是倾向于逃离当下。但是不可否认,任何一种不快感,都可能作为一种积极力量促成对当下的沉浸,"悲春伤秋""感世伤怀"正是体现了这个既矛盾又成全的关系。这里面负面情绪的含量和比例关系无法得到有效说明。但可以肯定的是,负面情绪本身并没有积极的审美价值,也不是审美活动的表征。但它们并不排斥在审美活动之外。甚至,那种暂时(被动地)甩出日常功利生活链条所带来的负面情绪(悲伤、绝望、孤独……),往往成全了审美观照的契机。

7.1.2 说明:如何更具体地理解"审美""感性"?那就需要落实到"身体"概念上,"身体"是一个现实性的终端,它并非纯然的物,也不是纯然被动的"肉体",它是全部思想、情感、感觉、行为的凝聚和现实化。身体是审美活动的主体,它不仅包括五官感受的充分打开,亦即视听嗅味触的全面打开,也包括肌肉运动、身体延展、物质交换、使动与受动……所带来的全部感受,它是一种非概念、命题形式的觉知,它是对在场性的觉知,它不抵达知识,而是止步于显现本身。只有在这种开放性的、以身体为主体的全面觉醒状态中,我们才能凝聚于当下(在场)。

7.1.3 (参见 7.1.1)

7.1.3.1 说明:如果把"偏好"定义为"偏离当下""偏离此时—此地—此事—此在",则本文亦同意审美"无偏好";如果把"偏好"定义为任何意义上的操心、关注、欲望,则本文不承认这种"无偏好"对审美来说是必要条件。虽然欲望(动机、目的)在很多时候将我们的注意力带离了当下,让我们

"心不在焉",不在场;但也有很多时候,欲望也成为回归当下的发动机,一个拥抱住梦中情人的人,一个踏上久别故土的人,一个走进心仪的大学的人……他会获得一个契机(虽然并不必然导致),对周围的时空,全部的表象,产生一个充实的感受,产生一个充分的在场意识,流动的空气,香水的味道,泥土的芬芳,肌肉的紧张,都会被他的意识所捕获,进入他的觉知。当然,新的渴望又会把他带走,把他的感觉带离当下,悬置在一个空洞的缺乏现实性的假设之中。这就是为何我们并不完全信赖欲望对审美的成全,它对审美的成全总是以更多地剥夺为代价的。但这不意味着它全然地与审美无缘。

质疑:如何理解欲望与审美的关系,以及欲望在人类幸福中的地位呢?

答疑:作为一种人道主义的美学,我们肯定欲望在朝向人类幸福途中扮演的积极角色,以及欲望满足对实现在场存在(当下显现)的积极作用。欲望是生存的原动力,它是在场与显现的驱动,存在总是显现为欲望,或者通过欲望的驱动而显现。欲望并不被理解为一种独立存在在行动之先的心理事实或者生理事实,任何在当下展开的意识(包括思维与行动),都可以描述成欲望的活动。"我思"无异于"我欲","我欲即我在"。欲望不是狭义的一种消耗对象的活动。(此欲望与彼欲望之间的冲突所带来的剥夺、压抑与伤害,以及相应的控制与协调,是另一层的道德、法律、政治问题。我们按下不表。)但欲望所表现的强烈的对象化思维模式,的确构成对当下的剥夺,感官的麻木,存在的架空。但这并不是欲望本身的原罪,而是欲望的不当运用、不加节制、病态发展所导致的,这并不比理性的滥用和误用更糟糕,更破坏当下显现。"水能载舟亦能覆舟",这是欲望与审美(幸福)关系的最好说明。撤掉水,舟寸步难行;水泛滥,舟则颠覆不存。

(可以肯定的是,一般情况下,欲望的满足活动并非审美活动,当我们回忆往事时,往往不能回想起纵欲时最沉醉的情形,我们更多回想起的是欲望满足前后的清风明月,欲望的满足活动是吞噬性的,也是无分别的,当饥饿扑向食物的时候,我们并不在意是"哪种"饥饿在吞噬"哪种"食物,它是无特征、无分别的"沉醉"与"自失",甚至可以说是"失去意识"的,是自我意识的沦丧。在这个意义上,欲望是抽象的,普遍的,异己的,它架空了当下,一种"附体"剥夺了主体的当下。只有适度的欲望,才能保持感受力的弹性和敏锐,倾注于当下的丰富与多变。)

7.1.3.1.1 反驳一:康德的美学是在先验哲学的体系中进行的建构,是先验哲学的逻辑必然,它不接受经验的证实,也不接受经验的反驳。

答辩一:康德美学固然是一种先验哲学的规范性建构,它提出的是对趣味判断的"要求",而不是对经验现象的描述。但这种延续自哈奇生、夏夫兹博里的非功利美学,对我们理解审美经验带来了误导。即便是一种规范性要求,它也窄化了审美活动的视野,偏离了审美经验的重心,为了调和自然与自由而做出了很多削足适履的限定。

反驳二:康德对"形式"与"存在"的区分对分析审美经验的特性没有积极意义吗?

答辩二:康德认为审美活动(趣味判断)关注的是对象的形式而非对象的存在,这个区分对于理解审美(感性)经验的特性是有帮助的,它帮助我们理解,所谓"感性",就是更多对对象"形式",而不是对对象"实存"的关注。但即便从规范美学的角度,我们也值得思考:是否关注对象的存在对于关注对象的形式完全不构成内在的要求;是否在各种各样的审美经验中,关注对象的存在不构成对审美经验的正面促进?

如果我们把审美经验局限于那些"关注形式"的现象,比如观看绘画(的确不必在意画布、颜料和画框的质料,更不必关注图像所再现的事物的存在)、聆听音乐(音色是否悦耳也不是聆听的重点,聆听的重点是音符之间构成的关系)、欣赏诗歌(更不必关注纸张与油墨的质感)……那么,似乎康德的区分是有道理的;但如果我们不把审美经验锁定在随机枚举的艺术现象上,而是给予审美经验聚焦于经验本身性质的定义,那么我们就可以建立更具有兼容性的界定与阐释了。我们没道理不容许任何一种经验转为审美经验的可能,也没道理把审美经验唯独联系到某几种特殊对象。在这里,我们将审美经验理解为一种聚焦于当下显现的意识活动,那么,过于关注对象的"存在"固然会将人的注意力从当下带走,亦即导致对当下的吞没。比如过度的饥饿,会导致人对食物丰富滋味和气味的麻木,亦即对"形式"的忽略,而急于消耗对象;过度的性欲,会导致一个人对爱人的美丧失细致而充分的感受力;过度的虚荣心,会使一个人对他所抵达的风景名胜浅尝辄止,沉浸在一种主观的骄傲与自诩中。但我们却不能否认,一定程度地对对象"存在"的关注,构成对对象"形式"关注的促进;过度的"本体论漠然",也会导致对对象"形式"的漠然。一定程度的食欲会促进对食物滋味的更敏锐感知;一定程度的渴也会促进对酒品好坏的更丰富感知;一定程度的性欲会促进对对象的仪容更强烈而细致的感受力(正如很多爱情诗歌和情书所体现的);一定程度的居住意识,也会强化一个人对某处风景的热爱和留心。总之,如果我们把审美经验理解为一种对当下丰富涌现的感性元素的充分领会,那么,我们既不能允许过度地对对象"存在"的关注让我们遗忘当下;也不允许过度地对对象"存在"的漠然让我们变得麻木,我们欢迎"热情""欲望""关切"把我们带到当下,作为一种驱动促使我们的意识凝聚在现在和这里。

反驳三:可是如何界定这里的"度"呢?

答辩三:我们并不需要界定一个关注"形式"与"存在"的比例,来决定我们是否关注的是当下显现,还是一个进行一个吞没当下、无视当下的消耗行为。"关注形式"的确是"关注当下"的一个指标,只是我们并不排斥在这种"形式涌现"过程中"存在关切"所发挥的作用。我们的焦点依然是"形式",只是我们不再排斥"存在",只要它在这里发挥的是促成"关注形式"而不是转移注意力。我们不为了理论界定的极致清晰和规范而追求一种"纯形式"。我们有道理怀疑,一种缺乏动力的"纯形式"也不能唤起人们的足够关注,不足以激活"诸能力之间的游戏",而现实地导致了漠然而非沉浸。总之,我们把审美活动视为作为总体"存在"的当下显现,而非一种另类的抽离活动。我们会把高速公路某个转弯处的夕阳,候车室某个片刻对人头攒动景象的留意,喝茶的间隙对热气升腾的欣赏,小区楼下经过时对飘过来的饭菜香的叙事性解读……都看成这种审美显现。这的确是一种"形式关切",但是一种不排斥"存在"的形式关切。

说明:更重要的是,本文在原则上并不同意"形式"与"存在"的二元对立。当我们面对一个苹果的时候,我们并无充足理由将苹果的视觉形象视为"形式",而将其嗅觉、味觉形象视为"存在"(或对"存在"的感知),我们难以同意,如果将苹果咬一口,体验到它的脆响,闻到它分裂出来的芳香,品尝到它流溢出来的汁液,感受它滑过喉咙的凉意……这就变成了对"存在"的消耗,而不是对"形式"的感知。

正如贝克莱指出过的,你并不能有充足理由证明"第一性质"就不是"第二性质",亦即"对我们而言的性质"。我们没理由认为苹果的视觉形象就不是其存在的一种显现(表达),也没有理由认为对其(所谓)汁液的吞咽感就不是一种形式。甚至我们也没有理由认为视觉形象就不会产生苹果"存在"的消耗,毕竟持续的光照也会产生氧化、褪色和脱水。关键在于,我们并不承认二元论模式中对"形式"与"质料(存在)"的二分,就好像我们的经验世界中真的发生着这两种事实。它只不过是对同一场现象的两种审视方式,我们既可以把"存在"都视为"形式",存在即以某种形式存在,存在即在当下的一种施展,存在并不是晦暗、混沌、抽象、空洞的,存在就是诉诸形式:以泥土的形式,以树木的形式,以苹果的形式,以香味的方式,以汁液的形式……无往而不为形式(它只是没有固定的形式,不会凝固于某个形式,所以我们称之为"显现");另一方面,我们又可以把"形式"都视为"存在",因为除此之外没有我们可以把握的存在,形式构成我们的生活世界,我们的全部现实,我们居住在"房子"里(不在意其混凝土的"实质"),我们吃着"饭菜"(不感受其淀粉、肌肉纤维、植物纤维),我们坐"车"(不考虑其金属、电路与汽油),我们读"书"(不关注其纸浆与墨水)。当然,括号里的也无非是更为微观层面的"形式"。有时候,正因为我们关注这些被视为"质料"的更为微观层面的"形式",我们反而得以进入更深的存在、更鲜明的显现、更丰富的审美体验。

应该这样调整康德美学的启迪:当我们把存在(质料)视为形式的时候,存在就显现,我们就进入审美体验;当我们把形式视为存在,存在反而隐遁,我们处于日用功利状态。审美是一种停留于显现活动的游戏,我们不着意于规定"它是什么",而停留于"它是……",我们留空这个省略号中的填充物,或者任由各种答案摩肩接踵地充盈于这个空缺中,而不止步。我们抵达的不是结论,也不是目标,而是当下的显现(感性充实,形式丰盈,语义多重)。

7.1.3.2 说明:审美是反逻辑的,这是对审美的另一个界定。(参见 5.3.4 的定义中的说明。)认识不容许矛盾,否则将抵消任何判断的有效性,不能形成任何有效认识。欣赏却容许矛盾,甚至欢迎矛盾。正是矛盾打开了现象的丰富性、多义性、无限性,"审美"与"矛盾"是互文的,因为放任当下的显现,而容纳了矛盾;因为容纳矛盾,而让感性丰富性得以涌现。在审美中我们不仅可以说"这朵白云存在又不存在",甚至可以说"这朵白云美又不美";我们可以说"痛苦是美妙的""消逝与我们同在""远方就在眼前""陌生的爱人"……我们因"不可能"而打开感受力的门窗,如果"A 就是 A""B 就是 B",我们将停止感受、停止更新、停止涌现、停止在场。于是我们的感觉率先走向"A 不是 A""A 就是 B",提前进入对规定性的打破,也给科学与道德的推进提供想象力。

反过来,我们说:思维是反审美的。我们接下来会谈思维对审美的积极作用。但这里我们先要正视思维的反审美本质。过度强调逻辑思维、实证精神、效用主义是如何让生存失去感性的光辉的,会让存在被架空、被抽象、被简化,失去其感性的丰富性、多样性、可能性。无论如何,概念活动的使命是达成规定性,形成命题,排除其他可能性,获得确定性,过滤现象的复杂性,抽象出单一结论。这些无疑都是反审美、反感性、反显现的。我们可以重新聆听尼采对"苏格拉底主义"的讨伐。对概念活动的无条件推重,是否同时具有真理性和伦理价值?还是说,概念只具有工具地位,概念活动最终的使命是成全更为饱满而坚实的存在?

7.1.3.2.1 说明:思维是反审美的,但只在思维停留于思维(概念活动)的时候,才是如此;这不意味着思维不可以促进审美,不可以间接成全审美活动;更不意味着,放弃思考,就可以进入当下。甚至我们要说:不经过充分的思考,审美显现不可能充分实现,人们会长久陷入功利状态而无法注视最直观的存在,陷入奔波和操劳,陷入固定的判断将其据以为真理从而丧失自由与自在。

思考,充分的思考,意味着能足够照亮存在的真相,看到思维本身的运行原理,承认其限度;不混淆和试图逾越先验、经验与超验的各自界限;摆脱不经反思的实在论,也摆脱夸大意识自主性的观念论;不膜拜客观主义,也不陷入主观主义;尊重经验呈现的基本事实,具备足够的开放性,容纳新的可能性;承认相对性和主体间性,但也不陷入相对主义;不膜拜二元论,也不武断一种一元论;尊重基本逻辑和论证法则,但也试探边界,设想矛盾和冲突;追求科学的严密性,但也不牺牲直观的生动性;发展逻辑思维,也磨砺感受力与想象力。只有这样,才能消除疑虑,摆脱偏见,安顿在当下的显现中,不瞻前顾后,不左右为难,立定于清明而敏锐的意识之中,接收感性世界的无限丰富性,充实于"一个经验",实现"存在在此"。

7.2 说明:以上对"审美"的种种界定和描述,都表明审美活动不再被视为一种另类的、孤立的活动,而是被视为任何活动都有可能具备的一种素质,任何活动,只要人的注意力倾注于当下的显现,感性的细节,变化的丰富性,就是一种审美状态。在开车的瞬间、做饭的瞬间、种地的瞬间、买卖的瞬间、阅读的瞬间……审美显现都有可能发生。虽然审美显现的发生未必都是符合功利目标的好事（比如开车时对风景的留意），但我们至少承认，它是任何经验都具备的一种可能性。审美的肯定性价值，并不等同于道德上、认识上的积极价值。但这三者的价值可以沟通，甚至相互成全。

这里值得一提的是：审美经验是任何人类经验都可能具有的一种质地、一个指标，任何经验，在它的操心、思虑、被动、奔赴、混乱之中，突然或者自然抵达对自身及世界的观照，觉悟到"此时—此地—此事—此在"，令当下的丰富性、不确定性、多样性、细节性充分显现，它就呈现出审美经验的质地，它就成全了此人的存在。我们并不否定"操心、思虑、被动、奔赴、混乱"在这种朝向当下显现的过程中可能具有的积极价值（尽管它们大多时候是干扰当下意识，但它们大多时候又构成当下意识的必经之路），但它们的积极价值只有在当下显现中才能真正抵达。也就是说，一切操心都要指向存在本身——当下在场，一切奔赴都要化约为、凝聚为在场的质地——丰盈的、真情实感的、坚定的、富有生命力的绽出。

7.2.1　说明：（参考7.3的说明）审美状态不应是一种另类的经验，博物馆式、橱窗式的经验，它也不应是任意经验的一种偶然形态，它应当是任何经验的理想状态，即在任何经验活动中（经济的、政治的、生理的、物理的……），终究实现的是对人的存在的成全，而"人的存在"，除了存在于当下，存在于个体，别无其他。

我们不能以抽象的人，无时空的理想，来架空、替换具体而在场的人。但凡误导性的政治和经济，都是在这个问题上颠倒了顺序。因此,我们可以说,审美活动是一个矫正器和方向标,一个范例,它检验人类的科学、政治、经济、法律、道德、宗教……活动,是不是健康与良性的。

7.2.2 说明:当下,就意味着"真实"——"实有"与"实在"。一个经验,只有在"实感"中才成其为经验,也就是说,它必须成形,被赋形,被表达,在自我意识中被照射,才能累积在记忆的存储中,折叠进下一个可能的经验,成全存在的密度和丰度。在这个意义上,不能当下化的经验不能成其为经验,它沦为茫然与遗忘;不能当下化的生活丧失其内容,变得空洞、抽象而单薄;不能持续累积当下意识的生活,不能构建成一个逐渐自知、丰满而坚定的自在。

7.3 (关于时间,参见 6 诸点说明与答疑;关于当下,参见 6.4 答疑).

说明:不管历史时间还是当下显现都是意识的产物。"意识"活动是其共同根源,当意识着手区分对象(现象)的时候,它就为自己构造出历史时间;当意识反观到自己的区分活动时,它就印照出一个当下,或者说:令当下显现。意识只有意识到自身活动,才能意识到当下;也就是说,意识只有令其自身显现,才能令"世界"显现。否则它只是沉浸在一个对象化的意识中,聚焦于一个"对象",而不在场。

当我正在思考这个问题的时候,我是"不在场"的;但当我突然意识到冬日阳光透过纱窗照在书桌上的切线所带来的明暗,阳光在胳膊上晒出的热度……我就意识到一个当下,并且(更重要的是),我意识到我自己的意识活动,我开始游戏于这种意识活动,我留意这场显现的同时也是在留意我自己的观照活动,我不再只是作为一个意向性主体聚焦于意向性对象,而是更多地聚焦于意向性活动,以活动本身为其对象,进入一个自我意识循环,沉浸在这种循环游戏中。我反复体味桌子、墙壁、书架上变幻着的光感,视觉效果,体验皮肤上灼热的感觉,我不只是去感受、去意识,而是对这感受和意识活动有了感受和意识。这种双重意识,是审美意识的特征。每一次我发出"这真美啊"的感叹,都是对意识活动的再意识。

反驳:一个人在狼吞虎咽的中途停下来,说:"这真好吃",难道也是一种审美?

答辩:答案是肯定的。这一刻他从对象化的意识活动中跳脱出来,进入一个二阶意识,意识到自己的意识状态,当他发出"这真好吃"的感叹时,其实也是对自己心意状态的觉悟。

对注释的说明:意识在这里不被理解为狭义的精神活动或心理活动,而被理解为一切"有意识"进行的、具有映照功能的活动,五感、思维、体感、动作、行为,因其促成显现,而被归为意识活动,都可以成就一个审美经验。所以,审美活动不再被理解为带有"距离"和"本体论漠然"的视觉与听觉活动,而被理解为人类任何一种感知途径都可以通向的反照活动。特地需要指出的是,身体性感知,动作,行为,都是不可替代的审美维度,审美并非静观,动态活动中有不可替代的显现,非此不可能成全的显现。

7.3.1（关于"专注于对象"与"专注于当下"的区分,参见7.3的说明。）

7.3.2 （参见6.1的答疑）

7.4 反驳:道德与审美是截然不同的两个领域,道德是实践的领域,它意味着人类行为的自我规范,社会的改造,协调与价值的达成;审美是感性的领域,它意味着当下的显现、直观的丰盈、"瞬间"的充实。二者不可以画等号,正如不可以把一个需要漫长行动才能达成的目标与一个跳脱出对象化生存就能获得的暂时观照等同起来。凭借一时的审美愉快,并不能证明更不能保障一个道德成就。同样,一个道德行为,也并不许诺一个感性充实的当下,它止步于按照自由意志的立法而行事,不关心感受的多样性、具体性和丰富性。

答辩:"道德"与"审美"是我们描述人类存在状态的两个角度,而不是在存在论意义上不同的两个"世界"。尽管我们可以用"意志""动机""规定性""行为""实践""主体间性"……来定义"道德";用"显现""感性""当下""无规定性""观照""个体性"……来定义"审美",以至于二者似乎有"本质性"的区别。但我们并非不能设想,这两套术语可以交叉运用,并非完全不能用前者来描述后者,用后者来描述前者。如果我们把道德从总体上视为"建立一种良好生活"的系统工程,而把审美总体上视为"不瞻前顾后的充分在场",那么二者的一致性就显而易见了。道德,不管其中涉及多少原则与价值及行为规范的争议,终究是一种价值论;审美,不管有多少种表现形式,多少无法重复和定义的契机,终究是一种价值,各种价值所朝向的持久价值:人的存在。在这个意义上,道德是审美的途径。

我们把这里的道德看作一种广义的道德,即一切指导人类行动的规范(包括政治、经济、法律、生产……中的策略与规范),不管多么千差万别,它们最终要服务于为具体的人建构一种良好生活。这种良好的生活,不管有多少种描述与定义,终归是要落实到"人的存在",而人的存在,无非是"存在于此""当下在场""全部现实"。因而,作为人类行为指引的道德,其归宿是人的充分而完满的存在(在此),无困惑,无操心,无悔恨,无企图的纯粹沉浸与在场,我们称之为"满足",而这种状态,正是本文所界定的"审美状态"。道德指向人的完满存在,亦即审美状态。如果我们设想一种道德生活的全面实现,那将是一种持久而普遍的审美生活;如果我们设想一种审美生活的发生,那将是一种暂时、局部实现的道德生活。

如果这里听起来不顺耳,那是我们把"道德"习惯性地等同于刻板的原则与规则,冷漠地对待人间一切情欲,无视个体的差异性,总是意味着压抑与规训。如果我们在一种更为开放性的视野中,把"道德"看成人类追求美好生活途中的经验总结,我们就很容易看出审美活动与道德活动的一致性。审美是道德的成就,而道德是审美的途径。正是经由道德,我们走向真正的审美;正是经由行动,我们走向了明白而踏实的在场。

当然,其中的差异依然是明显的,道德主义在规范行为、奔赴目标的路途中,对当下构成了抛弃与毁坏。所以应当把审美置于道德的尽头,让审美来矫正道德的异化,让人的存在成为一切活动的旨归。

另一方面,值得注意的是:审美状态不是一种轻易就可以实现的状态,全力以赴地朝向一个清醒而丰盈的当下,不是一时兴起就能实现的事。审美不是一个断片,一个插曲,不是闲来无事的一碟小菜。审美是认识、实践、道德……的多重成就。要倾注全力于当下显现,我们必须安顿好认识与实践上的诸多干扰,身处饥寒、疾病与忧虑的人,即便有可能,也很难形成对当下的关注;另一方面,卷入贪婪、骄奢与执念中的人,也很难照见当下的此在。审美需要非审美活动(经济、政治、法律、道德等)所提供的生存必要条件,但生存必要条件的满足并不必然带来审美。一种良好的生活,应该是在各种基本生存条件的促成下(不宜夸大这个生存条件,不宜把审美看作奢侈,温饱健康的持续满足即可),通过认识与道德的疏通与协调,形成明澈的意识与坚定的处世,匹配以感性能力的有意识训练,二阶反思能力的养成,促成当下的丰富性、具体性和多样性充分显现,实现个体的自足而坚定的在场。

7.4.1 说明:根据7.4的答辩与说明,"道德"不同于"道德主义",道德主义或者又叫道德至上主义,把道德视为最高价值;道德则把人的全面发展和自足当作最高价值。道德服务于人,道德主义则让人服务于道德。

7.4.2　(参见7.4的答辩与说明)

7.4.3　(无)

7.4.4　说明:不经由个体伦理学,无法通向社会伦理学;我们从认识论和经验论上只承认个体是幸福感的唯一载体,但我们从存在论和伦理学上,却只承认集体是幸福的合乎逻辑的主体。也就是说:幸福如果是真正的幸福,它不当是单个个体的侥幸,应该是任何一场存在的必然。这也可以表述为:除非任何一个个体存在都具有同样的幸福可能性,除非我按照任何个体都适用的幸福之道某得幸福,否则我所获得的并非幸福,不过是偶然、巧合、侥幸。我无法安顿我的存在于偶然性中,只有必然性能成为幸福之道。(在此,"幸福"等值于"审美生存"。)

反驳:审美(感性显现)既然是对偶然性、个体性和多样性的拥抱,如何又被视为"必然"的幸福之道。

答辩:审美经验的内容是偶然性,不等于审美经验的获得对个体而言是偶然的。审美经验是可以习得的、必然的、普遍的、底线的幸福之道。这种经验正是因为对偶然性、多义性的开放而成其为幸福,即明澈、自足且生动的在场。

7.4.5　说明:审美是充盈而自足的个体存在(以及全体存在),道德是抵达这种在场状态的个体实践之道,政治(包括法律)则是保障这种在场状态的集体实践之道。没有政治保障,审美始终只是生存的一个插曲,而不会成为生存的质地。艺术不能满足于成为艺术(社会现象之一种),它应当成为一种终将照亮全社会的光源。审美不仅是一个个体生存的要求,更是一个社会的政治要求,一个核心的全民福利。政治的使命是成全每一个成员的当下现存(审美生存)。反过来,审美经验则构成政治生活的一个范例、一种指标。我们可以循着席勒的逻辑说:在还没有大面积、长久实现完满的人性化生存之时,审美生活成为良好政治的预演。它给我们带来信心也带来方向。我们并不满足于转瞬即逝的审美消遣,审美之光是为了让我们追逐并实现大面积的黎明。

7.4.6 说明:审美终究不是政治,它既不是直接的政治力量,也不是间接的政治工具。它与政治的关联,是通过教育这个环节实现的。政治的执行者和服务者是人,个体的人;而审美活动的承担者、施行者和训练者也是人。正是在"人"这一枢纽上,一切人类活动关联了起来。审美活动不仅依靠道德与政治进步的成全,审美活动也通过训练人的在场意识,感受力与想象力,对多样性、个体性和变化的接纳,而具备了促进道德和政治的力量。不存在"审美教育",审美活动本身就已经是一种教育。通过推广和训练人们对当下的关注,亦即对细节、对流变、对个体、对感觉之流、对在场环境……的敏感与关切,可以促进"人的全面实现"。

7.5 说明:(详见7.4,特别是7.4.5的说明。)正如上文阐述过的,审美状态不应停留于偶然的奢侈或侥幸,而应成为一种普遍的福利,良好生活的指标。另一方面,一种良好的政治,也不应停留于抽象或"共性",终究也要成全人(个体)的当下存在,当下存在的人(个体)。

7.5.1 说明:固然,经济提供可持续的物资保障;科技提供克服生存难题的技术支持;政治和法律提供群体间可兼容的安全与自由;艺术提供感性与形式的训练与充实……这些力量彼此并不能替代和化约,但不管哪一种力量,它最终的使命,在于服务更为良好的"人的存在",而不能僭越一个"自我价值"而造成异化。但凡遗忘了这一点,艺术也不比经济更具有人性。但凡关注并致力于这一点,则法律也不比艺术更缺少人性。

7.5.2 (如题,且同上。)

7.5.3 (如题)

7.5.4 (如题)

7.5.5 (如题)

7.5.6 (见子段落的说明)

7.5.6.1 (如题)

7.5.6.2 (如题)

7.5.6.3 (见子段落的说明)

7.5.6.3.1 (如题)

7.5.6.3.2 (如题)

(2021年)

第二编
概念之诗或在场之思

第一辑

道理从来不是用来说服别人,而是用来说服自己;最终也不是用来说服自己,而是指向生命内在的安宁、幸福与力量。所以我们看到,好的哲学都是独白,好的诗歌都是内省。

* * *

人究其一生,有必要的努力只有两种:锻炼身体,锻炼灵魂。相应地,经得起考验的享受也只有两种:享受健康,享受睿智。如果说还有第三种有意义的努力与享受,那也是这二者的直接衍生品,也就是对健康身体和睿智灵魂的欣赏与热爱。

* * *

我渴望用最节约的方式直接谈论最有价值的问题,不纠缠于铺垫和预备,无休止的知识。这一点先秦诸子提供了楷模,前苏格拉底哲学也一样,他们只谈必须谈的,最值得谈的,真正的问题,作为一个"人"面临生活世界时最关注的问题。他们不浪费时间去说服别人,更不至于离开问题去玩弄、炫耀头脑的杂技。

* * *

思想并不如我们想当然那样超然于人的现实存在,尤其是肉体存在。肉体也不只是作为思想的"物质载体"起作用。它直接是思想的主体,也是思想的形式。它做出思考,也展现思想。除了纸上的文字,肉体也是思想之书。人的思想成就,首先写在他的音调、语气、呼吸节奏、脉搏和眼神中,全部行动和作为中。

* * *

没有命题是彻底得到论证的。许多时候,你同意一个命题是因为你体会到了,也就是说,直观到了,而不是因为论证。如果论证让你变得同意某个陌生命题,那只是说明所谓论证把一个命题翻译成了(联通到了)你熟悉的经验或直观。所谓论证往往是翻译与联通。在这个意义上,你只能理解你已经理解的。

* * *

你能接受的命题无须论证,你不能接受的命题,会立刻显示论证的虚弱无力。所以,所谓论证往往只是命题的包装。很显然,你不可能抵达真理。站在论证一端的,是命题,站在另一端的,是经验。实际上总是经验在支撑命题。有时候,这种关系被延宕,被阻隔,被中介,这些被称为"论证"。凡理解,皆对应感受。凡无感受在另一端,皆非理解。

* * *

任何一个专业领域做出多么大成就的人,应该都有那么一刻醒来,感到自己的生命毫无意义,感到无论多么尖端的专业成就,在面对人的生存时都显得那么无力,那么遥不可及,南辕北辙。

* * *

世界不外乎我们意识到的世界,所以不必执着于"世界",而要经营内心,一切都源自那里。唯一可能的"客观性"是主体间的互通、互证。提升自己的内心,就是替所有人提升内心,因为没有内心是横空出世、不可互通的。"孤独"是不可能的。你的心灵不可能绝对异于、隔绝于其他内心。你思考,就是人在思考。

* * *

凡美好生活,必可推而广之,可以为所有人分享的生活。所谓"精英""人杰",必然以大多数人的平庸、失败为基础,不可推而广之(否则就出现悖论)。因此,"精英""人杰"并非合理的人生方向。美好人生,只是活出平常人凭自己努力可以抵达的典范而已。

* * *

感性并非理性的对立面。感性包括了理性,感觉中包含思想。所谓不包含概念判断的感性,只是理论的虚构。任何思想,如果不实现在全身的感官反应上,就还不是具有生命力的鲜活思想。"我感到了这个思想",才是真思想。从"我思"到"我在",中间必有"我感"。"我思"就是"我感"。

* * *

美这个词是一个耻辱。在"美"的笼罩下,我们丧失了太多。甚至丧失了"美"。"美"是一颗颗钉子,把对我们有利、敝帚自珍的东西一个个钉在墙上,失去运动和生命力。当我们去彼此的家里,就会发现大家按自己的癖好收集的美是多么难看。"美"正是我们过于珍视却因此失去的东西。

* * *

人死于自己的弱点。人所有的失败与悲伤,一起遥望,背后都站着自己的弱点。人生是不断战胜自己的过程,或者相反,不断被自己打败,臣服于那个陌生的,抗拒的,悲伤的,懦弱的,嫌弃的但却贪婪的自己。

*　*　*

从这样一个直观可以见出诗的特性:你可以约我写散文,我能写出来,甚至可能写好;你可以约我写小说,我也很可以随时动笔;但你如果说约我写诗,我却难以想象,无法动笔,更不用说写好。诗必须自己来。诗是自由的代名词,是全部必然撞击而成的偶然。当你全身都以一个旋律奏响,诗就来了。

*　*　*

作为一个诗人(艺术家),丝毫不会减少生活的厄运。唯一的不同是不管遇到什么样的厄运,他始终会有一双眼睛去旁观自己(悲伤的自己,绝望的自己,愤怒的自己,焦虑的自己)。不管多么浓的黑暗,总有一条缝隙。他可以看到,自己承受的所有重量,都能汇集到未来的写作中去,成一股旋涡状的生命之力。

*　*　*

诗总是写实的。谎称"抒情"的诗,比"写实"还现实。再没有比"抒情诗"更能灵敏反映出你真实在世状态的表达形式了。你的颤抖,你的无力,你的感动,你的奋起,你的骄傲,都在你的诗里。一个人的抒情诗,就是一部个人的史诗。相比之下,以恒定笔触,旁观之眼描述"他者"的,反倒是浪漫、理想与虚构。

*　*　*

真正的养鸟是种树,真正的赏花是入山。鸟在树梢最美观,花在枝头最好看。同样地,诗句在上下文中最得体。——这是对艺术家(诗人)的一个极高要求,要求他有一种"全息"创作能力,能在每个词,每个句子的创作中直观到它与全诗(有待完成的全诗)的内在生命关联,他要能看到每个词句中这首诗的"基因"。

* * *

修改不是别的,是从习惯性流露的套话中跳出来,看看是否这真的是你所要表达的。修改不是做作,而是更好地还原。因为最先浮现的语言总是最常用、最熟用的语言,而不是最准确的语言。不断地修改,其实是不断地寻找,寻找那个最贴切的表达方式。只有这样,达到的才是真正的自然。

* * *

诗需要的不是"隐喻",而是"看见"。在自然现象中直接看见命运、历史,在一面墙的水渍上直接看见自己内心涌动的暗流。它也不是"通感",是"穿透",同时穿透经验地质的多层。因此写诗终究不在文学,在于地质勘探、开发能力的提升。

* * *

诗的高度,归根到底是思想的高度;诗的锐度,归根到底是感受的锐度;诗的广度,归根到底是生活的广度;诗的强度,归根到底是情感的强度;诗的密度,归根到底是经验的密度;诗的深度,归根到底是痛苦的深度。

* * *

保证诗歌不变成泛宗教(泛权力、泛交易)的底线是孤独。领会一首诗的门径是孤独。写好一首诗的前提也是孤独。独坐在深夜,你能听见最遥远的声响,就是诗。白天你汇入人群,丧失的那部分听力与视力,就是诗。诗之所以可分享,不是因为我们属于共同的部落,只是因为我们拥有普遍的孤独。

* * *

正如古代书法之所以成为精彩纷呈的艺术,是因为写字是古人的日常。格律诗的代有贤才,也在于文言格律是古代文人的日用语言。同样道理,现代诗人唯有从当今汉语的日用中,才有希望磨炼出属于现代的精妙诗作。只有日用,才能调用海量心智和时间,同化海量鲜活经验,充分收集,打磨,提炼,试用,优化。

* * *

才华,就是自己让自己殚精竭虑的能力。主动辛苦是最难的事情。在这种情况下实现出来的东西,叫"艺术"。

* * *

同一个人写诗,也有两种,一种是用才华写的,一种是用生命写的。前者语言大于气场,于是,处处你先读到语言;后者气场大于语言,所以,读来忘却语言,文虽尽,意有余。当你说"我想就此写首诗",这个诗很难写好;当你突然被诗敲醒,文字带着节奏冲出你体内,连你自己也被深深震动,真正的诗才来临。

* * *

写诗也会变成一种贪欲,卖身为奴给各种欲望:价值感,荣誉感,优越感,排他性,地位,影响力,权力,甚至还有幻想中随成功而来的美色与荣华……这些触目惊心的词都可以埋伏在"诗"下面。诗人应该首先做个纵欲主义者,在纵欲间隙偶尔喘口气的时候,才写诗,写纯粹的爱、恨、痛苦、激昂、宁静与永恒!

* * *

诗不会说谎。你和你所写的事物相互嵌入有多深,文字的旋涡就能有多深。衡量你所写的物有多深,要看你面对它时,心有多深。世界向你展示的,永远只有你向它展示的那么多。光写诗没用,写再多没用。写本身就没用。除非通过看来写,通过全身的肌肉、动作、颤抖、奔跑、介入、抽离来写。

* * *

从前我用一个问题考验自己:"你可以一辈子写诗吗?"答案是"可以","那么,好了,你可以继续写诗了"。现在我用一个问题考验自己:"你可以随时放弃写诗吗?"答案是"可以","那么,好了,你可以继续写诗了"。

* * *

好诗的标志之一就是:作者自己喜欢读。

* * *

旁征博引,说古论今,看上去很渊博,但也容易肤浅。因为在有限的篇幅内,横向的丰富性,会稀释纵向的深入程度。很多时候需要抉择:是努力说明有多少人支持过这个问题,还是努力说明这个问题本身有多少层次。前者主要是用来服人,后者却是用来挖掘问题。

* * *

祖述源流的学述传统(doxography)在当代的爆棚固然为学术带来了巨大的资源量,但它越丰富,越延迟了真正问题的到来。令当代学者的目光、价值、满足更多地朝向文献,而不是问题。"学术精英"更多地成了一个量词,而不是质地。但,刀懂得:为了切入更深,往往需要变薄。

* * *

足够尊重并沉入真实,你就会发现,那些"诗性"的文字多么扎眼,试图在真实之外构建诗歌世界的写作,是多么累赘,它们认真地使用着"呢喃""空蒙""悲伤的夏日"……看上去,很多文字在起舞,戴着"现实"的面具,却掩饰不了幽灵的本质。修辞,有时是诗歌的全部生命,有时是诗歌的绝对死亡。

* * *

如果自己没有找到答案,千万不要在诗歌中建立答案。让它停留在遗憾、残缺、不满甚至苦难之中吧——如果尚未摆脱这一切。这样,你会发现,一旦有一天你获得解悟,那些"残忍"的诗会和盘托出一个巨大力量蓄积、运行、突破的轨迹。而那些对"美好"的纯粹构建,加起来只是一个巨大的虚无。

* * *

有些诗,读来厉害,难度系数、整体构思都一流,体现高超智力与技巧,但你却不会再读。另一些诗,表面平淡无奇,如同说话,你却一再想起,反复诵读。一首诗的力量,并不在于难度与容量,而在于控制语言之钻的作者对自我与世界有多大穿透力,在多大程度上突破时空局限,以一己之经验勘透人类经验之岩层。

* * *

诗对诗人的意义,只在创作中的激情。人不再为"已写"而愉悦,而是为"能写"和"在写"而愉悦。完成时须不断成全一个进行时。多少优秀作品都无法安慰一个已经失去创作力的人。你会觉得那些署自己名字的作品是另一个人的作品。诗是永恒的进行时。它让你在不断涌动的灵感中感到自己是一股强劲的生命力。

* * *

写诗需要对生活有总体性的视野与洞见,并且有永不停步的探索与想象。否则,诗写得再精致,也会有个无法突破的天花板;在挖掘某个题材的意义的时候,显得捉襟见肘;并且在总体上显得缺乏理由,偶然。需要带着诗的语言、诗的思考、诗的想象去生活,生活才会在适当的时候开门,送给你一首必要的诗。

* * *

诗歌是反矛盾律的,对生活的爱与不朽的渴望,是反矛盾律的。飞蛾扑火绝望的一跃吸引着我们,因为光明实在太诱人。

* * *

诗歌有时需要简洁,有时需要"啰唆"。适当的"啰唆"会带来流动性,语气的自然,让人进入时忘掉语言本身。过于坚硬的句式和用词，会让人不断注视语言本身，就像注视堵在门口的石头。

* * *

对所有不写诗的时光应该保持敬意，因为它们都是你下一场写作的准备。持续写作是荒谬的，那样，作品的依据就会只剩两个字——"写作"。一条以吞食自己尾巴为生的蛇。

* * *

《老子》论如何写诗："不出户，知天下；不窥牖，见天道。其出弥远，其知弥少。"

* * *

无论技术多高、考虑多缜密，自己缺乏热情的时候，写出来的诗就是好不了，无论后续多少加工。这时候你感到人的无力，困兽犹斗，这时候你知道要有神。"下笔如有神"。

* * *

面对世界无法尽言的丰富、变化与动人，再好的诗歌也单调得像是指向风景的那根手指。

* * *

朦胧亦须朦胧的理。杜甫"丛菊两开他日泪，孤舟一系故园心"，看上去很朦胧，其实背后有理，动词"开"既指"花开"，也指"泪开"，还指"花让泪开"。精妙如此。又如策兰"挖掘空中坟墓"，很酷，实指纳粹焚尸炉烟囱，当然是空中坟墓。若刻意模仿其表面奇异，不懂得天才诗句背后的理路，就落入误区。

*　*　*

写诗根本不是什么"脑力活动",它是一种体育运动,更准确地说,是一种持续动作、一种跳舞、一种必须不息地跳动在88个黑白键上的节奏与旋律,你能称沉睡在谱本中的为"音乐"吗？它必须在第二天早上继续被翻开,跃起,绽放。

*　*　*

"诗"根本不是名词,也不是形容词,甚至不是动词,而是分词,现在分词。

*　*　*

描述是狭隘的,描述越精确,能从中读到的就越窄；想象更是狭隘的,想象呈现之物,自身再无想象空间；思想更不用说,概念的图钉,一再试图把意识流钉死在传说中的"实体"之墙。只有描述、想象、思想三位一体的写作,能假借又突破彼此的有限性,带来生机与张力。能实现这一点的写作就叫作诗,才叫作诗。

*　*　*

天才是最没有节操的,他随时可以转弯。创造力是他唯一的善,任何限制创造力的道德,对于创作,都是不道德的。

*　*　*

我不是什么"哲学诗人",我不是用诗回答问题,诗就是我的回答。诗这个动作本身是我各种追问的休歇之所。光谈论是不够的,还需要行动。什么是行动？ 就是全部感官、情感、经验、直观在时空中的流动,对流逝的投身,拥抱一个神秘闪光,与世界融合。所以,诗就是行动。它让我们深入存在。

* * *

沉浸在与诗无关的专注中,你能察觉到诗在恢复弹性。持续的拉伸只会让皮筋永久松弛,这时候你知道:抛弃就是热爱,放任才是执着。

* * *

哪有什么好的语言。有的只是一种好的感觉、好的体悟、好的见解,被成功用语言表达(建构)出来了。

* * *

诗人一定跟疯狂有某种隐秘关联。因为他有极致敏感,任性的想象力,超常好奇心,在习俗之外另寻秩序的能力。而这些,都造成与现成规范和惯例的冲突,看上去与疯狂无异。

* * *

没有绝对庸俗的事物。如果庸俗的歌词和曲调唤起的是本己、个人、隐秘、独特的经历和情感,让人沉入存在核心,那就是好的艺术。相反,即使听的是贝多芬巴赫,如果是从众,附庸风雅,不顾本己的感受,那也是庸俗的。

* * *

痛苦是好人的标志。当一个人变得不太容易痛苦,要么不再是人,要么不再是好人。

* * *

具象艺术(含再现式艺术)绝不会消亡,因为无论机械复制技术多么发达,用人类自己的手精密呈现自己所观照到的现象,无疑都是人类生存于世的首要技能,也是高难度的技能,唯其如此,才能构建强大坚固精密的经验世界金字塔底座,供理智与科学来攀升。

(注:并不存在字面意义上的"再现","再现"都是"呈现",亦即建构,"再现"是我们精密建构经验世界的一种途径,并不存在"符合"与"还原"。)

* * *

我们常说"我感受到了,但表达不出来",其实不然,你能表达多少,就意味着你感受到了多少。我们其实是用语言来感受的,否则,我们的任何感受都只是一股电流,一声"啊"。我们的语言(文字、图像、音乐、建筑……)有多丰富细腻准确,我们的感受力就有多丰富细腻犀利。感受即理解。写作就是在练习体验这个世界。写作即行动。精微的写作是一柄切入存在深处的锋刃。

* * *

反思与鸡汤的区别就在于,鸡汤总是抚摸常识,反思总是刺激常识。常喝鸡汤,容易麻痹;常被刺激,自身免疫力可以提高。

* * *

无论怎么努力,"客观性"的写作总是无法根除先天性供血不足,越冷静,越乏力,因为,人天然地对异己事物缺乏"代入"式的热情,无论怎样放弃自我,你都变成不了他人。只有作为自我,你才是他人。一个莎士比亚内部才有一千个哈姆雷特,而"包法利夫人就是我"。

* * *

同一种语言内部有时也需要翻译,意思才明朗。比如很多时候,人们说"现实",说的只不过是"习惯";说"不现实",无非是说"不敢";说"我爱"往往是在说"我要";说"欢迎"其实是在说——"给钱!"

* * *

一种写作,因为太自觉而毁了;另一种写作,因为太不自觉而毁了。尼采说:好的作者是无意成为作家的人。我补充说:好的作者是无意成为作家但用心写作的人。

* * *

都说阅读对写作的营养,有没有人警惕过偏食对口味的扭曲?过于热爱一个作家,会使自己变成一个回声。还是热爱作品吧,因为作品会帮你背叛作者;热爱自然与生活,它们帮你背叛作品。背叛是艺术的第一美德,你才能自由地进入写作,像一把锄头进入泥土。

* * *

一山看比一山高,容易让人忘记自己已经在一座高山上,也忘了:攀上对面那座山之前要失去已经拥有的高度,降到深谷,这个过程的持续很可能超过你的后半生。

* * *

任何奖项都无力证明一个作品的好坏。好作品的判断标准只在于:有人半夜爬起来想读一读,有人在悲伤绝望的时候想读一读,有人在烦琐的奔忙中想读一读,有人在身处异国他乡时想读一读,有人不忍心读完,有人读完还不停地想再读一读……获得这种效果的作者不应再求名誉,获得这样作品的读者不应再问来历。

* * *

总有文章建议人们"把每一天当成最后一天来过"。仔细想,其实很可怕。那会是多么悲哀、绝望、恐慌、贪婪的场景。那样的世界无非是死囚监狱。相反,应该把每一天当作永恒来经营。不应该"珍惜时间",即便只剩一秒,也应该有一掷千金的豪情。死在巴别塔上,让生命始终沐浴在价值、尊严与不朽的光照中。

* * *

一首诗不用任何辩护,阅读才是唯一辩护;不用任何赞美,喜爱才是唯一赞美。对于诗人,最大的奖励是——抄袭。

* * *

为什么说读书是高雅行为呢?最好的读书状态,难道不是三天没吃饭闻到烤肉时的状态?待捧书(肉)在手,整个世界消失了,只听见欲望在字里行间滋滋溶解的快感,四肢五官聚成一张大嘴,不知不觉中一章又一章落肚,不知老之将至,天色已黄昏,骤然梦醒,凭栏远眺,如获新生。

* * *

只有为自己写作,才是为他人写作。因为,没有人是"他人",只有一个个"自己"。如果一个作品,连作者(你)本人都没有阅读冲动,那就不必为它做任何辩护了。

＊＊＊

好的写作状态,近似祷告。你倾诉,但又仿佛不为任何人、任何目的而倾诉,一种"不及物"的倾诉动作。你感到自由、无限地贴近自己的内心和外在某种深度与高度,是的,你就像在向"上帝"倾诉,又被称作"自言自语",不是发泄,不是诉苦,而是向光性活动,荒野里的向日葵独自面向太阳的那种祈祷状态。

＊＊＊

真正的孤独是富有社会性的,因为他深知属于任何个体的孤独。社交达人其实是厌世的,因为他对谁都不走心。

＊＊＊

少年时候,不知"文学"为何物,只晓得看书;不知"哲学"为何物,只晓得看书;再小的时候,不知道"看书"为何物,只晓得在文字间寻欢作乐。每每回想起来,舌根生甜。等到后来,知道在"看书",并且知道在"读文学""读哲学"的时候,就发现自己离美和智慧远了很多。

＊＊＊

聪明其实只是一种凝聚力,定力;若聪明得让你再也安静不下来,那就是彻底的糊涂。

＊＊＊

文艺辩证法:追求新奇是平庸的,标榜高雅是庸俗的,骄傲是不自信的,放纵想象是贫乏的,最受欢迎是最低端的,最艰深是最浅薄的……

* * *

真正的趣味是对任意对象的领悟能力,是不计较对象(因此也能自由选择对象)的内心提升能力。即便对古典音乐的热爱,若成为排他性的嗜好,也是一种低级趣味。真正的趣味是内心的凝聚力与创造力,而不是对外物的迷恋。(但后者有时候充当前者必要的过渡与训练。)

* * *

只有直接的兴趣才是真正的品味,也才是必要的。但人们太经常地对事物只有间接兴趣,比如说,去博物馆看一场展览,只是为了谈恋爱,或者向别人(或自己)证明自己的"品味""专业性"。人生苦短,应把内心直接的喜悦当作行动的动机,包括道德行动(众所周知,另有目的的行善根本不是道德行为)。

* * *

一个好的道理并不是因为足够正确而是好的,有时候只是因为它能推开足够的光亮与风景,所以我们就称它为"好的"或者"对的"。

* * *

感受力敏锐的人,思想也会是深刻的;思想肤浅的人,感受力也会是贫乏的。我们之所以经常会产生二者矛盾的错觉,是因为错把单调烦琐当深刻,又错把大惊小怪当作感受力。

* * *

把思考与感受分开来是荒谬的。如果我们不能感受一种智慧,要思考何用? 如果我们不能思考一种美丽,又凭何在美丽面前停留? 太阳光并不是分成七股来照耀,人性也不是分成两半来度过黑暗的时空。

* * *

试图深刻的时候,浅薄就开始了;试图赋予意义的时候,空虚就开始了;试图丰富的时候,贫乏就开始了;试图文雅的时候,庸俗就开始了;试图装扮的时候,丑陋就开始了。美与智慧,从来都只是礼物(gift),是遭遇,是忠于内在自然的花蕊中溢出的蜜。

* * *

如果一个人上了年纪还能感到一种偷偷摸摸的读书之甜(写作之甜),就像捡了宝物一样不太想告诉别人,那他可以说是一个幸运且幸福的人。

* * *

"耶路撒冷的众女子啊,我指着羚羊或田野的母鹿嘱咐你们,不要惊动,不要叫醒我所亲爱的,等他自己情愿。"——说的正是如何写作。

* * *

理解他人,就是理解自己;决定思想深度的,是思想的广度;所谓智慧,是一种(不停的)反射能力(reflect);让世界变得澄明的,绝不只是一束光。

* * *

我们总爱把生活质量归咎于条件甚至出身,殊不知主要在于态度。人如何容许把偶然事物(出身,运气)当作生活梦想！只有源于自由与必然的成就,才值得每个人渴望。穷人的幸福远比富人的骄傲有说服力,奴隶的反抗远比帝王的跋扈更显人性尊严。如果一种生活不允许每个人都有机会抵达,那么它一定不值得一过。

* * *

再没有比历史进步论(社会达尔文)更荒谬的理论。那样的话,所有活过的人都注定只是一种可悲的过渡。生活若有意义,意义一定不在远方。千年前的人和千年后的人,一定有同等的机会,获得幸福、价值与永恒。

* * *

我们总是担心一个观点有没有新意。老实说,不可能有观点是全新的,只不过你没听说过而已。但这并不令人绝望。言说的意义不在于发表新观点,而是旧观点的复活。一个观点的价值,不在于它是新的,而在于它是活的。

* * *

好的生活有一个衡量指标:能否把手段同时看成目的。

* * *

无偏见的读者总是在远方,时间或空间的远方;因此,现在,这里,你暂且只能为自己而写作,否则你只能为偏见而写作。

* * *

有时候,你骑车,穿过树林,上一个长坡,再下到水库边,卸下衣服,从一块石头上跳下去,然后,在水中央浮出头来,看见万顷霞光正铺在胸前,落日点亮群山剪影,你突然意识到：这才是写诗。它的读者在辽阔苍穹之上，它的作者也是。

* * *

容貌、利益、成就、地位都是时间性的，是随时可能坍塌的坚冰，人若不提早为自己储备一点抗时间性的财富，一生就注定只是奔向一个悲剧，一个大恐惧。除了智慧与德性，创造美与感受美的能力，又有什么真正能够逆着时间增长呢？在身体之坚冰渐渐溶蚀的岁月里，及时把重心移到智慧的磐石上吧。

* * *

人当然是利己的，纯粹利人是空虚悖谬的。但有一种利己辩证法。纯粹的利己，一旦利益被拿走，就是纯粹的不利。若存一半利人之心，即便利益被人拿走，也有一半意志得到成全。所以，人若能选择既利己又利人的事业，或者在事业中将利己且利人作为原则，才会有真正的幸福，也才会有真正的社会福利。

* * *

写作若要真实、自由、有创造力和感染力，最好不要画地为牢，比如说"写作反对观念"，这岂不也是种观念？又如"要向自然学习"，而"自然"何曾"向自然学习"？不要忘了，柏拉图对话录也是文学；史记也是文学。如果你不小心写散文写成了史记，写诗歌写成了巴门尼德，你并没有损失。自由先于任何美学。

* * *

哀莫大于，自己变成自己曾经所批判者。不是暴露了曾经的虚伪,就是暴露了现在的堕落。如果我们曾经不那么尖刻地唾弃他人,就不会在今天悲哀地发现,自己迎风啐出的唾沫,全都回到了自己脸上。

* * *

缜密的言论,往往缺乏洞见。很多话,说的都是对的,但却没有价值。相反,创见总是以谬论的形式出现的,因为它违背、突破了成见。因此,真理不是别的,正是有用的谬论。能够吃到智慧树上果实的,正是那胆敢违逆上帝的人。

* * *

泰勒斯发财的典故是个拙劣的传说。哲学家也好,诗人也好,为什么要通过商业、政治、名誉上的成功来证明自己的力量呢!他当然不要清高,也不要无能,但他更不需要任何外在"证明"。否则,只能说明他在自己的事业上想得还不够清楚、不够坚定。一句话,他还只是既定价值的奴隶,而非更高价值的主人

* * *

重要的不是被更高地评价,而是创造更高的标准。

* * *

坚持就是胜利。不是说,坚持能带来胜利,而是说,唯有坚持本身是胜利。所以,我们尊重的不是年轻而是年老的诗人,不是热闹而是寂寞的哲学家,不是一帆风顺而是饱经磨难的政治家,不是一夜暴富而是目光长远的商人。坚持,不是某个事情的胜利,而是原则本身的胜利,洞察力与人格的胜利,人对时间的胜利。

* * *

都说读书是一种精神活动,跟欲望啊感觉啊身体啊没关系。可我分明忍不住一种读书的欲望,准确地说,强壮的饥饿感,我分明嗅到有些书散发的烤肉味,有些书散发清蒸鲈鱼的味道,有些书堪比刚出炉的面包,有些书淡薄如米饭不够味但持久,有的书难啃如风干牛肉但抗饿……

* * *

趣味就是——活力!成天沉浸在高雅、经典中,也会变得乏味、单调、陈腐。那些光,因为过于累赘和沉重,已经内聚、坍塌成黑洞,吸走你生命的营养与活力,以至于让人难以置信地,变得毫无魅力,古怪病态,甚至面目可憎。

* * *

审美能力就是惊叹与赞美的能力,就是随着年龄增长还能勇敢地发出"哇"的能力。

* * *

艺术不是反映"自由""真理""爱",甚至不是"自然""美"的具象化,它只是伪装、胶囊、儿女、发言人或者奴婢。不。无论抽象世界还是具体世界,艺术都是一种纠正。对于贫乏的"物质"观念,它指出每块泥土欲罢不能的精神性;对于虚幻的"精神"观念,它指出每个命题背后挥之不去的经验刻痕。

* * *

创作辩证法:在疯狂求新求变的时代,创新变得陈腐而庸俗,那执着于传统或日常的,反而成了新鲜事物。

* * *

追求个性有时正是个性泯灭的根源。正确的做法,应该就是简单地投入、忘我地投入。这样,你全部的真实性和独特性都会自然灌注在作品中。这一点对于书法和写诗都是一样的,很多艺术家害怕个性不够鲜明,而想尽各种奇招,结果作品俗不可耐,不如忠于个人情操与体验的作品感人之深,自然出众。

* * *

强烈的阳光跟哲理一样令人讨厌,它激活了太多灰尘,又暴露了太多灰尘,让原本的"干净"显得肮脏,原本的"安宁"显得混乱,原本的"清醒"感到目眩。

* * *

艺术不是思想实现自身的手段,相反,思想是艺术的材料之一。艺术是一个熔炉,让被功利生活分裂的存在复归于一体,显出统一的形状与力量。当现实变得抽象,艺术就比现实更真实;当现实变成纯工具,艺术就显现那真正的目的。艺术不是创造,是还原。对于被概念与利润肢解的世界,还原比创造更艰难。

* * *

难道还不明显吗?思想是有温度的,观念是有形状的,逻辑是性感的,精神是可以练出腹肌的。反过来,"物质"是抽象不可感的,"利益"是遥远的许诺,"现实"是空洞的教谕,"享乐"是绝望的自欺。

* * *

当真实只是一种假设,假设就变成唯一的真实了;当利益只是一种想象,想象就变成唯一的利益了;当美好只是一种感受,感受就变成唯一的美好了。

* * *

精神和物质在艺术中是相互转化的。当概念在当代艺术中被广泛当作商品卖点销售的时候,"精神"就成了"物质",而此时,坚持泥土般晦暗质朴的物质性,也许正是艺术的高贵精神性所在。

* * *

只有草率的人才会认为秘密仅仅隐藏在色彩、线条、明暗、构图、关系之中。绘画从来不是用眼睛,而是用心灵看到的。"视觉"只是一个轻巧的比喻,"眼睛"也是,你身体的哪一部分不是正在看着这个世界?你本来就不只是用眼睛,你用你全部五官、人格、经验、情感、思想、意志,过去和未来"观看"这个世界。

* * *

美女灯箱,婚纱摄影,印有古典油画的包装,手机铃声中的抒情音乐……在一个美感泛滥的时代,美就成了丑;而那被压抑的丑,反而成了对美的捍卫。

* * *

·人最悲剧的不是痛苦,而是悔恨,那是对整个生命价值的自我否定。这就是为什么人可以忍受贫穷、寂寞、误解甚至伤害,也一定要做自己认为正确的事情。这也是为什么,如果你曾欺骗自己,即使八十岁了,也应该勇于回头,而不是将错就错。只要还剩下日子,那日子就是你的。

* * *

试图和生活划清界限的艺术(哲学),自身也丧失了生活。始终是艺术为生活服务,而不是相反。如果你生活失败了,不要指望艺术成功。那样的艺术如果不是谎言是什么呢?你会说,这个世界充满了这样的艺术。没错,这个世界充满了谎言。

* * *

对艺术的最大忠诚就是:随时可以对艺术说不。

* * *

当我向自己说话,大家听了都觉得是为他们而说;当我向大家说话,他们听了都觉得是为我自己而说。

* * *

泰戈尔说:"哲学与诗歌是地球上最美丽的花朵",康德说:"花朵是植物的生殖器官",弗洛伊德说:"你俩都对!"(参考文献:《飞鸟集》《判批》《精神分析引论》)

* * *

我从不研究"学术",我只研究生活,生活,以及生活。我从不写"诗",我只写体验,体验,还是体验。

* * *

把哲学只当作哲学,恰恰是反哲学。哲学只在它消融时复活。一部哲学史应该这样读:在冬天读一页撕下一页,生炉子。

(2015年)

第二辑

燃烧得越充分,热量越高,灰烬越少。这就是我们能期待的最好的生,最美的死。

* * *

发生即拥有。脚步拯救虚空。行动的手从时光瀑布中巧取珍宝,收藏在记忆的博物馆。

* * *

思考就是批判。因为心灵的标志是清醒。

* * *

思考从来不是"寻求真理",而是避免在"真理"掩护的错误中越陷越深。

* * *

预防衰老的一个核心秘诀:保持对批评的欢迎。一个人的衰老程度与他接受批评的程度成反比。

* * *

犯错的人从未浪费生命,犹豫的人浪费生命。

* * *

安于自身的小,才是真正的大。因为他给世界留出了足够的空间。

* * *

何必修辞。写诗本身就是赞美。当你因某人某事某物而提笔时,你心里已经竖起了一座丰碑、一束玫瑰。

* * *

每一分教育,如果首先用在自己身上,就不会是虚妄的训导;每一分谦虚,如果首先用在别人身上,就不会是虚伪的媚俗。

*　*　*

有人在湖面凿冰钓鱼,大概水下寒冷而少食,他平均半分钟就钓一条上来。那些鱼,被钓鱼人从嘴里取回了食物和钩子,挣扎了两下,就变得僵硬。看了一会,我感到寒冷,想起我自己正在渴望的一些东西,唾手可得的一些东西。

*　*　*

不做事,而以读书为"事",从而给人一种白净孱弱、不通世事、不近人情的"读书人"印象,甚至以此为骄傲,这实在是一种病。只读纸上之书,而不知地上天上,风中雨中,人中事中有书,实在是颠倒错乱。纸上之书无非画影图形,方便缉拿真凶。见有人夹给自己碗里一块肉,就崇拜筷子,终日研究,不亦惑乎。

*　*　*

真正的美好只有足够注视丑恶——自己的丑恶——才能接近。美化、否认、掩盖只会让美丽比丑陋更难看。

*　*　*

人总是不愿承认真相,却又并不能真的相信假象。于是,无依无靠,悬在犹疑惝恍的深渊之上承受折磨。唯有"虽千万人吾往矣"的求真勇士与虔信至死的宗教圣徒,得以安顿自己的生存。

*　*　*

诗人或学者总梦想有个地方,丰衣足食,什么都不用做,只需要"静静地写作"。可是,那为什么还要写作?写什么?

为谁写？鸟尽弓藏，兔死狗烹，失去敌人的武士就等于自废武功。

* * *

幸福并不像我们想象的那样是目标、终点。任何终点都是不幸的，即使丰衣足食。幸福往往源自缺乏，一种压力差，不息的流动性，让清风拂面，带走阴霾，万物再次发芽，天空布满流光溢彩。

* * *

总有人说，我哪有自己的独创性，还是先好好学习吧。可是，别忘了，如果没有独创性，人是不知道该学什么，怎么学，以及学到什么地步的。人生苦短，须及时自立。

* * *

对经典的负责任翻译是最好的学习方式，这样你会最大限度挣脱个人的局限性，以作者的眼光、语言、知识结构、思维方式来进入世界，你会感到自己体内人类心灵的博大，你像卓越的演员一样谦逊地体味着他人的辛酸与伟大，你精密地吸收着一颗深邃心灵殚精竭虑酿造的营养。你通过代言他人成为更充分的自己。

* * *

然而，翻译家可能是创作上的平庸者。这是因为，当一个人过于沉浸在细节中，就会只见树木不见森林。所以，精密与宏大须当兼备，真诚与果敢最宜同行。人当一辈子学生是不够的，须及时出师，进入独当一面的创造阶段。

*　*　*

"诗与远方"是怎么回事？远方可是诗的敌人。诗只在近处。当精神渗进物质，维纳斯进入石头，就是诗。远方只有令人绝望的柏拉图。

*　*　*

思考有两个陷阱，一，寻找人生的"意义"。可意义总是针对他物而言，如果人是对他物而言有意义，那就最没意义，于是某些贤哲坚持"人必须是目的"，但也就无所谓意义了。

二，摆脱"虚无"。须寻找实体。可又有什么比将心灵寄托于非心灵的实体更虚无？心灵只好设想自己是实体，但这等于取消了立足之地。

*　*　*

所谓定义，就是寻求可以通约所有同类事物的货币，促进评估、比较、交换与流通。货币并非事物的本质。

*　*　*

所谓事物，不过是持续时间比较长的事件。

*　*　*

如果你为"别的事情"一再耽搁自己认为最有价值、最想做的事情，是不会有人对你表示感谢的。（化用凡·高的句型）

*　*　*

舍近求远是人性的普遍弱点，也是大多数悲剧的根源。舍远求近，怜取眼前人（事），则是智慧、美德与魄力的共同表现,也是幸福与安宁的源泉。

* * *

关于哲人与他人的关系,尼采的两个词语最健康:"蜂蜜"与"礼物"。蜜蜂为自己酿蜜,不小心酿多了,别人也可以享用,然而蜜蜂并没打算做导师,更没打算做圣人。礼物既非居高临下的"施舍",亦非谄媚的"贿赂",它是平等、友爱的体现,礼物可以接受,也可以拒绝,赠予出于开心,接受并无压力。

* * *

年轻时如果活得寂寞一点,就会拥有足够机会向时空深处扎下灵魂的根基,然后,年纪大一点,你会发现,自己抗旱耐寒的能力增强了,甚至在猛烈砍伐之后还能再次发芽,因为你的根基在深远的地方汲取水分和营养。否则,一点潮流,一点风波,就能把人连根拔起,终身飘摇,不亦悲乎。

* * *

智慧并不是"箴言""导师"所能带来的。智慧是持续的进行时,而不是固化的教条。再睿智的判断,一旦脱离语境固化为律令,瞬间就成为糊涂。保持安静不是停止运动,而是保持与大千世界的同调——就像从飞驰的车窗看另一辆同速飞驰的列车。

* * *

初学论文者对学术先例的谨慎模仿,执着于"大师之言",而不是文章自身的观点和逻辑。不能大胆地说话,步步看大师眼色。故文章显得头绪太多,纪律不严明。写文章最要紧的难道不是我想说什么、我要怎么说、我怎么令人信服——而不是"别人说过什么"。

* * *

幸福有时候就是,让拥有的变得贵重,而不是去拥有那贵重的。

* * *

生活并不是一味地需要前进。如果你处于山峰上,往哪里走都是走下坡路。

* * *

任何哲学归根到底都是认识论,任何认识论归根到底都是伦理学。所谓认识都是对"如何行动"的认识,任何行动都是某种认识的实现。不是"性格决定命运",而是"认识决定命运"。

* * *

人皆向往美好生活,然南辕北辙、离题万里者众矣。美好的生活终究要靠明智的人生观,而明智的人生观有赖于健全的认识论。因此,人人都值得学点哲学,任何哲学都应该从认识论开始,在伦理学中结束。

* * *

杜威犀利地指出过:抱怨哲学没用的人跟抱怨织布机不能穿在身上是一样的。大多数人只能直接地看利害,却不能看到盘山公路是通向山顶的更好方法。人类之发达,就在于掌握了"间接"的能力:经济上摆脱了物物交换,掌握了货币;政治上摆脱了肉体暴力,掌握了法律;文化上摆脱了口耳相传,掌握了符号……

* * *

如果为了生活不得不付出些什么,应当付出最大的那部分价值,而不是最大部分的价值。

* * *

一切艺术都是潜在的音乐,也就是,时间性的、流逝的、独一无二、不可重复的永恒进行时。这也正是我们生命的本真状态。一切倾向固定的作品,都是反艺术的;正如,一切倾向固定的伦理,都是反生命的。

* * *

一切有意义的话语(文本)实质上都是祈使句,也就是说,指向一个行动。只不过有远有近、有弱有强。设想一个不指向任何行动的言说,所谓"纯粹的表达",那只不过是一种"症候",就好比发烧时人的呓语,半夜的梦话,被刺痛时的尖叫,那并不是真正的说话。

* * *

真正的野兽并不超出所需而贪婪,狮子也不咬死一群羚羊囤在冰箱里,所以,人要警惕的并不是兽性,反而是理智,理智是欲望的加速器和膨胀剂。

* * *

庄子有两个词值得写在门楣上:"撄宁"——你尽管吃喝玩乐纵横驰骋,内心淡定不执着就是安静美男子;"坐驰"——你尽管坐在深山庙宇蒲团上,内心七上八下寂寞难耐就比谁都放荡。

* * *

怀旧是一种病。再坏的日子,经过遗忘的过滤,想象的美化,都变成了用来审判当下现实的"黄金时代"。我们唯一能珍惜的当下,就在这种恶性循环中一再败坏。最后我们拥有的是抱怨与遗憾交相辉映的一生。

* * *

遇见一个美好的人,能让你能量涨三分,心情好一天。可见,过好自己就是造福人类。人们只从满溢的泉眼获取甘甜。

* * *

当爱包裹着性,就像果肉包裹着果核,富有弹性、光华、鲜嫩多汁的喜悦;缺乏性的爱,就像去核的果肉罐头,总觉得不会是日常;缺乏爱的性,那是缺乏果肉的果核,离垃圾堆近在咫尺。

* * *

我们总是抱怨这个时代精品少了,缺乏好的诗歌、好的绘画、好的音乐……其实,这个时代的精品一点都不少,也就是说,分子一点都不少,甚至都有多,只不过技术发达,分母增加了好多倍,就在总分数上吃了亏。

* * *

年轻的标志不是白皙,而是痛苦。当你不再容易痛苦,你就老了。

* * *

自从爱上滑雪之后,就总是渴望严冬。自从爱上游泳之后,就总是渴望酷暑。

* * *

当你在这一面中生活时,另一面始终存在,一旦你意识到另一面,这一面的生活就显得虚幻。一旦你意识到潜藏的不稳定,稳定就变得虚幻;一旦你意识到潜藏的恨,爱就变得虚幻;一旦你意识到潜藏的贫乏,富有就变得虚幻;一旦意识到潜藏的死,生就变得虚幻……

* * *

对庄子最沉痛的批判,是魏晋特产的坦诚,羲之:"一死生为虚诞,齐彭殇为妄作",十九首"昼短苦夜长,何不秉烛游","何不策高足,先据要路津"。人总有大大小小的愿望需要勉力实现,否则难以安生。得到之时的放弃,才是看透;否则不过自欺。轰轰烈烈地追求,坦坦荡荡地赴死。而不必做因噎废食的隐士。

* * *

人称是微妙的,言辞中多"你",强调的却是"我";言辞中多"我",尊重的却是"你"。

* * *

天很冷,长长的雪道,上坡路就是下坡路,我们坐着缆车上去,踩着魔毯上去,拽着拖牵上去,走上去,然后迅速滑下来。反反复复,乐此不疲,中间不断摔跤,试验各种动作,时而优雅,时而笨拙……最后夕阳西下,精疲力尽,我们失去自己赢得的所有高度。但大家从头到尾都很开心!

* * *

劝人淡泊名利,总显得迂腐造作,自欺欺人。如果看透人世的结果就是无所事事混吃等死,那还是不要看透了好。良好的"看透",应该是更尽情地追求一切,却波澜不惊。这怎么可能?想想体育运动就好了。游泳、打球、滑雪、爬山,哪样你都很投入,很上进,很享受,但哪样都乱不了你的心性。玩真的,认真玩。

* * *

劝人们放弃七情六欲进入修行乐土的人,无非是勾引人们为了大欲望牺牲小欲望而已。此欲与彼欲,相煎何太急。庄周说,想摆脱自己影子而狂奔的人,累死也徒劳,不如在阴影里坐下来,影子自然就没了。

* * *

我坐在阳台上看天,一朵白云深入蓝色虚空,缓缓解开螺旋,一条云絮以很慢的速度脱离,一点一点变淡,几乎要融化在茫茫空虚中,我在那残存的白点上看到一些颗粒,中间有一个颗粒叫作地球,我正坐在那上面,仰头看天……

* * *

你生命中有诗句的日子,就是你最深邃抵达过的日子,完全拥有过的日子。反之亦然。

* * *

在人对美的敏感中,在对世界的色彩声音形状运动的怦然心动之中,有对世界深度的洞见,审美中有深刻逻辑,也有深刻的伦理,正如莱布尼茨所说"音乐是不懂数学之人的数学游戏",它也是不懂道德之人的道德游戏。

* * *

回归故乡是我们通过空间的回归模拟时间回归的自欺游戏。事实上,故乡早已随着时间之水流走了,你的老宅子,你门前的古树,只是你的剑掉落之时留在船上的刻痕。仔细看,刻痕也老了。

* * *

今天在同一时间来到同一个铁道道口,却没有看到昨天的初升满月。等了好久也没等到。风也冷了,肚子也饿了。——大凡美好,都是偶遇。等你有了机心,要有计划地去拥有,它就会躲藏起来,即使你强行把它揪出来,也趣味全无。

* * *

还原主义不但不能提供对事物的洞见,而且恰恰忽略了事物最重要的部分,它把男女之爱解释为性,朋友之谊解释为利,孤芳自赏解释为病。花朵之美,不在于结果;果实之美,不在于有核。生存之美,不在于其原理,而在于同样的原理展现出完全不一样的光亮、色泽、气味、声音、形状、变化,令空虚充满,时光暂停。

* * *

河水每一秒钟都把自己冲走。真正的思考,始终是反思。

* * *

错失后,一万个道歉也没有用。悔恨带来的折磨远大于痛苦。所以,无论风险如何,从安定的幻想和理性的盘算中出来吧,勇敢地行动,该做的事,该见的人,该投身的节日,该访问的山水,休要彷徨。世界祝福拥有无限可能的人,更祝福那拥有无限现实性的人。

* * *

寡言少语的钢琴家,不留文字的油画家,没有腿的歌手,只以诗句穿越闹市的诗人,闪电,风暴,射向空虚宇宙的激光。

* * *

踏踏实实做一个精神领域的农民,拓荒,除草,下种,观察天气与土壤,生产粮食和蔬菜,供应城乡需求,在黄昏时分心安理得地坐在自家屋檐下,吃碗面,喝杯茶,看夕阳透过竹林……

* * *

从明天起,做一个明码标价的人,一毛钱一首诗,五分钱一条感悟,售完即止。动机简单,目标明确,绝无任何非利益因素。

* * *

所谓成熟,不是有多世故稳重,而是能用多少智慧来打造感受的利剑,用多少经验来重塑童年,用多少爱来绿化死亡。

* * *

没有"想而不做",只是不够想。

* * *

最动人的做事原则不是正确,而是无悔。

* * *

事情只要做了,就没有太迟。迟或早对于生活世界并不要紧,有或无才是关键。

* * *

与其总指望遇见一个美好的人,不如遇见每个人心中美好的部分,这样,就到处都遇见美好的人。

* * *

想要写一本《虚度学》,大意是尘埃如何变成鲜花,鲜花又如何变成尘埃,鲜花想保持为鲜花,尘埃想保持为尘埃,皆不可能。虚度,是大化面前徒劳挣扎者的最终命运,也是无意挣扎者的最终福利。

* * *

因做不成事而累积的焦虑与自责,成为做不成事的主要原因。

* * *

所谓"天才",就是凝聚力,把其实平均水平的智力、精力和时间,凝聚到尽可能小的面积上,造成了超常的穿透力。反之,所谓"平庸",就是涣散,把即使超常的智力和精力,大面积铺张、挥霍,一无所成。

* * *

为什么总希望通过艺术得到什么呢?我希望通过一切得到艺术。

* * *

诗人应该始终以诗歌说话,而不是相反。让写作变成你的嘴你的手你的脚,而不是相反。

* * *

并不存在所谓的"智力",其实都是"想象力",也就是从一个事物立即想到毫不相干、不合常规、不合逻辑的另一个事物的能力,从中发现更深的关系与逻辑。日心说的假定、铀235的发现、相对论的提出,首先都是肇因于这样一种能力。也就是说,诗,是人类的基本、核心能力。

* * *

道理就像药一样,不能乱吃。比如说"人生贵在行动",主要针对书斋里勤恳的浮士德博士们而言,而对天天瞎忙乎的人们则要说,停下来,注意看路啊。又比如"淡薄名利",基本上是对有名有利的人说的,啥都没有偏有渴望的人,还是应该勤勉一点。其余类推。

* * *

——"好文字的衡量标准,根本不需要考察别人是否爱读,首先自己愿不愿意读?自己都读不下去,还指着哄鬼?"——"是的,先生,可世界就是这样离奇。我卖早餐那会,是绝不会吃自己做的包子,但卖得还不错。"

* * *

不关心政治本身是具有政治性的,不关心政治构成权力视野之外的反向制衡力量。

* * *

问:一件事,做或者不做,标准应该是什么? 为什么?

答:① 能否点亮当下的时光;② 能否同时对未来时光有照耀作用;③ 能否甚至让过去时光死灰复燃。

只满足任何一点,都不构成行动的充足理由,至少满足两点才是一个优良行动,满足三点是理想行动。

* * *

除了"精确的表达",没有什么更是文学。可是,把一种既有事实表达出来,为何会获得力量呢? 秘密就在于,根本不存在什么"既有事实",被表达的才成为事实。"表达"的同义词就是"去存在"。

* * *

与其操心那未能点燃的炭,不如集中精力吹旺那一点点已经烧着的炭,其他炭自然都会着起来。

* * *

真正的雄心,不是指望自己的名字或诗歌被人称颂,而是文字间的精神与力量,离开它的起源,不记名地在四方埋下它们的种子,开花,结果,一再超越时间与空间。

* * *

我们之所以觉得一生太短暂,是因为我们太啰唆。如果只说最值得说的话,写最值得写的文章,做最值得做的事情,爱最值得爱的人,一切始终来得及。

* * *

一句话有多错误,才有多正确。永远不错的话,只是废话。

* * *

哲学史并没能超越巴门尼德,包括语言分析。相反,任何一种哲学只有不断回到巴门尼德才是清醒的。因为,一切追问都是在"存在"这个基础上才得以可能,"存在"本身却不能被追问,或者说,即便追问也是假的,你不能清除你的立足之地。

* * *

它是弥散在空气中的水分,会在寂静寒冷的清晨凝结成露珠,成为文字之诗,很快又蒸发,弥散在整个生活,任你呼吸。它是一种精神、一种立场,却不是一个特区、一个领地。诗歌没有领地,它是生活的必需品质。

* * *

我们用理解空间的方式去理解时间,以为未来是一片新国度,只要我们抵达那里,就永久定居下来,在完成一切任务之后,握着成就、名誉与金钱,在那里慢慢享受,我们忘了:时间并不是空间,时间既不能返回,也不能无限增加,你走的每段路都是在减短剩下的路,你抵达的唯一目标将只是"不在"和"没有"。

* * *

读书辩证法:① 读书不是为了更好地活着,读书就是更好地活着。② 有人只知道读书,说明他根本不知道读书。

③ 读书和吃饭、做爱没区别,都是人的基本需求,彼此无法替代。④ 检验读书的唯一标准,是开心。⑤ 世上没有"应该"读的书,只有"我要"读的书。

* * *

时间辩证法:① 我们必须抓紧时间做到敢于浪费时间。② 害怕失去时间的那段时间,其实是你并不真正拥有的时间。③ 因为不敢浪费时间,我们把时间彻底浪费。④ "节约时间"到底是什么意思?像龙头的漏水一样接在大桶里吗?等大家都没时间了我还有?

* * *

我读了那么多哲学、文学,也明白那么多道理,但是,这些道理永远比不上车轮一次碾压带来的震撼与教育,有些道理不是通过语言传达,而是当头棒喝,把你从梦中惊醒,让你感到瞬间的撕裂和告别,从烈火与寒冰中升起另一个我,另一种人生的可能,另一个地平线。这就是灾难,有时候,看上去竟像是一种幸运。

* * *

什么也比不过窗前一朵白云,轻悠悠从窗沿投身于无尽湛蓝,旋转,散开,消失,另一朵继续飘进虚空,这不就是我们的人生,不就是你和我,此消彼长?当你此刻读到我的文字,似乎还能感受我的存在,可是你的阅读和我又有什么关系?我也无法知道,你某一天会抵达我的文字,而说出它们的嘴唇早已化作尘埃。

* * *

乐观有时候是悲观的,悲观有时候却是乐观的。死亡有时候是生命的开始,而活着有时候却是把自己慢慢杀死,慢慢毁灭。我们以为自己在积极活着的时候,我们实际上是在慢慢消耗着、毁损着、耽误着我们的生命,而我们有时候觉得自己无所事事、浪费生命的时候,我们却是在珍惜、拥抱、抓紧它。

* * *

只因心中还有妄想,人才会试图通过禁欲达到超越,才会为了精神不朽而背叛肉体,为了未来而牺牲每个现在,念格格不入的经书,练奇奇怪怪的法门,守五花八门的教条,若真看得透时,一切无等差,只是内心坦然地释放一切人性与神性,无禁忌,无妄想,无惶恐,无焦虑,水流花开,自由自在。

* * *

"不合群"是个伪命题。好像先有一个"群",然后谁合谁不合。实际上,有自我意识的存在实际上都是自成体系的,简而言之:人都是孤独的,"合群"只是皮相与权宜。

* * *

"享受当下"经常扭曲成一种懒人哲学、苟且哲学。其实"当下"是很难享受到的,它需要高度专注,需要在思想意识、行为实践、感受力等各方面都做好充分准备,才能心无旁骛、高度敏感地倾注于当下。醉生梦死是没有用的,梦醒时分会变得更惶惶不可终日。"当下"虽然就在这里,却需要努力才能充分抵达。

*　*　*

意义恰好在感觉中，凝聚在当下。我们的责任，不但不能把所有当下都献祭给一个永不到来的未来，恰恰相反，我们所有对过去的追忆和对未来的想象，都要服务于当下，全部聪明才智都用来营养和荣耀这眨眼的一刹那。

*　*　*

诗必须被及时、充分地阅读，就像煎饼馃子必须趁热吃，被很多人吃，吃完明天再接着摊，不应让成堆煎饼馃子进库房。诗是流动的，它是同一条河，但永远流着不同的水，才能不腐不蠹。诗就是这样不停抛弃自己来成全自己。

*　*　*

为了做事而顾不得读书的人，跟为了赶路而顾不上穿鞋的人一样……

*　*　*

因为书好读就一辈子坐在屋里读书，跟鞋好穿就一辈子坐在屋里穿鞋一样……

*　*　*

"少就是多"几乎是诗集的第一原则。如果十首中只有两首好，会让人对这个诗人兴趣寡然；如果只选了这两首好的，却会让人对这个诗人心生敬意，充满向往。舍不得删掉自己平庸作品的诗人，最终是把自己不断搅拌成平庸。

*　*　*

自古有之的言语禁忌，表面看是一种道德，实质上是一种文学，也可以说，文学境界就是道德境界。话不能随便说，就像东西不能随便吃。"食不厌精,脍不厌细",肉欲尚如此,何况乎精神。君子如临深渊,如履薄冰——说的就是你,文字工作者,我的同类。

* * *

所谓新闻,其实都是旧闻。把十年前的新闻页面和现在的新闻页面放到一起,看不出什么区别,都是灾难、赛事、绯闻、战争、声明、抗议、祈祷……消费完毕,彻底遗忘,改头换面,继续意淫。表面丰富多彩,背后单调无比,无非是挑逗人古老的本能:性、权力、物质,以及隔岸观火的热情。

* * *

难道还不该醒一醒吗?不管你积累多少智慧、名望、力量、物资……最后都要拱手交给死亡。回顾一生,你有什么?每一个"瞬间""当下"的感受而已。你的全部,都要靠这瞬间感受来确认。你的"生活质量""价值""成就"都只取决于这一瞬间感受的品质。经济学最后不过是感性学,政治学的尽头处站着艺术。

* * *

真正的虚无主义,"看破红尘",绝不是什么都不做,更不是弃世,反而是更积极的行动者。如何可能?凡打过篮球、踢过足球、下过棋的人都能体会:争先恐后而不为利,纵横驰骋却不挂心,入乎其中往而不反,出乎其外若无其事;能做之,亦能观之;谋其事,不动其心;乐其胜,复安其败;知其有,能守其无。

* * *

好流星都不留下陨石,徒增大地的沉重,在大气层飞行的时候就已经燃烧干净,夜空中画出一道亮光,有缘人才能够看见,那是它们留下的诗句。

* * *

这一生还会有痛苦、焦虑、祸患……你短暂的一生横竖也会成为茫茫永恒中一阵徒劳的战栗,然而想想你为美好的情感、关系、行为、思想、风景、人物而燃烧过,在黑暗太空划出过一道火柴的亮光,充分燃烧不留下遗憾的灰烬,也算是痛快而无悔了。

* * *

"著名景点"皆可弃之,但凡著名,已非景点。风景的好处,恰好在"人之所罕至"。"人多"与"开发"两点足以毁灭一切景观。风景并非纯然客观的东西,它是一种关系,只有你和环境融合无间的时候才达成,只有谦逊、安静、敏锐、挚爱地进入环境深处,它才敞开怀抱,让你休憩在地理人文的阔大与深邃中。

* * *

从未卷入欲望的人,与饱尝欲望的人,都会相信爱。从未遭患痛苦,与饱尝痛苦的人,都会相信幸福。如果你还很绝望,说明你还不够绝望(心存奢望)。须知绝境即为化境,虚无的太空就是璀璨的星空。

* * *

阳台上种过很多奇花异草,怎么也养不活,不知从哪里来的野花野草却长满花盆……我计划中想写的诗,怎么也写不好……

* * *

行驶的单车,运行的钟摆,冰刀上的飞行者……唯一的稳定是持续地摇摆,不要停留,在有无之间、悲喜之间、得失之间、生死之间……不停地,摇摆……

* * *

很多人看书,注意力总在"它写了什么",忽略了更重要的"它是怎么写的"。特殊、新鲜的表达方式才是不可替代的。一首诗正是一首诗要表达的,一本小说正是一本小说想要表达的。对于艺术,形式就是内容,形式之外没有可以另外表达的内容。

* * *

任何产品的宗旨都是充分使用,同理,作品期待的是反复阅读,而不是荣誉。与其有荣誉而无阅读,不如有阅读而无荣誉。古之学者清楚这一点,所以经常不署名,甚至假托一个比自己更有影响力的名,目的是让更多人阅读,哪怕没人知道是自己写的。今之学者有时弄反了,拿别人写的东西用来荣耀自己的名。

* * *

优秀的艺术,并不如想当然的那样,拒人于千里之外。恰好相反,优秀的艺术总让人产生似曾相识的亲切感,甚至产生"不过如此"的幻觉,一种"相去不远"但就是无法抵达的魔力。好的艺术绝非"衣锦夜行",而是"点石成金"。

*　*　*

"曲高和寡"是不存在的,曲高必然和者众,关键在于是否代入时间这个参数。若代入时间,则很多流行歌手的粉丝将趋于零,而贝多芬、巴赫的粉丝数以亿万计。艺术终究是用来荣耀人所共有的人性,怎么可以打着"曲高和寡"的旗帜弃世绝俗、自命清高呢?区别只在于,你服务的是人性中哪个部分、何种程度。

*　*　*

正是可模仿性,而不是不可模仿性,才是艺术的标志。可模仿性意味着必然,不可模仿性只不过是偶然(侥幸)。好的艺术,正是以其掌握的必然(技艺),来捕获不可捉摸的偶然(情思)——这也就是所谓"创作"。否则只是"中奖"。中奖的案例不足为他人效仿,无法提供普遍分享的可能。但艺术是长久的榜样。

*　*　*

阅读和写作如同禅修,专注的人从纸上抬头,就像从天国回到人间。

*　*　*

回忆与感受是同一种力。回忆少的人,感受也弱。回忆的人并不辜负当下,算计的人辜负当下。

*　*　*

后现代主义者遭遇衔尾蛇陷阱:"去中心"的口号形成了一个新的中心;解构主义者无法用解构的方法阐述解构主义;意识流作品的合理性无法通过意识流手法来说明;女权

主义这个概念本身就是对男权结构的承认；弗洛伊德主义是否自身也不过是性欲的升华、童年阴影的投射？

* * *

"事实"是什么呢？"事实"即便有，也无法穷尽，每一秒在你周围发生的事实，你用一生也无法穷尽。没有"事实"，只有"关系"，呈现后者，才是创作的真正任务。

* * *

读蒲宁、普鲁斯特、托马斯·沃尔夫，会发现表面细腻的描述背后其实省略了无数细节，只提取了一种关系，一个"物象"为表、"精神"为里的双面镜。写作依赖一种心情、氛围、气势，在它的充盈中，才能在事实的煤炭中显露出金子。没了这种气势，好作家瞬间就成了机械。

* * *

据说（作品、功绩、美名）"流传后世"能安慰死亡。可"流传"如何保证？即便保证了"流传"，如何能保证一直会有"后世"？即便保证了一直有"后世"，如何保证你知道？即便你知道，如何保证他们流传的是你？最后，即便一群一直生活在地球上的有思想的尘埃记得你的姓名，这究竟意味着什么？

* * *

最高的鉴赏力是高兴。高兴，就是面对它的时候，全部注意力都在"这里"，不在任何"那里"；快感尽皆来自"此物"，不以此物为桥追索"他物"。要是还试图对其品头论足一番，甚至还要向旁人指点一番，还要想起很多的"主义"，早已虚矣,怯矣,外矣。

* * *

每个年龄阶段,当时的我们都是在抱怨,在回顾,都过得并不那么满意,只是后来回顾,在记忆的美化下,才觉得那时美好,无忧无虑。其实仔细想想,我们的童年真的无忧无虑吗？谁的童年不是在哭声和各种恐惧中度过的。不如赶紧醒来,现在就是最好的日子,抓紧它,珍爱它,发现它的光彩。

* * *

你还在用一种理论告诉我一首诗是如何地好吗？我将用一首诗告诉你任何一种理论都是如何地坏。

* * *

艺术上的任何本体论都是荒谬的,唯一的本体是生活本身。极端如宗教的艺术崇拜,最后都会被潜意识里深埋的怀疑打败。

* * *

没有了激情,再多理论和技术都救不了你的创作。正如,再好的起搏器,也救不了一颗衰竭的心脏。

* * *

不论思考还是描述,都要从具体性中展示一种普遍性。没有具体性是空虚的,没有普遍性是琐碎的。

* * *

常见一种文学道德:要写出积极的作品。殊不知对于艺术,积极有时正在消极中。与其让一个悲伤的人看见欢歌笑语,不如让他和另一个悲伤的人抱头痛哭。

* * *

"活着"是一个动词。人始终在行动。也就是始终在实现什么,完成什么,创造什么。当A行动停下来,B行动继之而起。只有活动才是真正的休息,创造才是真正的消遣,不辞劳苦才是真正的享乐。

* * *

有些人提供答案,有些人却发明问题;有些人建造房子,有些人却铺设马路;有些人制造座椅,有些人却研发轮子与翅膀……然而,大地在旋转,答案总被问题卷走,房子总是依傍着马路,座椅其实都在轮子与翅膀上安放……

* * *

我相信,我说的所有话都有人说过。正如我深信,这支蜡烛所发出的光,都有别的蜡烛发出过。

* * *

仔细看"明白"这个词,其实不是要记住多少知识和理论,而是要有光。(英文 illuminate,德文 erleuchten 都是如此。)"活得明白"就是让自己内部每个角落都有光照进来。怎么办?别老关着门窗,更别老遮着窗帘。另外,善于利用镜子。

* * *

只有一道光,可以穿透年龄递增的层层白内障,那就是美感。当一群老人坐在一起,那个尚且拥有美感的人,是真正的灵长。反之,在一群少年中,过早失去美感的那个孩子,无疑已经衰老。

* * *

智慧并非让人重返青春,而是发现每个阶段特有的青春。

* * *

智慧不是别的,就是能耗最低的明澈与美感。积累智慧,就是在你日益衰老的体内始终保持明澈感与美感。而这,正是青春的标志。

* * *

从怀疑走向肯定,从年轻走向衰老,竟然惊人地同步。

* * *

怀疑不是消极的,而是积极的。怀疑不等于"不信任",怀疑是在事实与逻辑两方面都突破围墙,不信任则是盲目否定,既不讲事实,也不讲逻辑。

* * *

怀疑之所以有意义,是因为它撕开壁垒,让光与空气进来,万物得以充分生长,充分凋零。无非如此。

* * *

当思考从怀疑走向肯定,就从哲学走向了宗教。

* * *

你犹豫是否出了问题,殊不知问题正出在犹豫。

* * *

见过有谁,通过努力突破了自我的皮肤?

* * *

总有一天你会明白:所谓"学习"不过是"捍卫",所谓"成长"不过是"守旧";你以为抵达的世界,其实都是内心的世界;你以为找到的出路,其实都是自建的围墙。

* * *

表面上,我们是因为"证明"而"相信";事实上,却往往是因为"相信"而"证明"。

* * *

我们真心赞美别人的时候,往往不是赞美别人与我不同之处,而是赞美别人与我相似之处。一句话:在赞美别人的时候,我们其实在赞美自己。

* * *

积极的情绪:愤怒、悲伤、阵痛……让懒散怯懦的生命之马再次奔腾起来的马刺。

* * *

表面上观点不同,背后总是气质不同;表面上逻辑不同,背后总是愿望不同。再多朋友,也总是同一个朋友;再多敌人,也总是同一个敌人。

* * *

艺术中重要的不是"正确",而是"力量"。一种遒劲的错误,胜过万种不温不火的正确。

* * *

我没见过一张画真正"画得像";倒是见过很多人与景越来越"像画"。

* * *

"再现"是荒谬的,这个世界上一秒钟发生的事情,你倾尽一生都无法再现完毕。唯一可能的再现,是对深层经验结构的"再现",而那正是"表现"。再现皆表现。

* * *

常说"诗即比喻",那么,比喻又是什么?比喻并非修辞,而是发现。语言本身就是比喻。语言并非它所言说的事物本身,而是与它所指称的对象之间有着"同构"。找寻一种精密的同构,是一切写作的核心使命。

* * *

曼德尔施塔姆:"我贫穷如自然";聂鲁达:"(你)简单如指环"——好的比喻,总是惊人又服人。在意料之外,却又在情理之中。好的文学就是:他说出前你绝不会想到,他说出后你觉得理所当然。

* * *

我们之所以相信论证。是因为相信判断与判断之间存在关联与因果。这一点休谟早就打破了。何况,任何论证都有一个判断作为最初的起点(公理与定理),也就是说,任何论证其实都是伪装得很复杂的独断论。

* * *

我们之所以论证,是怕自己不信,或者怕别人不信。但凡信了,我们就不再需要论证。可见论证其实只是说服。结论只取决于情感与行动。

* * *

思考,就是不断磨利一把刀,切入存在深处。

*　*　*

思考几乎就等于批判。即人类可能性的拓展。世界并不需要对完成时做出解释与辩护,它需要的是永恒的进行时。

*　*　*

医生是值得学习的,从不惧怕受众感到难堪,暴露,疼痛,直指病态,隐情,撕开伤口,提供直接有效的疗救措施,严厉的忠告,没有半句客套,说完拂袖而去,无须掩饰骄傲,因为有真功德。

*　*　*

不得不承认,有时候写作者更近于精神领域的性工作者,大多时候,他抚慰、取悦读者的各种心理需求,胜于他所斗胆进行的批判、挑衅以及特立独行。

*　*　*

我怀疑怀疑并不是怀疑,只不过是竹子拔节时对以往高度的突破。

*　*　*

那些颂扬死者的诗歌,更像是一息尚存的生命在颂扬自己的无上光荣。

*　*　*

人类并非不会飞。只不过要找到适合自己灵动滑行的介质。鸟以空气为介质,鱼以水为介质。你呢?——是爱情、旋律、诗句,还是思想的灵光?

* * *

在一条很浅的人工景观河,有人在玩摩托艇,搅起巨大的动静,激荡着两岸;不远处深沉的水库里,摩托艇却像落叶飘在水面,巨大安静的水面。

* * *

我们看一些当代作品,总抱怨:"这也叫艺术!"其实,这就是艺术。玫瑰花是花,西蓝花、塑料花、爆米花也都是花。玫瑰花并不对爆米花感到生气。

* * *

多看一些书,以便最后说话像一个没有看过书的人;多做一些思考,以便最后举止像一个没有思想的人;多做一些实事,以便最后坐下来像一个没有历史的人。

* * *

"为人民写作"。这不是一种政治或道德口号,而是一种美学。写作不应成为知识分子的杂技表演,虽然创作必须经历艰难的工艺流程(不能成为粗制滥造的流水账),但它的成品应该是明白、自然、真实的。就像清风明月雄山秀水,虽难能可贵,却有目共睹。

* * *

劝慰和理解是两回事。理解是揭示,劝慰是掩盖。比如说:"走自己的路让别人说去吧。"听了以后慷慨激昂,但回顾一生从未真信,更不提真做到了。这就叫劝慰。"亲戚或余悲,他人亦已歌",这叫理解。

* * *

按说,种出辣椒是更重要的,加工成辣椒酱是其次的,但实际上辣椒酱显然卖得更好,也更贵。艺术同理。

* * *

鲜花并不仰仗鉴赏家成全其魅力。艺术家,你呢?

* * *

写诗的人与研究诗歌的人之间的区别,就像种苹果的人与画苹果的人之间的差别。种苹果的人种不出(好)苹果,就完了,他并不能指望改行画苹果。

* * *

年轻时需要放下身段,勤勉、开放、拓展、累积。年纪大了,就要像一座纪念碑,祭起一种价值、一个方向。不该相反:年轻时傲慢轻狂,年纪大了,却不得不屈尊俯就。

* * *

嫉妒的人是谦虚的,他潜意识里承认别人比自己强;宽容的人是自负的,他发自内心不认为任何人比自己强。

* * *

行动和思想并不是两个东西,行动是弥漫在整个生活中的水汽,水汽在冷静的时候凝聚成露珠,就是思想,这露珠又会蒸发扩散成水汽,滋润整个生活。(那些从水汽中凝固下来再不能回到空气中的,不能说是思想,只能说是可吸入颗粒物。)

* * *

如果我们足够真诚,就应该承认:我们未必比别人更真诚。

* * *

虚荣心是一个好东西,它让人保持进步。鼓动别人放弃虚荣心的动机是什么呢?——虚荣心。

* * *

任何艺术,首先的生命是勇气,其次才是技术。气壮了,再有缺陷的东西也有了光晕与魅力;畏畏缩缩,再精致严密的东西也不吸引人。

* * *

艺术的道德也是生活的道德。那就是:心手如一。——有手无心则罔,有心无手则殆。

* * *

"艺术来源于生活",这样说是草率的。很多时候,我们既做不好艺术,也过不好生活。更合乎事实的是:艺术与生活依赖同一种美德。

* * *

细节应该服从意图。表面看是描写,仔细看都是论证。

* * *

多希望我们的诗句从不曾超出我们自己,也希望我们自己永不会落后于我们的诗。

* * *

我们很多诗人丧失了源自生活本身的感动、悲伤与爱,在身份、责任与惯性中写作,造成一种吊诡:写得精致,却不能动人。高智商的写作机器。人所渴望的尊重、成就固化了一个人的创作习惯,身份变成了牢笼。回首往事,只有在默默无闻的日子里为自己写下的诗句,酿出的蜜,结晶的琥珀,是值得一再回味的珍品。

* * *

我们今天的医学终于认清了抑郁是一种心理疾病,而不是道德操守。总有一天,医学会进一步证明,精英主义也是一种心理疾病,而不是理性认知。

* * *

有人反对激情论,说:如果依赖激情,有一天没了激情,你如何还能创作?可是,如果有一天都没了激情,你为何还要创作?

* * *

如果你选择一种形式主义(语言、技术至上论)的创作主张,一开始你会发现什么都可创作,因为它与你的状态无关;但很快你会发现根本没有可创作的,因为它与你的状态无关。

* * *

我们总以为幸福是主观的、私人的,其实幸福是客观的、共建的。一个人的幸福,总是以他人的幸福为前提:父母、儿女、爱人、挚友、兄妹……不要指望个人得到什么就能幸福。只有生活在幸福的人群中才能幸福。因为"幸福"首先意味着"安心"。

* * *

热爱即鉴赏。实实在在令我们颤动的,就(才)是优秀的。

* * *

事实可能与"常识"相反：喜爱艺术是容易的，喜爱自然之美却需要更多教养。因为越是与我们无关的事物，越难引起我们的兴趣。（谨此向康德致敬）

* * *

善于交际的人很可能是孤僻的，因为他始终把自我掩藏在笑容背后。孤独躲在书房的人很可能是公共的，因为他不停通过阅读这个秘密通道抵达人类灵魂深处。

* * *

一秒钟的彻底，远胜过终生的徘徊。

* * *

"情怀"其实是一种糟糕的东西。我们喜欢一样乐器，没有坚持到专业地步，又不舍得放弃，就变成了一种情怀；我们留恋家乡，又抛弃了它，变成一种情怀；我们喜欢一个人，但不能彻底拥抱，于是也变成了一种情怀。拿不起却又放不下，虚掩的门，踮起的脚，够不着的葡萄，未曾解渴的梅，都变成了一种情怀。

* * *

诗意生活比写诗更重要？是的。可是，若要指出一条达到"诗意生活"的具体道路，莫过于写诗。在生活的汪洋中，诗是一条船，虽未必带你飞升，至少避免你沉落。

* * *

我们都知道身体需要旅行、出走；殊不知灵魂也需要旅行、出走。读书就是灵魂出窍:再健壮的身体,也需要不断运动来增强体质,走出疾病;再聪明的头脑,也需要不断阅读另外的头脑,来避免自己陷于狭隘与无知。

* * *

我们爱问:"时间能否停下来?"其实真正的问题在于:"你能否停下来?"——你停下来,时间也就停下来了。

* * *

我们似乎都认可:感性经验是肤浅的;可是离开感性经验,那些深刻的东西又在哪里?

* * *

尼采说:重估一切道德。可是,怎么重估?用艺术来估。怎么用艺术来估?用康德的公式:你只应这样生活,除非你愿意你的艺术也像你的生活;你只应这样做艺术,除非你愿意你的生活也像你的艺术。

* * *

一种小小情结,有时却正好堵在生命的瓶颈上。所以,很多时候,背叛才是忠诚。

* * *

谁因为花朵漂亮而摘在瓶中,将很快面临枯竭;那找到源头而耐心耕作的人,才能保有四季的繁荣。

* * *

当代汉语文学首先缺乏的不是一流作家,也不是二流作家,而是三流作家。有谁,亦步亦趋地模仿契诃夫的生动?哪怕拙劣地模仿曹雪芹的繁复?单从手法上模仿卡夫卡的奇崛？惟妙惟肖地模仿普鲁斯特的细腻？——他才成为决定整个社会写作底线的三流作家。因为，创造的基础是吸收。

* * *

致力于当三流作家的人，如果真的做成了三流作家，将会在第二天早上醒来发现自己其实已经成了一流作家。

* * *

我们经常发现在各种学术、艺术、文学团体中鱼龙混杂、良莠不齐，却都互相辩护，认为坚持着共同的观念，你就知道：促使我们拥抱的主要是情感，而不是智力。

* * *

很多时候，当我们说"你是对的"，其实是说"我喜欢你"；当我们说"你错了"，其实是说"我讨厌你"。理性判断常常是伪装过的情感判断。

* * *

拨开各种自相矛盾的借口，就会发现，一般来说我们知人论世的标准其实是：支持我们的人是先进、睿智、有眼光的，反对我们的人是落后、顽固、没眼光的。

* * *

否定才是真正积极的力量。迄今为止的大多数道德都是地心引力（万有死亡定律）作用下的道德：融入、稳定、顺从、消停……亦即向下运动。生命的方向则相反，克服地心引力，向上生长。

* * *

虚荣心与判断力成反比。

* * *

读而不写则惘,写而不读则殆。

* * *

判断一个人的本心,不是他宣扬什么,也不是他做什么,甚至不是他追逐什么,而是他因为什么而偷偷笑了。

* * *

要做成更真实自我,必须一再与自我告别。因为那僵硬的壳早已不是你自己的蝉。

* * *

诗意生活,是让必要的生活展现内在的诗意,而不是去做那些被公认为有诗意的事情。

* * *

诗人在孤独中渴望的成功将摧毁他的成功赖以实现的孤独。成功之日,即失败之时。

* * *

人皆以为活得长久就是寿命长久,殊不知一秒钟内可以折叠多少褶皱,有些人的一生展开不过屋前屋后,有些人的一生展开可以绕地球数周。

* * *

别说你时间还很多,你只不过比别人多了浪费时间的时间。

* * *

思考不是贬低什么,辩护什么,而是澄清,照见。思想的目标不是"正确""高级",而是"明亮"。

* * *

"物质给人带来满足"是误判。没人会因为一堆氨基酸、蛋白质、淀粉、脂肪而感到欢欣。实际上,给人带来欢乐的是物质所呈现的形式,一句话,人因为形式而满足。那过于依赖物质的人,依赖的其实是被动提供的形式,相反,那富有内在形式以及赋形能力的人,则显得更为自足而乐天。而这,正是艺术的职能。

* * *

他人并非地狱,他人就是自我。"厕足而垫之致黄泉",人尚有"自我"乎?

* * *

之前空气再干净,只要停止净化器,屋内的雾霾指数就会升高。之前学历再高,只要停止读书和思考,人的文盲指数就会升高。

* * *

怎么普遍瞧不起模仿呢?你试着高仿一下奥运体操运动员的动作,或者,高仿一下《兰亭集序》试试,要么,在钢琴上照抄古尔德的演奏技术,伪造一本可以乱真的王维诗集……

* * *

讲笑话的人从不失败,如果他讲不好一个笑话,他马上就变成一个笑话。

* * *

你不敢向外界表露内心,其实是错误的"他者"观念所致,以为只有你有对真善美的"幼稚"渴望,其他人都是戴着假面的"他者",直到你发现,那些假面下都存有一样的真心,而你在他人眼里竟也是这样一个"假面"。于是你变得坦然,信赖这个世界,绽放并鼓励它绽放真诚。你才真的长大,成一个"大人"。

* * *

谦虚的人不会埋怨别人不谦虚,智慧的人不会嘲笑别人不智慧……有些词,当你说出口,你就会没有。

* * *

考古现场,人们发现了一柄剑,经鉴定,它是削铁如泥的宝剑,从铸成之日起就得到最好的保护,插在珠光宝气的剑鞘中,带入主人的坟墓,两千多年从未有任何损害,专家打算用最先进的设备,将这柄削铁如泥、见血封喉的宝剑继续保存两千年……宝剑,哭了。

* * *

阴雨连绵,一座废弃的房子里,一根火柴正躺在发霉的火柴盒里,想起它曾经的恐惧与现在的绝望……

* * *

我们后悔,正是因为我们当时完全有能力不后悔。

* * *

你的现在就是你的未来,你已经做的就是你将做的,你以为你画下的是冒号,其实每一刻它都可能成为你的句号。

* * *

装嫩其实是更令人心酸的服老。

* * *

如果所受的苦难不能凝结成智慧或者美,所受的苦难又是什么呢?徒劳的折磨,一声悲叹。回首人类的往事,战争、动乱、饥荒,一切过境之后,唯有文学、艺术、科学留下来了,作为命运烈火焚烧中人类精神的舍利子,必死的人类掉进深渊前向大地上抛掷的唯一发光体。

* * *

不是"缺乏"把我们的生活置于阴影中,而是"更好"把你全部现有生活置于阴影中。

* * *

个体性是悲剧之源,人只有作为本质,才能体会那坚不可摧的欢欣,就像坐在电影院,看着自己的一切悲欢离合,依然感到的那种欢欣。

* * *

什么是悲剧?边看边演、一再重演的就叫悲剧。

* * *

思想一定要抽象,才有普遍性的力量,过于具体的想法容易成为牢骚;诗歌一定要具体,才有真实性的力量,过于抽象的诗歌容易成为杂耍。

* * *

并不是当你没有的时候你就穷了,而是当你渴望的时候你就穷了。真正富有的词是——热爱。

* * *

网络时代的写作悖论:试图用浮躁的方式传播安宁;营销一种清高;派一群田鼠去播种;让夏日正午的太阳照亮一颗冰激凌……

* * *

在诗中扮演成熟是幼稚的。诗人是人类的青年。荷马与莎士比亚都不曾掩饰人性的弱点、激情与丰富。在死亡把一切带向静止的向心运动中,诗歌是永恒的反向运动:起飞。

* * *

老僧二十年前,初迷写诗时,诗只是偷偷藏在日记本里的孤独、执着与安宁;及至后来,亲见知识,有个入出,知道诗歌是一门技艺,写诗成了不断地学习和练习;而今得个休歇处,依旧写诗只是偷偷藏在日记本里的孤独、执着与安宁。

* * *

2016年11月19日晴:路边一棵杨树,最后几片叶子落下来,和那些曾处于不同高度,有着不同形状、不同品质,好看的难看的,骄傲的谦虚的,聪明的糊涂的叶子落在一起,环卫工人把它们扫到一堆,点了把火,烟灰就向着蓝天高高飘起来……

* * *

一个樵夫爱上了斧子,于是收藏了好多斧子天天在家看;一个渔夫爱上了渔网,于是收藏了好多网天天在家看;一个热爱生活的人爱上了书,于是收藏了好多书天天在家看。

*　*　*

一辈子"搞学术"是荒诞的：人如何思考自己所不曾拥有的生活？一棵樱桃树如果决定一辈子做学术，上帝一定很生气，它首先应该尽情绽放，结果，行有余力，可以研究一下怎么更好地进行光合作用，更好地开花结果，给其他樱桃树分享一点经验，就像苏格拉底和孔丘所做的那样。

*　*　*

我们经常这样：明明很热，却迟迟下不了决心把外套脱掉……有时候，一生就这么过去了。

*　*　*

言语是心灵的症候。及时而精确地表达，你的情感与思想、印象与愿望、努力与遗憾、正直与邪恶……终究都会被人察觉，在时空的远方层层回响。你不会被埋没，不会被隐藏，也不会被美化，像掉在地上的苹果最终蒸发果肉留下种籽，你将在历史中蒸发人格，证明自己是心灵，众所周知且共有的心灵。这就是文学。

*　*　*

人类为了明白一个存在论与认识论真相，相继发明了柏拉图"洞穴"比喻，康德"哥白尼革命"，以及电影院。

*　*　*

一种好的生活，须绝对投入，且绝对旁观。投入才能享受，旁观才能自由。如何可能？就像电影，必须当真，稍不入戏都会影响体验；但又必须不当真，不管荧幕上发生什么，你都不会从电影院逃离。

* * *

有时候,你发现你的成长并不是核桃,柔软的外壳被摧残之后,里面是更坚硬的壳;你更像是洋葱,扒一层老一层,可里面始终是更脆弱而稚嫩的自我。

* * *

我们从不会做错事,我们总是因为觉得正确才去做事。所以,值得警惕的不是"错误",而是"正确"。

* * *

我们以为是出于公心而选择是否宽容,其实我们往往是出于风险和难度而选择是否宽容。所以我们对坏人反而更宽容,对好人反而更苛刻。

* * *

语言是写作的根本……可是别忘了,一个光顾低头看方向盘和油门刹车的人,容易出车祸。

* * *

很多人以为写作资源就在大师的手法中,就像以为,鱼就在善钓者的钓竿中。

* * *

若你只愿接受快乐,你将永不能摆脱痛苦。

* * *

没有对生命本身的追求,追求什么都只是"卖""命"。

* * *

当我回到童年,该怎么面对孩子的我? 当他问我:未来好吗? 那些承诺都实现了吗? 我流过的泪水都被快乐偿还了吗？我好好听话的日子都开花结果了吗？我读过的书真的都成了智慧？

* * *

当我伤害过一次别人之后，我原谅了所有伤害过我的人。

* * *

伪科学试图证明宗教意识和形而上学也可以实证，这是可笑的，他们是更盲目的科学主义，他们不知道：需要就是最有力的证明。

* * *

现代实证主义、分析哲学对形而上学的拒斥正是对形而上学的拯救。对，形而上学不是科学，不是真理，它是人永恒的需要。

* * *

巴门尼德就是赫拉克里特，因为赫拉克里特这枚硬币也不能只有一面。

* * *

最糊涂的不是糊涂，而是故步自封的聪明。

* * *

"童年"只是一种杜撰，你的小孩和你的老人自始至终都住在你的心里。

* * *

一开始被劝酒的人，醉了之后会主动抢酒喝。坐牢久了的人，据说出来之后也会产生怀念。同样地，你对你的生活竟然感到了满意。

* * *

讲求事实的是历史,哲学讲求的是问题。一种历史主义笼罩着当代学术,把哲学变成了哲学史,把研究偷换成了叙事。然而,康德对休谟的引证,尼采对苏格拉底的指控,谁有过严密考证?但皆不影响其阐明自己的问题。若一味求证事实,哪有精力钻研问题?久矣,哲学戴着历史的镣铐已无法起舞。

* * *

科学主义反对宗教?No,科学主义只是反对异教。

* * *

1 尼采有理:柏拉图甚至康德都是懦弱的,他们把这个世界判定为现象(虚假)。但即便存在"真实世界",我们也不能超越到那里去,该观点对我们只能作为感官把握的现象世界就是否定。我们既不能像常人那样把倏忽不定的现象当作真实去计较,也不能像形而上学家宗教家那样试图超越有生之年无法超越的现象界。

* * *

2 但是我们恰恰因此获得了自由,正因为它是现象,可以任由我们塑造各种外观(我们的感觉本身),正是在这个意义,科学就是艺术,科学的使命并不是认识所谓真理,而是干预、塑造现象世界,也就是塑造我们的感觉,我们感觉世界的方式,跟它打交道的形态、结构,在这个意义上,科学的实质就是艺术。

* * *

3 也正是在这个意义上,科学主义也不过是化装过的唯心论,也就是说,经验主义的认识论,实质上也只是唯心主义的一个内部环节,致力于改造我们的感受、感情,以一种更为持久的方式塑造我们的感受,对,科学是一种隐藏得更为巧妙的唯心论。而诗人、艺术家,作为塑造人类感性世界的人,和科学殊途同归。

* * *

艺术并不模拟真实,它模拟的正是虚假,帮我们从"真"的假象中醒来,看到"假象"之真。

* * *

写作者并不需要扩充什么词汇量,只需把隔在词汇量中间的各种障碍物拆掉。比如描写爱情不用玫瑰用煤球,描写死亡不用骷髅用植物油。比如:"你是那年寒冬/我从雪里刨出的最后一筐煤球""我仿佛看见/一片金黄的油菜花/摇曳成我手里这瓶过期植物油。"

* * *

任何东西过度发育都是一种病,包括思想。

* * *

实际上,1大于2。所有一分为二的事物,都渴望重新合二为一。

* * *

说人是动物其实是夸奖,因为到目前为止,我们主要还是植物。(所以,我们追求的都是什么"扎根""稳定""结果"……)

* * *

登山的人都知道轻装上阵,我们却沿路收集各种石头……

* * *

夸别人善良的人主要是自己善良;说世界的美好的人主要是自己内心美好;称别人谦虚的人其实是自己真的谦虚……

* * *

一首好诗,需要背后巨大的力量抛出那几句话,像大海的力量飞溅出来的几朵浪花。

* * *

美,就是你毫无渴望却迎面相撞而恰如其分的。爱,就是当欲望退潮目的消隐却因其自身回旋而飓风般愈演愈烈的。悲剧,就是你试图远离而因此逼近的。

* * *

名望所付出的最惨痛代价就是私人性的剥夺。而后者几乎是幸福的核心。

* * *

在平凡的细节中我们抵达了深邃的人类精神,在细微的震颤中我们聆听到宇宙之声,从个体之间的互相理解,我们确认了自己身上深藏的普遍性,这就是诗,迷人的艺术,奇异的光华。

＊＊＊

衰老并不可怕,可怕的是,没有机会衰老。

＊＊＊

怎么那么多学校和老师都喜欢招高才生,怎么没见过哪个医院哪个医生喜欢收运动健儿的?

＊＊＊

人在春风得意的时候基本都是唯心主义者,一旦生病马上变成唯物主义者。

＊＊＊

同一句话、一个作品,作者是活是死,差别很大。我们更容易赞赏死者,因为他不再能起身和你竞争了,不再以其存在荫翳你的存在,死亡作为一个巨大的负值,可以很大程度上抵消巨大才华带来的正向压迫力,"活"的绝对优势可以抵消才能的劣势,平息活人心中的嫉妒。我们更容易赞赏远方的陌生人,也是同理。

＊＊＊

常说"人是世界的一面镜子",其实,人倾其一生学会做一面镜子就谢天谢地了:镜子在每一件事物上都能看到它的反面。

＊＊＊

科学如何发展,赫拉克利特都将是对的:"世界就是一团火,在一定分寸上燃烧,一定分寸上熄灭。"

＊＊＊

少用成语是健康写作的基本标志。那天天被无数人把玩的东西太光滑了，园门口的石狮子光滑了，财神庙的门槛光滑了，故宫的台阶光滑了……在光滑的事物上容易跌倒，容易失手，容易溜到自己并不想去的地方。

* * *

有一个屡见不鲜的考古事实：雕塑始于神像的塑造。这揭示了一个秘密：艺术就是祭祀、供养，追认那些已逝的美好，把瞬间塑造进永恒，并保佑我们正在展开的每个当下。

* * *

乐观主义是多么悲观——当它时刻提醒自己"保持乐观"。

* * *

在人生的钢丝上，你以为裹足不前是安全的？不，冒险才是安全的。

* * *

学做一个无趣的大人很久了。我们什么时候学做一个小孩：得到时兴奋得尖叫，失去时号啕大哭，转身时悲喜皆忘。

* * *

"为了避免刺痛，抛弃你的玫瑰吧"——这样的人生教条多么伪善。它让我们提前进入永远安全也永无光亮的地狱。

* * *

欲望是美的源泉。我们幸福的狂喜主要源自渴望，而不是拥有。拥有时缺乏渴望，比渴望却不拥有，更令人悲伤。

* * *

喜新厌旧的人,通常是喜欢新里面的旧。守旧的人,往往是体会到了旧里面的新。

* * *

才华就是习惯。当野猪冲过来的时候,要有挖好的坑,加固的笼,随手操起的梭镖。

* * *

愿你的生命不要学什么玫瑰,为春天的绚烂而忍受漫长的枯萎;愿你是蜡烛,自始至终都有同样的火焰,同样的光辉。

* * *

读过的书在自己的论著中最好化为无形,就像好的蔗糖化在水中,变得透明,只是喝起来甜,若还能看到明显的纤维与颗粒,说明消化得还不充分。

* * *

蛀虫在书里面读到了什么?蚊子的日历会是什么样子?当天文学家说话的时候语法学家怎么想——他说:我们今天即将看见的星星其实早已经死去?

* * *

对鱼来说,下雨是什么?是否也有人,从天空上方垂钓飞鸟?同样是开红花,铁锈为何无人欣赏?为什么大树被细菌感染,我们却高兴地称为木耳?

* * *

谁是今天第一个发现星星亮起来的人?我欣赏晚霞的

时候,谁正在看日出?真的只有我一个人,昨天晚上三点四十八分从梦中惊醒?当年发生了什么,让水仙花打败了洋葱头?

* * *

星空为什么不收取门票?地下六千四百公里是哪国领土?美国和中国接壤,对吗?飞鸟在我头顶拉屎,我为什么反而笑了?当我凝视远方的时候,是否也有人正在向我眺望?

* * *

追求完美的人反而得不到完美。因为世界在他眼中日益残缺。

* * *

常说哲学诉诸本质,而艺术重在形式。这是个误解。有谁读一本哲学,只愿得出结论,而不享受其美妙的论述;有谁读一本诗集,只满足于形式,而不期待它蕴含的激情与智慧呢?精彩的内容与精彩的形式是一回事。

* * *

在人文领域,"认识"其实是"具有"。认识一件艺术,必须具有这种艺术;认识一个思想,必须具有这个思想;认识一个道德,必须具有这个道德。如果你还不"具有",说明你还不"认识"。

* * *

日常与平凡的事物才是诗意与哲理的源泉,因为宇宙间长存的正是日常与平凡,而非偶然的奇迹。

* * *

心想事成,这是真的:怕鬼的人,处处看见鬼;怕困难的人,处处遇到困难;怕痛的人,经常感到疼痛;怕吵的人,到哪都发现吵……

* * *

谁能指着大地告诉我,天蓝色是一种什么颜色?人们说压力很大的时候,都是用什么仪器测量的?根据牛顿第三定律,考试没过的时候,试卷是否承受着和我一样的打击?

* * *

蓝色是什么味道?树木在冬天为什么反而脱光衣服?收集小孩的尖叫,可以用来切割钢板吗?我们白天真的比夜晚看见的更多?

* * *

据说太阳并不发光,是因为月亮才发光?物理学家和经济学家到底谁对?一个说物质守恒,一个说物质增长。为什么数学老师说$1+1=2$,当我把一滴水加入另一滴,当我嚼了一颗又一颗糖豆?

* * *

大约是2012年,在一处荒野里,很多驴友扎营了,柴火不好找,天冷风大,点火也困难,我们努力竟然点着了一小堆篝火,就不断有人从远处过来给我们添一两根柴,顺便坐在旁边,于是我们的篝火一夜不灭,而那些冷清的营地,没有任何人给他们送一点点柴去,沉没在黑暗中。

＊＊＊

如果没有灯,谁能证明黑夜里的牛不都是黑色?鱼在空气里,是否算溺亡?萤火虫也能亮瞎某种生物的眼睛吗?根据牛顿,思维若无阻力,会不会也一直做匀速直线运动?当上帝到这深深的天底下看望我们的时候,是不是也得戴氧气罩,穿蛙人衣?

＊＊＊

候鸟是南方人还是北方人?麦哲伦的船队从哪一天起算是返航?万物进化到最后是不是天上海底全是人类?第一只变成人的猴子是谁?

＊＊＊

我不相信进化论,不相信所有世代都只是台阶,一切人都只是渡船,却从没有人到岸。

＊＊＊

我不敢妄议前人,因为身后尚有来者。

＊＊＊

据说,若无空气阻力,我和你会始终以同样的速度堕落?镜子若不遮蔽另一面,如何照亮这一面?送人一枝剪断的玫瑰,真的是祝福吗?

＊＊＊

如果我们不认可别人,获得别人的认可又有什么意义呢?

＊＊＊

算命先生缘何成功?为什么我可以准确预测出每个人

最终的结局,却没有人给我钱?

* * *

蝴蝶见了毛毛虫,该叫它侄子,还是姨妈?我们是不是每小时就该给草履虫过一次生日?水螅吃饭的时候,旁人是不是也应该回避?为什么没有一只蜗牛成功从壳里面爬出来?

* * *

蝙蝠一般几点吃早餐?竹蚜虫如何分辨下霜和下雪?在我出生那一刻,谁正在死去?垃圾工人什么没有碰到过?

* * *

一切哲学难道实质上不都是心理学?宗教、政治、经济、习俗,不都是旧时代的心理诊所?快乐、痛苦、满足、寄托、幸福、安定……人类最关心的这些词不都是心理描述?

* * *

哲学家虽未必是不幸的人,但必不是全然幸福的人。因为很多事情他若要知道,就必须体验。他必定饱受焦虑、困惑、虚无、欲望的折磨,才能成为洞察世事的生存哲学家。

* * *

你拥有过的东西绝不会失去,它继续占有你、左右你、剥夺你,作为曾经的突出物在你未来造成一个又一个的凹陷。

* * *

什么叫深情,欲望满足后的枕窝叫深情。什么叫羞涩,欲望满足前的沙拉叫羞涩。什么叫悲愤?欲望不得满足的空碗叫悲愤。

* * *

真正的阅读,应该化为热量,驱动自我的创造力。如果读完一本书,留在脑海中的只是原来的标题、作者、术语、句子与段落,说明你并不曾读过这本书,就像你夏天吃过的西瓜中的瓜子,它只不过途经你的身体。

* * *

不必鄙视别人的欲望,你顶多欲望与别人不同。

* * *

我追求思想的美妙性,远胜过它的正确性;我从刺痛中体会的真相大白之快感,远胜过唾手可得的慰藉背后延期执行的恐怖。

* * *

活着的人写下的每句话,制作的每件作品,都像是溺毙前的人向上空抛出的物件。

* * *

人并不需要追求那个战战兢兢、皆大欢喜的"对",而是要错得起,错得明白,错得坚决。那犹豫不决,随时认错的,才是真错。

* * *

现代医学的命名力量是可以杀人的,比如"癌症",比如"抑郁症"。它就像精神领域的死刑判决书,这张纸本身的摧毁力量大于它所指称的"疾病"的力量。大多数得到这个判决的人,提前投降了,崩溃了。然而我们忘了,除了人类知识画地为牢的狭窄领域,还有信念、爱,上帝的广阔神秘领域,容我们逃亡。

* * *

哲学是让你淡泊名利吗？不是，哲学只是让你看透名利——如果你一定要抓住一枚金币，请把它的正面和反面一起坦然揣在怀里，别为反面而哭泣。

（2016年）

第三辑

思考就是照彻。

* * *

一粒灰尘一旦意识到自己是一粒灰尘,它就真正变成了人。

* * *

不存在什么"智慧的人"。智慧是一种让人变得透明的东西。看见智慧的地方几乎看不见那个人。甚至你可以从他身上穿过去,像穿过一道门。

* * *

时光并不会停下来等我们做准备。即便坐着,你也已经上路。

* * *

"付出时间"是最糊涂的经济学。付出金钱可能换来金钱,付出时间只能换来没时间。

* * *

"拥有……的一生"是一个自欺欺人的表达式。人并不能站在生活之外,像拥着一个礼盒一样来"拥有"并选择自己的生活。你就是你的一生,你的每句话,每个动作、行为、感受……就是你的一生。

* * *

谁能用怀念过去的态度来善待这个即将成为过去的现在?

* * *

现实主义往往是断章取义的某种理想,理想主义往往是挥之不去的某种现实。

* * *

你如何期待你自己的孩子,就请你如何对待你父母的这个孩子。

* * *

只有光可以带来光,只有幸福可以带来幸福。

* * *

真有一个梦想的时候,人是不会轻易说出,像男孩小心翼翼接近一只鸟窝,不敢呼吸,生怕惊飞了它,直到最后捧在手心,他才发出那声兴奋的尖叫。

* * *

过于强调宽容是狡黠的。你给自己的原则就是你给世界的原则,因为人是以自己为尺丈量这个世界。

* * *

我们热烈相信或激烈反对的,总是不够了解的东西。

* * *

人的内在标志是意志,外在标志是选择。而这两点并非本质,只是描述。描述是后于存在的判断,本质是先于存在的规定。然而人毕竟没有先于自身的规定性,除非上帝来规定。然而我们如何反过来规定上帝对人的规定?

* * *

传统的现实主义是不现实的,它的清晰有序更像是一种对现实的幻想与伪造。相比之下,后现代主义却更是一种现实主义,因为它还原了生活本身的荒诞、随意、卑微、惶恐,令我们清醒、正视。

* * *

真正美的地方,从来不是按我们对美的理想来塑造的,而是塑造你对美的理想。大多时候,美就是意外。

* * *

我们说一个人"有趣",跟说一件东西"有趣"是不一样的。"有趣"的人,首先是自己"有对事物的广泛兴趣"。靠一根木棍、一堆沙子就能玩半天的孩子是有趣的。相反,"无趣"的人,除了少数那几样刺激,其他事物都引不起兴趣。

* * *

很多时候,你热衷于重复做一件事情,只是热爱它所激活的失落的记忆,快乐底下有深埋的绝望。过节,就是招魂。

* * *

真诚并非总是美德。它只有与反思、节制、理想在一起时才是美的。

* * *

我们理解"爱"这个概念,不得不依赖"嘴唇""手臂"的形象,甚至不得不依赖嘴唇和手臂的触觉记忆。我们理解"正确"这个概念,不得不依赖"点头""吃饱""病愈"这样的形象,甚至依赖点头这个动作的肌肉记忆。——从没有什么是真正"抽象"的。

* * *

我们从不曾孤立地理解一个词,我们通过大量关联的词来理解"这个词",毋宁说,我们理解的始终是一种关系,一张焦点一直在游移的网。

* * *

从没有纯粹的思考，正如从没有纯粹的感受。

* * *

概念从来不是我们想象的那么抽象、纯粹。为了理解一个概念，我们必须调集太多直觉与经验，使用联想、回忆与想象。甚至欲望与情感经常也是理解概念的辅助力量。概念即经验。

* * *

休谟以来对因果关系的论争，很多是徒劳的。因果并不是认识的事情，而是实践的事情，因果即效果。

* * *

一块石头的"前面"是哪里？当一个人"心怀世界"，其他人怎么办？在南极周围建立火车站，是不是都得叫"北站"？

* * *

只要我们说话，其实就是在打比喻。只要我们用到两个以上的词，就是用另一物来说明此物。你从来不曾（不能）单独理解"某物"，你面对的始终是一种关系。

* * *

医生科学吗？为什么他说我得了重感冒我却觉得自己轻飘飘的？一个一米八个子的人，和一个一米六个子的人说"感情深"，是一样深吗？"有文化"和"有土豆"是不是一样的"有"？

* * *

迄今为止,诗依然是魔法,是春药,是浮士德博士为了返老还童跟魔鬼签订的字据,一道将人救出技术、理论与利润统治的抽象王国的咒语,让万物重新发芽的南风。

* * *

我们时代的一个进步,就是学会了区分法律与道德,不再必然从道德上谴责一个犯法的人,也不必然要求法律惩罚一个违背我们道德原则的人。

* * *

美感从来不是非功利的,它恰恰是功利的高潮。美感更像是一种征兆,它的出现昭示着我们的功利关系得以(暂时)安顿,于是我们可以安心注视那非功利的一切。

* * *

难得的,以其难令我们沮丧;易得的,以其容易令我们沮丧。

* * *

当我时常从一个精辟论证中感到恋爱般的沉醉,从一首击中人心的抒情中获得理智上的疏通,我就深知:把"诗"和"思"分开终究只是分解动作,最终是需要跳出一场无缝对接的生命之舞。

* * *

维特根斯坦在《逻辑哲学论》中对"可说"与"不可说"的论断,忽略了语言并不只是指向"事实"的命题,言说本身也是一种行动,有心理与物理作用力,它起源于巫术与咒语,诉诸作用,不期待对话与"真值"。

* * *

综合巴门尼德和伊壁鸠鲁的逻辑:只要你活着,你就是永恒的;若你死了,你也是永恒的;恰恰你没有机会既活着又死去,你体会不到"由生入死"这回事,因为死去的正是"体会"本身。你所担心的始终是多余的。

* * *

以"痕迹"和"经验"论,"时间"是存在的。一个在世间留下诸多痕迹,在自己身上积累了诸多经验的人,在生命展开的每一刻中都携带着更多的"过去"(亦即"未来"),来荣耀当下的瞬间。到最后,你若能在每一秒中折叠进无限的丰富性,可以说:你就实现了永恒。

* * *

"思想家"是错误的表述。思想长存于天地间,没有人可以私有为"家"。一切思考都是发现。思想者的真实身份是地质学家、矿冶工人、耕作土地的农夫。

* * *

滑雪与写作:看上去行云流水,其实此前经历了漫长的练习;那随心所欲的惊艳转体与腾跳,背后是几百次笨拙的分解动作;那一开始就试图展示帅气与痛快的人,自始至终都摔得很惨,始终都是门外汉;只有那默默忍受单调的人,最后赢得了控制、灵巧、自如与潇洒。

* * *

除非"具有",没有任何东西称得上"领悟"。

*　*　*

所谓"抽象",其实就是遥远;所谓"晦涩",其实就是陌生;所谓"理解",其实就是抵达。

*　*　*

人追求利益是没问题的,问题在于,我们大多时候倾其一生也没弄清楚"利益"在哪里。这就是经济学抛弃哲学妈妈之后带来的恶果。

*　*　*

很多人以为写作的高明之处在于发明一个奇异的比喻,殊不知真正的奇迹在于赋予一句普通的话以喻义。"横看成岭侧成峰""天寒红叶稀""春江水暖鸭先知"皆为此类。

*　*　*

有些梦想并不是用来实现的,它始终保持为梦想,就是为了让现实有所仰望,治疗那低头的病。

*　*　*

"玩物丧志"。如果你投入大量精力做一件无辐射、无产出、终结于自身的事情,比如打牌、养花、玩宠物……你的生活就沦为无限循环小数。由此,"为艺术而艺术"是个美丽的误会,只在对抗急功近利时有效。艺术之为艺术,就在于它终究为生活各方面带来辐射、门窗、通道、燃油。

*　*　*

人其实是一种"在场动物",他采取的是一种"肉身思维"模式。他的肉身在哪里,他就以那里为中心,吸收信息,思考问题,确立信念,做出规划。当他离开那里,这一切又抛在脑后,在立足之地建立新的在场思维。因此,回乡的人与返城的人,各有其信誓旦旦,各有其不思其反。

* * *

如何确定一个描述是关于事实的描述？比如:如何检测"这是一个苹果"与面前这个苹果之间的同一性？显然,一句话(一个命题)和一个苹果之间没有任何相似之处,没有办法比较。那么,"这是一个苹果"这句话如何可能传达出事实上这个苹果呢？命题与事实之间通约(且不说同一)只有一种可能:造成同一心像。(补充:"心像"依然过于独断。"这是一个苹果"这句话并不具有脱离语境的指称效力,它是参与一个指称活动的要素,语句和语境共同构成"表意"。)

* * *

很多东西,并不是你会用,你就明白。对于我们所支配的这个躯体,尚有无限黑暗的因素是我们自己一无所知的。同样,对于我们日常支配的语言,我们对它的各种器官、基因、原理也几乎一无所知。(当然,因此也可以说:很多东西,并不一定要明白,才会用。)

* * *

对于像"1"这样一种在世界任何地方都找不到对象的符号,我们竟然能明白它的意思。这是怎么实现的？

* * *

逻辑学是建立在两个令人绝望的前提之上:① 人们相信"真";② 人们会按"真"去行事。

*　*　*

说话并不是说"话"(以"话"为宾语),同样,表达我并不是表达"我"(以"我"为主语)。

*　*　*

在逻辑上自我指涉会带来悖谬。事实上也是。一个自我膨胀的人,处处意识到"自我",就像镜子面对镜子,呈现的只有无穷的空洞。殊不知:镜子正是通过隐藏自我,成全了镜中万物,实现了自我。

*　*　*

到"生活之外"去寻找"生活的意义",是一个典型的集合论悖论。从没有人抵达过"生活之外",你只能活着考虑问题。你全部的活动范围是"生活",它本身必须(只能)是一切的意义。

*　*　*

严格的理解,是一个无穷后退的过程,即扩建集合来弥补子集合自身的不完备。但实际中我们并不需要这样做。当我们说"理解",往往是指我们领会的信息足以采取一个有效行动,达到指定目的。

*　*　*

定义证明任何一个词实质上是一个(隐藏的)句子,任何句子实质上是一种关系。因此,所谓事物,其实只是关系。所谓"原子事实"只是虚构,剥开关系之后并无剩余。

*　*　*

房间里有一只老鼠,只要有人观察(含仪器),它就彻底消失,没有痕迹。请问,如何证明它存在?

* * *

直到学外语我们才发现:除非能用语言解决日常生活中的现实问题,不能说一个人掌握了语言。

* * *

词是容易理解的,句子却是神秘的。为什么不同的词组合起来可以造就"意义"？意义在句子之外,还是句子本身？"桌子"和"杯子"都好理解,但"桌子上有一个杯子"是怎么实现的？或许,句子其实都是祈使句。一个命题有意义,在于描述的是一种操作的可能。真正的潜台词是"你可以从桌子上拿走一个杯子"。

* * *

维特根斯坦给我们的启迪在于,有些东西是无法通过言说来抵达的。你可以说服别人相信一个命题、公式、定理,但你难以说服别人产生爱、信仰、美感。对后者的辩论是种浪费与不敬。

* * *

我们经常指望运气。殊不知"运气"是不必也不能指望的,我们不能把生命托付给偶然,只有必然性(可控性)值得我们努力。

* * *

所谓真实,其实就是紧紧抓住我们的感觉。如果"思想""概念""意义""爱"能紧紧抓住我们的感觉,那么它们就如同泥土一般真实。

* * *

任何论证都需要前提。前提的合法性取自直观。所以，再严密的逻辑，离开敏锐的直观也只是空中楼阁。

* * *

生命中的美、友谊、快乐、爱，一旦过去，就无法证明其存在，它们必须一再被重新创造出来，才能支撑生命的信念与充实。

* * *

一切痛苦都源自那个"我"，我（有限）与世界（无限）的对抗。所以，要超越痛苦，要么放下我，要么放下世界。前者是宗教与哲学的态度，后者是诗歌与艺术的态度。那既放不下"我"也放不下"世界"的，只好在名利的苦海中沉浮。

* * *

所谓"品质"，其实就是一种获得快乐的能力。唯有人心中的真诚、善良、豁达、友爱……能赢得油然的快乐。

* * *

我们的一切努力无非是想获得一句"此生足矣"。然而，纵观王侯将相，能发出这一感慨的人，并不多于远在江湖之上的人。

* * *

滑雪与写作（二）：① 专注，全程必须保持高度专注，如果你失足，一定是因为走神；② 控制，必须始终对速度、弯度、方向保持绝对控制力，即便在最自由飞翔的时候，你依然能感觉到控制力的存在，失控是危险的；③ 美观，动作标准、成功、精控的时候,你能感觉到一种美感,凡需要勉力的地方都是丑陋的。

* * *

讨论问题,最好严格地"就事论事",保持问题的同一性与精确度。过多的联想、引论、概括、比喻,会把讨论铺展到一个扁平涣散状态,没有焦点,没有深度。过后也没有收获,没有提升。

* * *

符号形式上的一致性,丝毫不意味着符号本身的一致性。我们很容易理解:"花钱"的"花"和"玫瑰花"的"花",二者根本不是同一个符号;我们也不难理解:"鲜花"的"花"和"纸花"的"花",二者所指也有巨大差异;但我们是否想过:"玫瑰花"与"西蓝花",甚至"茉莉花"与"水仙花"也很难通约?

* * *

实际上,我们从来没有体验过"一件事",我们体验到的始终是"一系列事件"。比如:我们从未见到过一朵独立的"红花"——我们无法离开"蓝""绿"来理解"红",也无法离开"叶""果"来理解"花",我们看到"一朵红花",实际上看到的是一个有临时焦点的庞大系统。

* * *

我们再怎样假设"另一个世界",其实也只是在同一个世界的视域中来假设"两个世界",我们终究不能超出自身的世界。对"来世""彼岸"的争执始终是无意义的。

*　*　*

那些称"人类至今没有超越轴心时代","一本《老子》什么都说尽了","半部《论语》治天下"之类的话的人,就一个字:懒。只想拣字数少的看,还要强调"一句顶一万句"。他们相信:喝下这杯水,一辈子就不用喝其他水了。

*　*　*

好诗不会直白地"抒情",而让万物替我抒情。"细柳新蒲为谁绿","丛菊两开他日泪"妙在"无人",却字字抒情。

*　*　*

好诗从来不是纯粹的"物诗",物象总要译出人情。"木末芙蓉花,山中发红萼。涧户寂无人,纷纷开且落"——是一首"无人"的诗吗?否!人恰恰通过"无人"二字出场了。"无人"恰恰是更深的"有人",去此二字,是真无人矣,味同嚼蜡。"空山不见人""野渡无人舟自横"皆类此。

*　*　*

每次撑到恶心,才领悟:最后贪恋的那几口夺走了此前所有美味。果断放弃,才是珍惜。古之谓"知止"。

*　*　*

在各种事情上(劳作、交友、喝茶……)人如果能倾注于当下,不总是另有所图,那么,他立即就能感受到真实而安心的美。

*　*　*

再不要给艺术什么解释了,给它注入你的热血吧,给它旋风、涡流、沙尘暴,不要给它什么"合理性",给它无理吧,给它疯狂。

* * *

试图超越朝生暮死、流变不居世界的愿望,其病不止在虚妄,更在于误判,它高估了流变。世界并没有我们想象的那么"多变",千百年来人类的基本欲望、情感、思想、悲喜几乎都没变过。那充盈我们当下的"转瞬即逝"的时光其实一直保持着它"转瞬即逝"的充盈。无需超越,只需拥抱。拥抱变化就是拥抱永恒。

* * *

形式主义美学的不周全,不仅在于:我们实际的艺术创作与欣赏是与广阔的生活经验纠缠在一起的,不可也不应两分;而且在于:纯粹形式的力量之所以存在,正是因为形式通过联想、抽象与同构,联通着背后看不见的生活经验。

* * *

实用主义是最大的理想主义。不实用的东西一定不理想;不理想的东西一定不实用。我们从来没有流行过真正的实用主义,我们流行的是"凑合用"主义。

* * *

一把漂亮却不中用的锄头,马上会引起农民坚定的嘲笑;一句漂亮却空洞的句子,却可以引起广大文艺青年的崇拜。

* * *

表达有多精确,思想就有多深刻。反之亦然。过于粗糙的表达,背后总是过于肤浅的思想。因为,思想和语言从来都不是两个东西。

* * *

别怪时间不肯停留,其实是你不肯停留。

* * *

我们错在追求"意义",忘了问题的要害其实是"意义感"。有时候你什么都没做却有意义感,有时候你四处奔忙却丧失了意义感。意义感,就是时间暂停感、充实感,它并不总是通过达到目的而实现,更多地通过目的消泯而实现——一场痛快淋漓的篮球,一场无所顾忌的恋爱,对一朵云的无端凝望,都可以。

* * *

"自由""平等""博爱"——这并不是什么价值观,而是一种认识论。它指出:唯有普遍有效的,超越有限性的,是值得追求的。

* * *

人并不值得把自己所知道的传递给别人,而要把自己所得到的传递给别人。你并不能赠送你并未真正拥有的东西。

* * *

读那些过时的诗歌你会发现,写作所要做的一切努力,都是扩充词汇,从"玫瑰""春天""自由"……以及仓促的比喻和空洞的形容中脱身。但你的词汇并不在字典中,它们在田野里,城中村,集贸市场,它们在你充分的爱与痛,遭际的各种弯道,实施的各种意欲之中……

＊　＊　＊

　　真正的智慧是不署名的，它渴望"盗版"，渴望丧失可辨认的界限，渗透到每个人心中，变成他们真正拥有的质地、力量、芳香与光。

　　＊　＊　＊

　　诗并非"点石成金"，相反，诗人把作为一般等价物的黄金转换成有光泽质地可以触摸安坐盖房子铺路的石材。

　　＊　＊　＊

　　"风格"是个误导的概念。真正有意义的是"现实"。李白和杜甫并不能解释为两种"风格"，李白不能选择做杜甫，反之亦然。后人也不能选择"李白的风格"还是"杜甫的风格"。李杜各自写出的无非是自己的性格与命运。不存在什么"飘逸"或"沉郁"。每个成功的诗人各自写出他所置身的现实。

　　＊　＊　＊

　　让人丧失力量的是劳累吗？不，是休息。

　　＊　＊　＊

　　尼采说：人只需要一种道德，太多道德等于没有道德。如果让我选择只持有一种道德，我会选择"专注"。若能专注，就不会有心思去嫉妒、怨恨、傲慢、算计、诋毁、奉承、欺骗……若能专注，就容易感到充实、满足、快乐、自信、坦然……

　　＊　＊　＊

　　中文的某些通假现象可以帮助我们理解语义，比如古文"思"通"似"，如何理解所谓"A与B相似"呢？其实就是"看到 A 就想起(思)B",故曰"似","叔身思狡兔""绵绵思远道"皆此类。

* * *

为什么追求具体？如果不写具体，你的情感思想力量无法落实到语言工具上，不能真正传递那种力量。这是技艺上的考虑，但也是生活上的追求——我们想回到具体。我们这个时代太抽象，我们活得越来越空洞。生活也渴望变得更具体、丰满、充盈。这时诗歌道德和人生道德就合二为一了，写诗也是在反观或锤炼自身。

* * *

感受只有依托一个外物，才能有形状，就像水，随着容器而拥有形状，但容器无法决定水的质地。

* * *

文学，艺术……有些繁荣，其实是更大的贫乏。看看长满荒草的良田就知道了。

* * *

很多事情加个后缀就会更清楚。我们所谓的"现实"往往是"现实感"；我们所谓的"美"往往是"美感"……我们是以"感"来反推它前面的事物：带来"现实感"的，我们称为"现实"；带来"美感"的，我们称为"美"……这种推理难免导致守株待兔。守着"现实"却再不能给你"现实感"，守着"美"却不再有美感。

* * *

如果你达到任何一个目标之前都是惴惴不安的，那么，即便你有幸达到这个目标,离真正的目标依然十万八千里。因为,下一个目标还会出现,你还会继续惴惴不安。这四个字将成为你一生的总结。

* * *

什么都想做好是做不好事情的第二大原因。而什么都能做好,则是做不好事情的第一大原因。这一点,用过"万用止痛膏"的人都懂得。

* * *

一整天,忍着不去做自己想做的事,逼自己做应该做的事,最后其实都做了些既不想做也不该做的事——无所事事。

* * *

我们总以为普及性的作品可以水平差一点,其实,正因为是普及性的,需要用最好的作品。就好比,对肠胃好的人可以用三成熟,对肠胃一般的人,最好是十成熟。

* * *

我们总以为好日子在后头,其实,很可能最好的日子已经过去,很可能最好的日子就是今天。

* * *

不要说什么把生命献给思想,不如让思想片片燃烧,从灰烬中飞出生命的五彩凤凰。

* * *

想平静?逆水的鲑鱼,悬停的蜜蜂,大风中的鹰,通过持续向上运动保持平静。

* * *

是什么历经战乱而不休？是什么在欲望、地震、洪水的折磨下反而更坚固？是什么在无常大地上流亡分裂却依然牵系四海的心？是语言。从烈火灰烬中一再飞起的凤凰，就是语言。一个民族的发达终究是语言的发达。我们现代汉语的高精尖制造业在哪里？

* * *

应当承认，生命是在挣扎中攫取光亮的，你不能以想象中那个日不落的仙岛来据斥这个在明暗之间惝恍的现实，终有一天你会明白：美在于摇曳，动荡，沉落又破晓的热力，窗帘缝隙那道狭窄却汹涌的光。

* * *

我们经常对"诗人""艺术家"的所作所为感到愤恨，是源于对语言的误解。要知道，在同一个词背后，可能存在两个世界，一个指饭碗，一个指理想。

* * *

在生命漫长的冬天，我们一再探身俯向人类的经典，从而证明了它们是火。

* * *

我们吃菠菜，吃南瓜，吃牛肉……我们用一切非人的事物做人。（嗯，我们不吃人。）然而你却要我们读书而写书，读诗而写诗？

* * *

在当代，诗歌更像是诗人之间的事，学问更像是学者之间的事。可是，骡子与骡子之间繁殖不出后代。诗必须是雨水与炭火、雷电与冰雹、石头与鲜花杂交的产物！

* * *

一个做饭的人，厨房里也许有鱼有肉有土豆……但不必有"饭"。一个做诗的人呢？

* * *

写诗对我来说始终（必须）保持为秘而不宣的活动，就像血液，始终在看不见的皮肤底下，推动生命的热忱与活力，一旦公开做"诗人"或做诗，就好像血液突破皮肤的封锁让人看见，带来的恐怕并不是光明，而是诗歌生命的衰竭。

* * *

我们之所以总觉得别人的生活都是轻松的，是因为叙事这个活动本身是轻松的，一本书里改朝换代的重量，比不过一只蚊子叮你的痛。

* * *

诗人、艺术家并非什么居高临下的高贵存在，相反，他很可能是替大多数人在卑微中挣扎，从缝隙中撬出那道遍及万物的光。

* * *

在尚未动笔写一首诗的时候，胸中要有至少五种对该诗的审问，当通过三种，就可以动笔了。

* * *

你不能总是期待你的才华自燃，有时候，你需要另一根蜡烛，一本书，一首诗，借给你火。

* * *

都来听音乐吧,音乐是无时间的,它从不腐烂,不会皱缩,但它又是时间性的,不停流淌,美妙迭出——这难道不就是你梦寐以求的自我?

* * *

护肤品与驻颜术是人类不幸的象征,夸父追落日的神话,掩耳盗取的是一种更无路可逃的绝望。什么时候人安于衰老了,才可以说Ta开始幸福了。

* * *

写作是一件很神奇的事情。你把一件事物尽其所能写贴切、写生动,它的寓意就会自动呈现,不待你去赋予。如果它还停留在"就事论事",是因为你还不够"就事论事"。

* * *

我们的安慰更多地来自一个更悲惨的人陪着你哭,而不是一个更乐观的人带着你笑。我们情愿四处给别人挖坑来产生高大感,也不愿去爬一座高山。

* * *

尊敬和喜爱都不能治愈孤独,唯有理解。

* * *

诗不是为了赢得点赞,更不是诗人之间的礼尚往来。一张琴的幸福,不是悬挂在昂贵的价签与似是而非的仰望中,它渴望被弹响,在不同的手中奇迹般变化出不同的乐音,仿佛它已不在。

* * *

我们经常会说:某某简直是超人,那么忙,还读那么多书,写那么多东西。其实这是个误解,不是能者多劳,而是劳者多能。一个有事做、有价值感的人,就像打了鸡血,会焕发出一般时没有的能量,同步提升很多事情的效率。反之,一个赋闲在家的人,貌似有大把时间可以读书写作,往往效率极低,碌碌无为。

* * *

随着年龄增长,谁赢回了真实、真挚,谁就赢回了岁月;谁在人前和人后同一种心态举止,谁就真正走向了成熟;谁每天回家,不必卸下内心的各种首饰、粉底、紧身衣,谁就是有福之人。

* * *

终究还是康德的逻辑站得住脚:只有具有普遍有效性的原则才是值得推广的行动原则。比如"出人头地"就是一个教育伪命题,如果每个人都实现这个原则,那么这个原则将不得实现。"各得其所"才是真正的教育目标。

* * *

貌似是对话,大多时候,其实只是独白。

* * *

真正的善良首先是尊重他人的意志,任何罔顾他人意愿的"善良"都是伪善,包装华丽的自私自负与残忍。

* * *

洒脱从来没有定则,否则反是执着。辞职,出家,住深山,穿汉服,酗烈酒……其于洒脱者也远矣!洒脱就是大胆追求,痛快尽情。张季鹰洒脱,无非是做个坦荡的吃货,陪着厨艺高强的老妈妈,尽情享受莼菜羹,鲈鱼脍,若非自得其乐,何异欺世盗名。

* * *

"述而不作",夫子用意深矣,以他人之名"述"之,则自我名誉心隐退,专注于实;一己之私隐,而公道之心彰,今之为学者,可不慎乎!

* * *

只赞扬不批评,貌似给力,其实是捧杀(自己以及对方的声誉)。物极必反,媚俗与乡愿者慎之。以稀为贵,曲己迎人者思之。

* * *

话一说出口,就不是我的了。

* * *

真正的美德都源自:自得其乐。

* * *

不光街道上有乞讨,凡是不正面通过创造价值进行等价交换,而是试图通过放低姿态,谦卑奉承,让渡个人尊严、观点、立场,以此换取认可、接受甚至奖赏的,实质上都是乞讨。

* * *

"文章憎命达",这一憎字,尤为犀利。非但命穷者读之痛切,命达者读之益痛,千古文人求三不朽,得名利而失文章,岂非生如蟪蚁?盖胸中才气,如山中之泉,必得一出口而泄之,或泄于名利,或泄于文章,泄于左则乏于右,泄于右则乏于左,此物理人情之常。有志于文者,可不慎乎?

* * *

满足[释义]:任凭你上一顿山珍海味,解决不了下一顿的饥饿。

* * *

一个人爬得再高,如果没抵达心的高度,就都是低的,因为实际上,你的人就等于你的心。

* * *

我们衷心仰慕的,其实是那内心笃定的人。世间没有比波澜不惊的人格更高贵的存在。纵坐拥天下,患得患失,亦不过小人而已。

* * *

即使发现人心中再多猥琐的角落,也应该毫不犹豫地倡导并追求崇高。若我们连猥琐都能宽容,为什么谈起崇高却那么羞耻呢?!

* * *

那个始终如一发自内心保持自信的人,像神奇的天使,竟能用自信本身散发的魅力改变别人对 Ta 的判断。

* * *

"现实"这个概念在现代语境中成为笼罩生活的一种骗局,一种异化的资本与权力逻辑。其实,人真心向往的才是现实,不让你遗憾的才是现实。反之,扼制你的向往,增添你的遗憾的一切,都是虚构与谎言而已。

* * *

所有需求其实都是情感需求。凡能让你激动不已的,最终都是能让你平静的力量。

* * *

才华是什么呢?其实并不存在如手艺一般可以随时操控的才华。才华就是情感强度。一瞬间整个生命体被强烈的情感拧成一股绳,榨出里面全部感受力、判断力、思想深度,来照亮这一瞬间的存在,并把这些光储存在某种容器(作品)中。——这就(才)是才华。

* * *

当才华枯竭,我就意识到有两种语言:一种用来记录,一种用来创造。面对同一事物,才华枯竭的时候只剩下第一种语言,写出来的文字机械、冷淡,像拼凑的肢体缺乏浑然的灵魂;创造的语言灵动、准确,直接而独特,用文字本身的美妙还原经验的美妙。艺术是无法客观再现世界之美的,除非它本身具备那种美。

* * *

我又坐在九年前写《深处》的那个地方,森林包围着的草地。一切亘古如斯,就好像除了我随着岁月走了九年,其他一切依然如旧。可难道不是这样吗?对于这个洪荒宇宙,从来没有多过什么,少过什么,没有什么真的变过,变过的只是我们的内心,我们用记忆铺就一条虚构的时间之路,用来折磨自己的每一个当下。

* * *

看到河对岸耸立一棵金黄的树;小路铺着柏油,比这边的砂石路更精致;宽阔草地上投下斑驳树影,比河这边更缤纷,我想从桥上过去,突然意识到:对岸的好不正是在这边所看到的吗?走过去就再看不到那棵树高大金黄的全貌,感受不到草地的宽阔与缤纷,一切诱惑会因为接近而消失……于是我决定留下,保持眺望。

* * *

"我多喜欢被放肆拥抱时的骄傲"——想想那时,心中有多少期待。成长意味着什么?意味着幻灭、平息,变得安全却麻木,我早预感到:有一天我变得不再容易被世界伤害,一定会变得更加荒诞、无趣。安全感是一种悖论,没有的时候渴望,可是当你得到了,你失去的更多。伴随着痛苦离去,更多希望和托付也都离去。

* * *

独坐在空无一人的阅览室,才发现安静不是绝对,会有空气交换机的声音;电脑自动重启的声音;甚至架上书本偶尔也会抖一下,仿佛有生命;地毯轻轻回弹发出类似脚步抬起的声音,让你以为角落藏着人……是的,并没有人,但在察觉不到的维度,世界在永恒运转,赫拉克利特的河即便在深邃地窖也围绕着你流淌。

* * *

安静并不是没有声音,甚至不是没有噪声。我在机场出关的时候感到了安静。我看着那些检查员,排队的人群,推来推去的行李,地勤车辆……仿佛看着消音的电影镜头。我内心被一种深沉的情绪占据,空气中熟悉的清洁剂味道抓住了我,这种气味芯片中储存了太多记忆,以至于我什么都听不见,陷入一个时空隧道。

* * *

看了亨利·马蒂斯和皮耶·勃纳尔的合展。深感马蒂斯更坚定、明确,勇敢而强烈。勃纳尔则更温和、中庸、调匀。于是,前者反而有更持久的感染力;后者则显得犹疑、黯淡,令人疲倦。完美是艺术的宿敌。你一定是通过不完美、缺陷,甚至残疾,抵达了属于艺术自身的完美。

* * *

窗外在下雨,一树银杏在雨中干枯。即便在潮湿地区,树叶也会在秋天脱水,多么残酷,滂沱的大雨丝毫也不能让水分进入一片枯叶……有些心灵也是这样。

* * *

我若无其事地下车,走进校园,若无其事地看着宽阔的草地和大橡树,仿佛从未离开。然而我深知,面前只是一张保持原形的网,重要的早已从网眼流走,不会有隔壁室友从拐角处迎面走来;不会有人招呼我去踢球;不会有一杯啤酒一根烤肠等着我……保持原状的世界,密布着一个又一个窟窿,一切早已流走殆尽。

* * *

语言从来不是我们这个世界的"反映",而是前提。就像房屋、道路、衣服从来都不是这个宇宙中"已经存在"的某物的反映,而是人类生活的构建。语言也就是我们为自己建造的房屋、道路和衣服。

* * *

一个道歉必须被说出来才有效。甚至不在乎是否对应什么"事实":一个人再真心感到抱歉,只要不说出口,也等于没有道歉;只要说了"对不起",哪怕不是真心的,大家也都承认履行了道歉行为。从这个断面可看出语言本身不可替代的力量——言说就是行动。

* * *

健身顾问、我和鹦鹉都说"早上好"。但我们说的是完全不同的语言。健身顾问说的是"早上好健身";我说的是"一个有教养的人在上午第一次遇到他人时应该问候(不管早不早,好不好)";鹦鹉说的是"再赏我一条蚯蚓吧"。

* * *

有时候我们只是说了一些话,人与人的关系重新变得融洽;有时候我们只是说了一些话,人与人就反目为仇甚至大打出手。虽然这些话根本不必也不会在生活中有什么对应的事实或行为,但它仅凭自身就改变了一切。

* * *

为什么读书能让人提升?读书实际上就是读一本独特的语言建筑。新的语言拓展了你生活的边界。只能停留在狭隘语言体系中的人大多也是狭隘的。

* * *

我们的咒语和祝语其实是很超前的语言学。他们深知语言往往走在生活的前面,世界是语言构造的产物,你相信、你念叨的,果然就会发生。因为不管发生什么,你都只能用你的语言去描述、去解释、去编排、去安放——在你可以理解的限度内,你的语言可触及之外的任何维度对于你都是茫茫黑暗而已。

* * *

语言的真正"不同",并不是诸如中文、英文、日文这种不同,这些只是符号系统的形式不同而已,实质上,语言是观念,可交流性是衡量语言差异的真正标准。两个中国人之间如果无法相互沟通和理解,那么,他们之间的语言差异可能比一个中国人和一个俄国人的差异还要大。

* * *

我们经常会假设自己多少岁了会怎样。其实人既不能想象自己的未来,甚至也不能想象自己的过去。你只能处于你当前年龄的心态、经验、格调和情绪中,一切想象都染上当前的色彩,都是它的变奏与叙事。就像孩子设想"我长大了要成为……",这样的话语并无真正所指,更无所许诺,它只是儿童本身的表征。

* * *

孤独时刻人总喜欢回忆。这暴露了一个事实:人的自我其实就是他的回忆。你"沉入自我",就是"沉入记忆"。否则你还能去哪? 设想一个失忆的人,他在哪里? 他是谁?

* * *

不管表面上有多少理由和证据,人其实是从自己的立场来厘定价值标准,"立场"——立足之地,即此生已经发生的一切的总和,即那盲目而无序的命运涌动过后的痕迹,这个痕迹成为未来筹划的真正依据。由此看来,属性建基于偶性,理性的驱动是混沌。

* * *

人若能进入别人的眼睛来看自己,一定会目瞪口呆地看到:自己有多么微不足道。

* * *

看着大街小巷穿行的人们,感到在哪里人们都在活着而已,生活的剧场上演再多可歌可泣,也都是各自心知肚明,没有谁的戏被欣赏,被歌颂,被流传,存在就是存在,不是你在文学虚构的时空中飘飘然代入的那种永恒、高远、伟大、独一无二。

* * *

我决定放弃饱览更多秋色,在河边这棵金色杨树前坐下来,凝视它每片叶子飘落的轨迹,河水面波光的闪烁不定,地面层层落叶的金黄、暗红、灰褐、土黄……一只白天鹅随水漂来,两只野鸭同频飞过……走马观花其实是丧失,充分感受才是真正拥有。

* * *

庸俗(Kitsch)是什么? 其实,庸俗丝毫不是内容反映世俗生活,暴露欲望,或刺激感官。庸俗是极度不真诚,比如:描写自己根本未曾经历的事物,渲染自己根本没有感觉的情感,宣扬连自己都不相信的道理,由此产生的任何作品都是庸俗的。商业和专制逻辑要对庸俗负责任,因为它大规模炮制虚情假意。

* * *

只是简单地凝视一棵树,也会带来巨大的充满感。也许这就是一种禅定。观看并不是空虚而徒劳的,观看是一种具有极大丰富性、参与度和创造力的实践活动。只是,我们是否有足够魄力与专注去凝视,耐心等待平凡中的奇迹,而不是走马观花。

* * *

人在不同心境下,写不出同样的话,甚至不能下同样的判断。文字若要"指向"某物,必须也同时"携带"某物。认识是如此脆弱(远不如我们想象的那么超然而恒久),甚至只是轻微感冒或者晚上没睡好,对事物的认识也会发生巨变。表面上也许只是一个字一标点的差异,背后却是截然不同的情调、角度和洞察力。

* * *

爱或者美,当我们无法感受的时候,立即就无法理解了。更确切一点说,当我们不再"具有"爱或者美,就再也无法理解它们了——哪怕它们在面前证据确凿。

* * *

如果你真的意识到并且承认:这世界缺了我一点关系都没有。那么,有多少悲伤、操心、焦虑、疲惫会一扫而空,有多少野猪般的快乐会汹涌而至。

＊　＊　＊

数数有多少时候,我们把自己的懦弱与懒惰偷换成"责任感",来保留在现状中。

＊　＊　＊

"一切都是艺术"——这种盛行一时的说法是狡猾的。没有人会觉得我们有责任以"开阔的视野"去宣扬"一切都是奶酪"——为什么一切必须是艺术呢？文化是建立在"区别性"的活动之上的。任凭你如何机智与包容,区分才是认识的基本功能和责任所在。我们要勇敢地指出:孩子,不要啃,盘子真的不是奶酪。

＊　＊　＊

欣赏落叶有种奇异的残忍。你在欣赏一种越来越少的东西,你正因为它越来越少而欣赏,然而你又希望一直欣赏下去,一种归于虚无的运动你却希望一直有,你拥抱的正是那种即将失去,你因一种痛感而喜悦……

＊　＊　＊

美从来不是陈腐之物,因为陈腐之物从来都不美。烂大街的维纳斯雕像并不是因为美而变得陈腐,恰好是因为陈腐而失去了美。美不是持久的承诺,美甚至是背叛、震惊。今天,就在人流穿梭的必经之路,所有人都不约而同停下脚步,朝同一个方向拍照,因为光、气流和云彩让一切变得异常。你可以说,美就是惊异。

＊　＊　＊

我每天都去看望各种各样的树木,大多数都叫不出名字。可我又何必知道它们的门纲目科属种呢？充分看着它们就够了。它们在我眼中展示说不清的缤纷色彩，伸展难言的姿势，暗示不同程度的荣枯与疏密，它们带给我的丰富性远远超过一个名称、一种分类。有时我们的知识需要退场，事物的美才向我们打开。

* * *

表达并不简单分为"表达手段"和"表达内容"，"表达手段"本身也是有表达内容的。比如我们有时不说话只是做一个表情，不管什么表情，"做表情"本身是有所指的。选择什么样的表达方式，很多时候已经表明了我们的态度甚至观点。写信或者打电话，并不能诉说完全相同的内容——哪怕一字不差。

* * *

一般是：你谈论什么，你就已经承认了它；所以很多问题不在于肯定还是否定，而在于谈论还是置之不理。

* * *

一个试图以未曾打动自己的作品去打动读者的人，形同于一个揣着假钞买东西的人。

* * *

对于艺术，"知道"什么终归是无力的，我们必须"感到"什么，更确切地讲，我们必须在欣赏或创作活动中"具有"什么。在这个意义上，艺术活动是不折不扣的伦理活动。

* * *

任何一个哪怕有一刻真正被文学艺术打动过的人，都知道:艺术的魅力在于准确而锋利地击中了你的某个人性层面,激活了你隐秘的欢乐或者痛楚,让你在对象化的自我照见中卸下了某种心理包袱,感受到被陪伴和拥抱的温暖——而绝不是什么高大上的趣味提升了你所谓"有文化修养"的精英意识。

* * *

宣扬独立的艺术价值只是掩盖艺术无能的遮羞布。为什么不能坦然承认,审美(艺术)需求也是人类的自然需求呢?人需要艺术就像需要吃饭、睡觉、做爱一样,是基本欲望,甚至综合了其他所有欲望,以其丰富而细腻的反光始终照耀我们深深浅浅、里里外外的人性。这才是艺术的持久魅力所在。

* * *

那些整天喝鸡汤的人,都是身体很差的人,甚至越喝越差。因为,重要的是锻炼身体。也就是说,重要的不是金玉良言,而是培养反思能力。

* * *

为什么我们总是失望?因为我们忘了事情总是向着反面发展:一种美时间久了就自动变成丑,一种爱时间久了就自动变成恨,一种富有时间久了就自动变成乏味……当世界都在变而你不变的时候,变得最多的其实是你。

* * *

文艺重要的是一个"趣"字,今天被称作"美学"的东西历史上很长时间被称作"趣味"理论——要保持味觉的敏感与新鲜,不要掉入陈腐的观念(不管多么高大上)。开餐馆的都懂一个美学道理:爱吃才会赢。

* * *

在你果真感受到美的那一刹,你会发现关于美的讨论是多么肤浅,甚至艺术(诗歌)也是肤浅的,相对于新鲜蓬勃在当下这一瞬间的美感,它们都只是嚼过的甘蔗留下的渣滓罢了。

* * *

不知道我们有多少快感是痛感带来的。当你如愿以偿果真不再轻易感到离别之痛、孤独之痛、渴望之痛、流年之痛……你就会发现:你离快乐已经多么遥远。

* * *

一切思考,只有在被抛弃的过程中,才具备有用性。一条河的价值就在于不断抛弃自己。

* * *

当我开口,我离真意已远。水平不流。一切流露,都是失衡的表现。

* * *

"智老愈多"几乎是个谎言,智慧有时比颜色老得更快。身体和心灵至少一样重要吧,但竟然没人担心心灵的衰老。没见有卖"心灵去皱膏""心灵保湿霜""心灵维他滋养液"的,也没有哪里开"健心房"。

* * *

高尔吉亚的疑问依然有效:语言既然不与世间任何事物

相似,那么它是如何实现传达的,我们如何通过迥异的事物去传达同样的东西?答案也许只有反过来理解:我们认为非语言的事物,也许并没有我们想象的那样"非语言"。数字技术让我们越来越意识到:很多"物质性"其实只不过是可翻译、编码、复现的语言。

* * *

语言很多时候只是症状(Symptom),而非指谓。典型如"我的天"——并没有任何实指,既不指称所有关系(我的)也不指称对象(天),而是某种情绪的症状。问题是,有多少貌似丰富的语言也不过是症状? 有时,一场悠久的对话只不过是"我喜欢你"的症状,一部长篇大论也许只是"孤独"的症状。

* * *

活下去的我们大都在不顾一切地追逐利益,然而却总是那些不计利害的行为支撑了我们活下去的底气。

* * *

过去大半个世纪,我们的哲学已经开始思考:我们的精神在很大程度上是身体性的。接下来有待思考的是:我们的身体在什么程度上是精神性的?

* * *

我们是否想到,当我们已经接受甚至习惯用经济学的、社会学的、历史学的、心理学的方式去分析艺术的时候,也应该尝试着用艺术的角度去分析经济活动、社会活动、历史现象和心理问题?

* * *

新艺术窍门:如何大量复制一种艺术的不可复制性?如何利用一种反市场的模式让艺术品尽快赢得市场?如何以其"不被承认"而获得承认?如何利用"反大众趣味"而受到大众追捧?

* * *

新艺术悖论:反经典的前卫艺术被日益经典化了,反媚俗艺术的泛滥让反媚俗艺术变得越来越媚俗。

* * *

如果我沉浸在小说、哲学或音乐中,不会因为别的,只是因为那一刻体会到了极致的全身性欢愉,一种良好的哲学令各部分神经末梢丝般柔顺。

* * *

当我们失去生活的美满,就只能求助于所谓"纯粹的智性欢愉"。因为我们失去了"自在",只能求助于比较价值。我们需要"告诉"自己自己是好的快乐的,因为我们再难"感到"良好与快乐。为什么我们笃信知识主义?因为真正快乐的人都嗨去了,剩下一堆不幸的人在讨论价值,发出喧哗,让人以为世界本如此。

* * *

现代人似乎被"纯粹"意识洗脑,一种被数学"纯粹性"典范所鼓舞的科学主义宗教悄悄建立,今天我们倾向于相信任何领域都有无关其他领域的"纯粹性",分工在经济学上的巨大成功让现代人陷入狂热"分工教"崇拜。我们忘了三次数学危机的教育:再高大上的工具也只是工具,服务于作为整体的人类生活世界。

* * *

我们不能理解彼此,这是好理解的。我们竟能够相互理解,这却是一个谜。

* * *

思考并不是柏拉图式的向上超升,也不是寻求答案,思考不如说是向下挖掘和疏通的工作,有如蚯蚓对土地所做的那种事情。

* * *

把一天变长的秘诀:做不同的事情。有时候,越坚持做一件事情,越是连一件事情都做不好;短时间内做很多事情,反而胜任。因为你需要的正是"切换"所带来的活力,而不是"单调"所积累的无力感。

* * *

精神自信的人都只是有一种相对自信;身体自信才带给人绝对自信。——不是指文化性的身体美丑,而是生理性的身体胜任。

* * *

运动完了之后人会有一种迷之自信。跟激素什么的并没有关系,而是身体展现的胜任与灵巧带来的自信。然后这种身体性的自信会感染接下来的文化性社会性活动。这也许才是希腊人的奥林匹克精神所在?

*　*　*

干净,其实就是勤奋。内在的勤奋,展现为外在的干净。懒惰必定对应着肮脏。那诱人向下的力必定拖累所有行动。

*　*　*

曾经把人从宗教和形而上学之下解放出来的科技,已经呈现出奴役人的迹象。一切一劳永逸的乌托邦理想都会走向它的反面。人类的解放注定是一场永无止境的在否定间平衡的过程,自行车、陀螺……停在任何一点上都将倒塌。

*　*　*

复制技术对艺术也不都是坏事。音乐因为可复制,而变成了和小说一样可以在适合的心情、天气、地方、钟点中随意进入的想象世界。反过来,设想一下必须在固定时间和上千人一起在大厅共同读一本小说。

*　*　*

总是因为担心荒废时间,而把时间荒废在担心中。

*　*　*

大多能力问题,其实是心理问题。不是做不到,而是做不到去做。

*　*　*

只有在纯粹的孤寂中,人生命的真正造诣才显现出来。你才知道:在"我"这个主词下面,真正配得上的谓词是什么。很多你以为自己已经具有的属性(品质),在孤寂中都纷纷脱落,你就知道原来它们只不过是一种特殊社会关系、生活方式带来的外挂。

* * *

还是诡辩派那个老问题:掉下来的第几粒谷子算一堆?这是离散与连续的矛盾问题,也是传统物本体论的难题——世上的物并不像传统设想的那样,具有边界清晰的广延,不可入性,并列在空间中等我们认识;不如说是康德先验视角所提醒的:我们总有办法,把混沌看成彼此分离的各种质与量,否则我们无法理解。

* * *

新时代的悖论:我们沉浸在一种无法沉浸的状态中。

* * *

在充满涣散的信息化日常中,任何一种专注,哪怕是专注于堕落,也显出一种崇高。

* * *

包豪斯的革命是深刻的:形式应该直接就是功能。它揭露了诸如巴洛克建筑形式与功能两分的幻象。但不如说,在巴洛克和哥特式那里,形式部分地脱离建筑本身的功能,但实现了别的功能(荣耀、崇拜、慑服)。在这一点上,巴洛克、哥特、包豪斯竟然又是一致的。但包豪斯带来了清醒。美与善不可能是两个东西。

* * *

如果苏格拉底真的站在我们面前,我们很可能并不满意,不承认他就是真正的"苏格拉底"。这时候我们就会遭遇形而上学的"真"与现象学的"真"之间的冲突。在实际生活中,这两种"真"经常打架,所以我们经常会说"人心变了""我几乎不敢相信你是这样的人""回不去的故乡"之类。

* * *

柏拉图难道不是一个现象学家？当他说，桌子的图画只是对现实中的桌子的呈现（模仿），而现实中的桌子同理也只是对桌子理念的呈现（模仿），因而并不拥有比图画更多的实在性。现在我们只需要把理念理解为最高意志的"光照"，就完成了一个可称之为"神学现象学"的图式。

* * *

哲学对诗的鄙视是大可不必的，好像哲学语言比诗歌语言更天然精确。其实诗歌语言更是语言的本色。当哲学不得不说"观点"(Ansicht，view)，"角度"(Gesicht，angle)，乃至"理型"(词根ιδεῖν——看)，它已经不自觉地在利用形象来说明抽象，也就是说，它在写诗。

* * *

康德的确是把柏拉图们、笛卡尔们和休谟们、贝克莱们做了一个巧妙的综合，是的，我们所能"知道"的只是现象，我们自己就是我们"知道"的边界；但也不必绝望，我们不是只能去"知道"世界，我们还能"作为"世界去存在，通过"作为"我们抵达比"知道"更深的地方。

* * *

多少哲学问题只不过是时间尺度问题。柏拉图用太阳来比喻那个永恒的理念，恩培多克勒们认为土、水、火、气四种"基本元素"构成了世界，德谟克利特们进一步发明了"原子"，其实，这些"持存"的"本体"，也不过是持续时间更长的

"瞬逝"罢了,实体和现象之间的差别,原来只是亿万年和一秒钟的差别。

* * *

接维特根斯坦:当我指着一张照片说"这是张三",没有人有权纠正我说"这只是张三的影像"。对知觉而言,我从照片上看到张三是完全正确的。但我们还可以进一步:我们对着张三本人说"这是张三",实际上并不比前一个例子具有更多真理性。

* * *

我们习惯认为一棵真正的树比一棵塑料的树更本真,前者"是"树,后者只是"呈现"树。然而,单从分子层面来看,前者也就不"是"树了,变成和后者一样,只是呈现为"树"这个形式,只不过这种呈现更稳定持久。这个迷住人类两千多年的"是"字,其实就是"呈现",所有谓词、属性,都是"印象"而已。

* * *

维纳斯雕像的状况:一方面,它不再是大理石了;另一方面,它也并不是维纳斯。它是雕像,但又不允许跟其他雕像混淆。它是维纳斯雕像,更准确地说,它向我们呈现维纳斯。只有在这种呈现中,它的存在才是本真的、贴切的。以此为一个范例,任何"事物"都是一个雕像,它们的存在由呈现方式来确定。

* * *

事物在多大程度上只不过是图像?"椅子"是木头向我

们展现的图像——一个塑料或者钢铁也可以向我们展现图像。然而,"木头"自身很多时候也只是图像,仔细看我们发现原来它是塑料或三合板。图像就是"事物向我们呈现不是它自身的样子",然而"事物自身的样子"是什么?

* * *

艺术与其说为我们制造幻想,不如说为我们还原世界作为幻想的真相。没人会追问维纳斯雕像作为大理石的真相,我们安心于维纳斯雕像作为维纳斯雕像本身。这让我们明白有意义的世界并不是"事物本身",而是它对我们呈现的样子。当我们称赞一块大理石原石洁白和细腻,我们同样不追问其碳酸盐、结晶、分子式。

* * *

流行文化的问题不在于流行,而在于为了流行所采取的符号化策略,使作品偏离具体可感,沦为概念。比如流行歌曲里惯用概念化的"玫瑰",没有耐心去呈现玫瑰独特的面貌;惯用概念化的"爱",少见对爱的实际刻画;惯用"痛苦"这个词,而少见具体症状的呈现。这是诗与非诗、艺术与非艺术之间的一个差异。

* * *

所谓内外之分只是一种权宜的设定。"未被揭示的内在"只是子虚乌有,被揭示的"内在"已然是外在。剥开一层洋葱,看到的依然是另一层"外表"。站在你对面的那个人,并不具有"未曾显露的本质",只有你尚未来得及看见的众多"显露"。存在从不隐藏自己,它是其所是。所见即所得,未得只是未见而已。

* * *

正是在逻辑受阻的地方,诞生了艺术。维纳斯雕像既不是 A,也不是－A(既不是大理石,也不是非大理石;既不是维纳斯,也不是非维纳斯)。这是不可能的,但这是现实的。

* * *

悖论是一种裂缝,在人类自以为客观、严谨的工具理性(逻辑)运行的过程中出现,提醒人类注意"认为"和"作为"之间永不能重合的事实,以及置身事外的客观化、对象化冲动在存在论上的不可能性,知觉与体验有可能胜过知识的地方,艺术作为存在之真的启示。

* * *

我们不应该把比喻归为"修辞"。贴切的比喻是一种深层次的"写实",揭示的是经验之间本来就有的相通之处。只有失败的比喻让我们意识到是在故意"比附"。同样,"通感"也不是什么"修辞",它是直观经验本来就有的无暇区分的完整性,通感在诗歌中的运用与其说是"修辞"不如说是"还原"。

* * *

游戏是可能的。我们下棋,并不需要对应世界上的任何东西,但它有意义,有言说,有基本词汇,有语法,对,它是语言。翻过来,语言也是下棋,语言这盘棋也不需要对应"世界上"任何东西,相反,它构造了世界。所以,"世界"并不需要对应一个世界,世界就是人类的一盘棋。

* * *

20世纪的贡献,在于发现了语言的本体地位。至今为止,"常识"依然认为:语言和世界是两个东西。讽刺的是:那个被声称是"语言之外"的"世界",依然要靠语言去描述与指称。"蝶与庄周必有分矣"?此之谓:"能指的游戏。"

* * *

你并不能理解"我很痛苦"这句话的意思——如果你不能分有哪怕一点点这种痛苦。

* * *

很多时候,"知道"必须是"感到",甚至是"受到"。

* * *

同一个词,发生在别人和发生在自己身上,含义是不同的。单纯发生在别人身上只是"传言",在自己身上起作用才是"事实"。比如"灾难""不幸""病"……

* * *

一个人(社群)如果不把自我批判放在一切批判的前面,任何事情都归咎于一个"他(们)",那么,进步是永无希望的。

* * *

遁世与关心,多情与义愤,逍遥与投身,有时候会是一回事,想想拜伦、艾吕雅、阿拉贡、洛尔迦、聂鲁达……

* * *

始终是活着的人在说话,没有一个死去的人回来发言。所以我们的感觉上,仿佛大家都是不死的存在。活着的人活着,哪怕一秒,也像永恒那样活着。"无"无法给我们提供存在的证明，所以任何时候放眼望去，全都是"有"——如同一张挡住巨大空洞的电影幕布，上面安顿着我们薄如蝉翼的骄傲与信心。

* * *

当一个本来服务于人的东西开始主张自身独立，异化就开始出现了。现代学术就是这种东西。

* * *

人一旦生病或者痛苦，就会发现，所谓"我快乐过""我健康过""我度过了幸福的一生"一点用都没有，你无法用曾经一百年的快乐来抵偿此刻哪怕一秒钟的痛苦。你永远没法说"够了"。你无法囤积快乐资本。在生命的商场，你永远是一个血本无归的投资者。每个当下都是孤零零的片段，抛掷在互不相干的悲喜中。

* * *

想象力是道德的基础，也就是设身处地、感同身受的能力。这种意义上，诗就是伦理。

* * *

只有痛苦知道痛苦，爱知道爱，艰难知道艰难，渴望知道渴望，喜悦知道喜悦，无常知道无常……

* * *

内行总是谈细节，外行总是谈总体。后者是高瞻远瞩吗？非也，从外面和远处，所见的只有总体。

* * *

思想和文学艺术并没有本质区别。一种思想必须通过一种独特的写作呈现出来。一本书的结论替代不了对一本书的阅读。写一本书，就是为某个意义的站立提供足够的语境。一切脱离语境的判断只不过是空洞的幻影，也是绝大多数谬误的来源。

* * *

节日往往并非纪念，而是遗忘，对非节日时光的大面积遗忘——用一天的郑重敷衍所有其他日子的潦草，这正是你不幸的根由。活着的每一天都该当作节日来度过。

* * *

如果你心目中的好日子总是在过去或者未来，那么，你的悲剧并不是失去了什么，而是从未拥有过什么。

* * *

人不是在难能可贵的事情上见出品质，反而是在轻易的事情上见出品质。那些最没有外在压力，最不需要计算成本，完全考验自我意志与操持的行为，才是一个人的底色，比如小动作，跟亲友闲谈的用语，从自己屋子向外观看的眼神……

* * *

思想的腐朽首先是语言的腐朽，对陈词滥调的不假思索地接受和使用，就是甘心吞下肮脏霉变的食物，并不断释放有害物质和气体。语言上的不洁、懒惰、从众和不检点，直接撕开了生活全面的不洁、懒惰、从众和不检点。

(2017 年)

第四辑

正如身体的最高道德是健康,思想的最高道德也是健康。谁也会羡慕肢端肥大的身体呢?而你却羡慕肢端肥大的思想?

* * *

爱根本不是什么感情,而是我们渴望得到的最高评价。

* * *

用过地图定位的人都知道,你得知道自己不在哪,才能知道自己在哪。你不在的地方围绕着你,构成你的位置。这就是为何当我们想要探索一个问题,需要知道别人怎么想这个问题,就是说,要读书,了解问题史,尊重集体智慧。否则你只是尚未下载地图数据时茫然中的一个孤点,既不能给自己,也不能给他人带来参照。

* * *

人对社会最大的义务就是让自己尽快、尽量开心,这样,你才能真正变得无公害,有贡献,不嫉恨,不偏狭,不虚假,不恶毒。

* * *

哲学、文学、艺术人群的自杀式坚持,就在于忽略了人是身体性存在。身体性的"嗨"会反哺你的精神,反之,会釜底抽薪。所以,可悲的精神工作者眼睁睁看着庸俗的暴发户精力旺盛,游刃有余;自己则拖延症晚期,恶性循环,陷入各种无能之中无法自拔。

* * *

尽管我们不愿承认,事实上,我们正是因为过于珍惜而浪费了时间,我们为了抱紧未来反而抱紧了悔恨,我们瘫痪在守财奴的绝望中,丧失了荷尔蒙,看见的永远是病树前头万木春,我们是一辆为了赶时间而拼命踩油门却顾不上加油的车,釜底抽薪失耗尽了原动力。

* * *

纵观一生,大家看上去都差不多。只是那个乐观豁达的人,更像是令人羡慕的胜利者。

* * *

我们总指望着得到"世界"的肯定、赞许、支持。但"世界"是由谁构成的呢?还不是纷纷由你我这些脆弱、糊涂、怀疑、无力的人构成的。

* * *

想象力是一种道德能力,因为它是设身处地、推己及人的能力;想象力是一种认识能力,因为它是举一反三、推陈出新的能力;想象力也是一种实践能力,因为它是围魏救赵、绕开马其诺防线的能力。

* * *

不是因为你的世界值得悲观,于是你悲观了;而是,当你悲观,你的世界就的确是值得悲观的。

* * *

很多人对哲学(史)有一种困惑:人生有一种明确的答案就好了,为什么冒出那么多五花八门的思考,有什么意义?这就等于问:我只需要把右臂那一块肱二头肌锻炼得鼓鼓的就好了,为什么要用那么多五花八门的器械,把全身的肌肉都练一遍呢?

* * *

我们很多人一半潜能被无法安慰的自卑给毁了,另一半潜能被无法放弃的骄傲给毁了。我们喜欢归咎于智商、出身或者命运,其实给我们致命一击的是心态——自卑与骄傲,奇妙地合二为一,让我们完全迈不开脚步。

* * *

刘姥姥绝不是什么喜剧形象,而是个严肃的形象。荀子所谓"骐骥一跃,不能十步;驽马十驾,功在不舍"的人,也是那个"笑到最后,笑得最好"的人,一个贫而不贱的人,踏实,本分,知道自己的限度,却能"十九年而刀刃若新发于硎"的人。站在宁荣二府所有轰轰烈烈的对面,手无缚鸡却能救人于"巧"。

* * *

"心比天高,身为下贱",我们的悲剧就在于,闻过一点书香,就再不肯承认自己是晴雯,当晴雯无法接受自己是晴雯,那就等于否定了自己的存在,等待她的就只有消亡。

* * *

那些"再也不会有"的东西,就让它错过好了。恐惧、贪婪、占有正是丧失。正如暴走式的旅行让你丧失了和一个地方彻底拥抱的机会,周游世界的人错失了这个世界。真正的拥有是一种深沉富足的心情。只要你足够珍视,一朵花中可以有一个世界;但对于走马观花的心,整个世界连一朵花都没有。

* * *

开始是寂静的空气,固体状灰云仿佛亘古以来就层叠在上空,突然一阵狂风扑进这片虚幻的和平,冰冷雨滴随风而来,不是飘洒,而是鞭打着大地,铺天盖地的直线,越来越白,越来越白,最后爆成大朵雪花,在半空急刹车,一切仿佛停下来,向上飘飞,仿佛大地又要回到天空……突然,远处的房屋树木被金光照亮。

* * *

良好的生活总是呈现出一种幽默感。幽默感是把一切重溶解为轻的能力,是放下、释然、自由,在手却不沾手,穿过却不挂住。幽默迥异于搞笑,搞笑是做作的,因而是苦涩的。幽默是各种美德的集体成就,是由内而外的通透、优游、美丽。

* * *

任何选择都伴随着代价,当我们太在意代价的时候,可怕的并不是最终承担了代价,而是根本放弃了选择。

* * *

为什么要读历史、读传记、读小说？有时候只为了明白:那些你所羡慕的人,承受着不比你少的苦难。

* * *

欢乐的人总觉得全世界和我一样欢乐。苦难的人总觉得全世界只有我一个人苦难。

* * *

我们总以为:什么样的世界造就什么样的立场;其实是:

什么样的立场造就什么样的世界。所以，善良的人总觉得世界都好善良，因为他身边聚集了很多同频的人；反过来，如果你觉得世界处处都存着恶意，很可能因为你自身就携带着恶意。

* * *

世间事物似乎都遵循这种力学：在接近彼此的时候感到一种引力场，并且越接近，接近的速度就越快，以至于它们都以为彼此会永远分不开，终于，二者撞在一起了，立即，伴随着剧烈的疼痛，彼此以更快的速度弹开、逃离，进入互不相干的另一场随机。

* * *

"欺骗"还是"误判"？我们总听到人们这样抱怨："工作不是我想象的""爱情不是我想象""你和我想的不一样"……当我们把"认识"和"世界"之间的不一致归咎于世界，我们就埋怨受到了"欺骗"；然而，若把这种不一致归于"认识"，那就是"误判"而已。

* * *

那些离别的眼泪证明，我们曾经是并且知道自己处在幸福之中，如果可以留在美丽家乡和美丽年华，和他们一起度过一生，你原本不必走向未来。但生活的河水本身在流走，让你连静止也变成最大的远离。于是你刻舟，你掩耳，你死守着早已空无一人的记忆。

* * *

人心中有许多埋藏的渴望，当满足某一种，其他就会出来抗议,声音大到你渐渐听不到满足的声音。空虚、失落、悔恨又会占据你的心灵。天堂也会变成荒漠。

* * *

实现超脱,不必禁欲,不必放弃追求,不必非此即彼,只需把"的"换成"地"。不求"美丽的",只求"美丽地";不求"聪明的",只求"聪明地";不求"富足的",只求"富足地";不求"成功的",只求"成功地"……因为,生命不是一个名词,而是一个动词,而且是瞬间动词。

* * *

将来时和虚拟语气是人类文明虚假的发明,在原始部落应该没有这两种语法,真正有效的语言就是现在时和命令式(祈使)。因为,大多数事情,现在不发生,一般永远就不会发生了。

* * *

有些话说出来才灵,比如"我爱你";有些话说出来就不灵了,比如"负责任";有些话不说出来时是第一人称,说出来就成了第二人称,比如"要做个好人"。

* * *

"事"也许会消耗你的部分力气和脑筋,但"没事"可以消耗掉你的精力、睡眠、食欲、兴趣、希望、代谢能力、求生本能……几乎一切。

* * *

情绪塑造思想。人在一种神圣安宁的情绪中,很难产生邪恶的念头;在一种焦躁恼怒的情绪中,很难产生良善的念头。所以世界需要遍布教堂、寺庙、神殿、美术馆、音乐厅……以压倒性的体积、质量、光感、气味、声音,日常性激发良善情绪。

* * *

如果严肃真的是严肃,还是可以理解的;然而,人类的一切终究也不过是儿戏。只不过,小时候把儿戏当作儿戏,所以开心;大了把儿戏当作真理,所以造孽。

* * *

中年之油腻,其实主要是价值观的蜕变,从用"美""好玩"来判断人/事,到用"成功""有利"来判断人/事。你以为中年人变宽广了,其实是变狡猾了。别以为只有身体会衰老,价值观也会。

* * *

与其把到了一定年龄活得"圆融""深沉""有利"看成一种"成功",不如看成一种"失败",一种生命光彩、质地、力度、美感的全面丧失。

* * *

平凡:河里静止的鱼,空中静止的鸟,其实每一秒都在用力。

* * *

生活中并没有那么多东西值得"不错过"。你不愿错过的东西太多,结果错过了自己的生活。

* * *

艺术从来不是消遣。不如说是把我们对自己的期许,提前在艺术品和艺术家身上实现。艺术是生活的试验场。艺术是微型政治,而政治的目标则是一个大型艺术。

* * *

"胸怀大志"的人有一个通病,就是时间久了,会产生眩晕症,把这"大志"本身看作成就。反不如"胸无大志"的人,能一砖一瓦地变现出很多实体来。有才华的人也一样,以为才华本身就是骄傲,一再耽误资产变现,直到被岁月套牢。

* * *

少年坐在沙发上,喝着啤酒,读武侠小说,听摇滚,感到热血沸腾,不甘寂寞,拍案而起,想要仗剑走天涯。他忘了,正是沙发的软、啤酒的醉、小说的迷幻、电声的刺激,成全了"仗剑走天涯"的迷人所必需的荷尔蒙。一句话,迷人的不是远方,是此时的体感。

* * *

失眠的人才明白:原来"困"是多么幸福的事情。哪怕不得充分满足的困。只要还能困,还能饿,还能渴,还有欠缺与欲望,生命就还在涌动,就还会有甘甜与狂喜在等待着你。

* * *

开心是最大的道德。不管和谁相处多长时间,让自己和对方都开心,是最大的道德。但这恰是个高难度动作,需要太多艺术、智慧和修养。

* * *

语言就是一种配方。当你吃到一种酱,但并不能猜到成分,这时候你需要知道它的名字,然后顺着这个名字,知道更多名词量词和动词,直到最后你终于做出了这种酱。语言就是配方,成全类似的"做"。

* * *

认识就是区分。区分,是认识的阿尔法和欧米伽。找出差异性,是一切知识进化的方向,也是任何"相似性"和"关系"赖以建立的前提。动不动就谈论"混沌""整体""普遍联系""非常道",是思维裹着奥特曼的外衣始终在童年徘徊的根由。

* * *

人真正值得成熟的是思考和行动的能力,真正应该保持天真的是情感与感受的能力。很多时候我们混淆了二者,要么在思考和行动上变成了无能的巨婴,要么在情感与感受上变成了迟钝、冷漠、无趣的老朽。

* * *

我们从来不是用钟表来衡量自己的时间,决定性的其实是时间感。决定时间感的因素有很多,足够的专注,做爱做的事,和有意思的人相处,充分的室外活动,细致的观察力,处理复杂事务的能力,对美与变化的敏感……都能延长你的时间感,反之,便觉时光虚掷,日月如梭。

* * *

人总是用已经体验的岁月来丈量剩下的岁月,所以,年纪越轻,越觉人生无限;年纪越大,越觉时间在加速。因为你的分母越来越大,分子却越来越小了。

* * *

人本真的状态出现在极度的孤寂中,那时刻有冰凌般刺骨透明的清醒,裸露出的全是那幸福快乐的糖衣覆盖下无条件的绝望与空虚,和一股股似乎来自远古的阵痛。

* * *

"他人""人们"是自我虚构的对立物,从无一人承认自己是他们,也无人体验到自己是他们,你喊出这个词,无人会举手答应。所谓"人群中的孤独"其实是"一群孤独中的孤独",所谓"和别人相处"其实是"和另外的自我相处"。

* * *

当新一天的阳光绝对地闯进屋子最深角落,你伸出的手臂感受到绝对的炽热,眼睛被点亮,内心很多东西被莫名治愈,对生命又生出许多灿烂的遐想。你就知道,生命需要的往往不是"有理",不是"具备",而是这样的"绝对"。

* * *

折腾守恒定律:手脚折腾时,内心就比较安宁;手脚安宁时,内心就比较折腾。

* * *

我们以为错怪别人是因为不够了解别人,其实,我们错怪别人是因为不够了解自己。

* * *

古代画家为了画雪的白,就把周围涂黑一些;如果我不把过去和未来的日子画得那么亮,是否今天就会更快乐一些?

* * *

按照亚里士多德的研究,空间是被均匀填满的,每一个凸起都对应一个凹陷,每一个移动都对应着一种排挤,每一处笑声都对应着看不见的某处哭泣……

* * *

你总以为自己的问题在于"没做好",其实你的问题在于根本就"没做"。

* * *

诗和爱一样,不说破的时候,声音反而最大。

* * *

当你放任你的生命于偶然之手,你有时就能看到必然的亮光。它与你在果园、大湖、白云间的漫游相关,它与假以诗歌之名的精神之泉相关,它与你对智慧的信仰和不断追求相关,它与冬天无边的大雪、夏日深沉的湖水相关,它与一切孤独寂静的出神相关,它与你的煎熬、隐忍、建筑直到最后的坦然相关……

* * *

真正的诗(艺术)必然同时"是",并且"说"。它首先是"美",并且说着"美";它本身是恐怖,然后说着恐怖;它本身是辛酸,所以说出辛酸。它想要指出的,它自身必须具有。所以中国传统没有职业诗人,这是深刻的,陶潜、王维、杜甫、李白、苏轼、辛弃疾……他们用肉身写诗,又用诗来行走。

* * *

但诗的"是",同时又必须是"说"。纯粹的具有是野蛮的。纯粹的心酸、纯粹的恐怖,甚至纯粹的美,都是野蛮的,是一种占有与囚禁。艺术却始终是一双可以同时旁观自己的眼睛。

* * *

做一个给予者,远胜于做一个空空的容器,瞪着空洞的贪婪窥视着这个世界,那只会让一切离得更远;做一个给予者,向内开采出深处的源泉,涌流与赠予从不会让一座山枯竭,反而鸟语花香会充满你,云朵和雨露都会在这里筑巢。

* * *

诗不是"美"学,而是残酷;诗不是高尚,而是赤诚。它不耻于说"饥来驱我去,不知竟何之";也不避讳"野果充粮粮,卑枝成屋椽";纵乐时直呼"何不秉烛游";贪心时劝人"先据要路津";自负就说"赋料扬雄敌,诗看子建亲";落魄时也不讳言"窃效贡公喜,难甘原宪贫"……

* * *

如果质料实质上就是被命名为质料的各种形式,那么,对形式的欣赏根本上是对质料的欣赏。形式主义将因为对质料的忽视而枯竭其形式。

* * *

审美从来不是非功利的,审美就是最大的功利,并且兼容所有功利。

* * *

一种艺术必然同时是所有艺术。(对,音乐就是建筑,诗歌就是绘画,雕塑就是小说,舞蹈就是书法……)

* * *

樱花是一种需要孤独面对才为你盛放、战栗、飘零的花,唤起你的冥想、沉醉、共振,生命内在的哀而不伤。在很热闹的时候,樱花就不存在了。是的,假日人头攒动的公园中樱花是不存在的。

* * *

世界只在凝望中存在,匆忙是多少细碎的死亡。

* * *

有些树只有开了花你才意识到它是什么树,有些人只有结了果你才意识到它是什么花。

* * *

总有人问我,为什么你的观点总是左一下右一下,没有标准答案?我的回答有两种:① 就像撑起一个生存空间(帐篷或者房子),你总得左一下右一下,前一下后一下,才够宽敞、豁达、明亮;② 思考是大地的蚯蚓,朝各个方向穿透,带给大地永不板结的繁殖力。

* * *

欣赏从来不是静观,而是行动。欣赏是对世界的高度介入状态。因为世界就是生活世界。欣赏的时候,我们充分地在。

* * *

建筑是一切艺术的终极隐喻——让我们生活在里面。

* * *

任何艺术实质上都是具体的,如果这里的具体是指一种极其精致而逼真的体验的唤起或重生。

* * *

任何艺术实质上都是抽象的。它从不是让你看到别的什么，而是让你看到它本身——艺术。

* * *

伤害我们自尊心的罪魁祸首，很多时候就是自尊心本身，它的过度膨胀，让我们无法动弹，变得无能。

* * *

任何一种生活形态都可能遭遇意外、灾祸、疾病，所以偶然的幸运无法安顿生命。战战兢兢活到寿终正寝，是令人绝望的成功。如何可能，即便受到所有偶然性的侵袭，即便致命的打击瞬间降临，我们的生命依然是成功而完整的？——心灵，只有与万化同一的心灵超然于所有偶然性之上，免于怜悯与侥幸。

* * *

当人们把小便池带到博物馆里，其实就已经把博物馆带到小便池那里了。前卫艺术与其说拓展了艺术，不如说拓展了生活。

* * *

亚里士多德是锐利的：一个只了解眼睛的人，无法对眼睛做手术，他必须对全身都有了解。同样，当我们谈论幸福，我们需要跑到离幸福很远的地方，谈论起德性、认识、存在、本体、语言……一个人如果不是一个系统的思考者，那他还不能真正思考任何一个特殊的问题。

* * *

尽管两千多年来很多问题都已经被人们思考过了，我们还是期待活生生的人重新来思考它们，这让我们感到思想是活着的,它就在我们体内,一条河流经世世代代的河床,它并不在过去也不在未来,它就在这里,与我们同在,是我们自己的质地与光华。

* * *

谨慎最糟糕的地方就是:谨慎所维护的本身就是没有光彩的谨慎生活。

* * *

"风景"始终是一种隐喻,因为你看到的,总归是你的心象。"思想"也是一种隐喻,那一时间明白的,总归是一道风景。

* * *

那些躁动而落空的夏天,悲伤的热焰,那因不可得而自我螺旋成飓风或教堂的爱意,轻度禁欲时代茁壮的想象,被拒绝在拥抱的狂喜之外的人意外获赠的月光、孤寂与诗行,酒瓶子里喝不完的青春,向后拽住的弓轻轻哼唱的力度美学……

* * *

任何东西,如果只是凸显自身,就还不是它自身。比如,智慧如果只是显得智慧,那就还不是智慧;诗看上去特别像一首诗,那就还不成其为一首诗;德行如果显得是德行,那就还不是真正的德行。任何一个"是",都首先是一扇门,一条路。

* * *

"为何暂住还要养花?"

"因为一生无非是暂住,暂住叠加成一生。此时的质地,即此生的质地。"

* * *

笑是理解的后果,哭则是不理解的后果。我们不会对自己不理解的故事发笑,也不会对自己理解的事情哭泣。所以,笑和哭并不是同为两种"情绪",相反,笑是理智的体现,哭才是理智受阻后的情绪流露。

* * *

如果说有什么"知行合一",它一定不是什么类似诚实、守信一类的道德命令;不管是用"知"去要求"行"(在苏格拉底那里)还是用"行"去要求"知"(在王阳明那里)都是偏颇的;现代语言学的启迪是,真正的"知"本身就是作为行动来发挥作用的,要明白一个句子,我们必须联系一个行动,甚至发出一个行动。

* * *

知识就是对无知的认识。这不是什么谦逊,这是必然。知识在于区分。但我们只能借助有限的概念进行区分,在我们尚未掌握恰当概念工具的领域,我们只能把自己设定为无知。也就是说,当你真正认识到支持并环绕你的那堵墙,你就应当同时充分意识到墙外不可企及的广阔可能性。

* * *

但无知并不令人绝望。只有当无知是一种现实性的时候(系统内部的缺失),才是令人警醒的,必须也可能去补偿。当无知只是呈现在可能性视域(系统本身的局限),作为一种意识到的边界,它就成了安顿我们"在"的"不在",成了理智本身的征兆。

* * *

所以,"无知感"是理智的起码素质;"无不知"反是愚昧的标志。对无知的无知是真正的无知。

* * *

正确理解"批评"这个词。批评,既不是反对,也不是否定,更不是人身攻击。批评首先是检查——无异于任何一次医院检查,你不能说体检报告是对你的反对、否定或者攻击。冲着体检报告发火的人,理性远远没有走出婴儿期。批评(体检)是不回避任何正面或者负面结论对真相的一种报告。

* * *

艺术给人们带来的快感经常被混淆。对一个作者,艺术带给他操控的快感,无异于摩托车手游泳健将的成就感;对一个行家,艺术带给他"懂行"的快感,无异修理厂工人对付各种技术问题的骄傲;对一个收藏家,艺术经常带给他"拥有"的快感,无异于宝石与黄金;最不经常发生的是审美快感,那种一见钟情般的沉醉。

* * *

想象很多时候更是认识和伦理活动,而非审美活动:我们需要找到现象间非凡的关联,或设身处地地从他人立场看问题;然而当我们进入审美,很多时候是想象的"丧失",呆滞,我们被一片风景感染,停留在当下,感受河水流动、云彩变幻、飞鸟略过……我们非但不设想其他,甚至都不去辨别什么鸟,什么河,什么云。

* * *

所以,艺术与审美很多时候是背道而驰的。显然,艺术要求太多知识与想象,而审美更多的是一种遭遇,一种突发性的"无知"。你不能一边清醒地分析着"流派""风格""时代",一边陷入沉醉。醉了的人,并不知道自己喝的是什么酒。艺术更像是模拟生活,在审美与非审美之间浮沉。

* * *

很多时候,我们需要无知,需要呆滞。智商也需要休息。一种"白痴"状态,就像睡眠,自有其美妙。审美就是一种积极的"白痴"状态。为了获得这种纯粹的"白痴",我们甚至需要训练,把自己从重重思虑中解放出来。

* * *

我们关于"事实"的判断,有多少来自想象。比如我们对二战的认知,多么不同于亲历者的认知;而一个亲历者有限的认知,又多么不同于用想象力的望远镜、放大镜、显微镜以及哈哈镜所看到的。我们通过电影了解二战,可现实中谁具有电影视角?超越时空的上帝视角,我们用它来看大多数人和事,而这正是想象。

* * *

海子用"把飞翔的鸽子看成上帝的内裤"来解释"想象"。这是常见的对想象的误解。想象不是从正常感受与思考中多出的奇思妙想。想象是我们的日常,是意识的底色。想象不但不能像经典认识论那样被排除在严肃思考之外,实际上，它已经以自己的无处不在报复了传统认识论的正当性。感受和思考无疑都是建构。

* * *

我们总认为获得快乐需要满足很多条件，很少想到快乐本身就是成就很多事情的条件。情绪本身就是力量。

* * *

纯粹严肃你笑不出来，纯粹轻松你也笑不出来。笑是从严肃走向轻松，是重量卸下那一刻的释怀，厚重窗帘掀开时欣喜若狂的光。每次开怀，都是一次小小的逃亡。

* * *

我们生活得过于严肃，以至于我们总是扑向过度消遣。就像饥饿的人扑向油炸食品。真正健康的，是通过严肃走向轻松。

* * *

艺术自律论（为艺术而艺术）只不过是我们在面对艺术感到狂喜时，想永远保持在这种狂喜情绪中的一种愿景表达。我们崇拜这种狂喜本身，仿佛它从来如此，既无来路，也无去处。

* * *

当一个人，发现自己从索求者变成了提供者，并且不从这提供中索求什么，那一刻起，他就真正"成人"了。那一刻起，他不再用哀怨眼神投向窗外世界，不再顾影自怜，不再用文艺伪装自己求之不得的各种渴，像夏天的土地结束各种骚动，期待献出果实，得到采摘。这并不是高尚或者牺牲，而是它的 Nature。

* * *

每次思考都是一次背叛。自我背叛。眼睛试图看清它自身。因此,思考被诅咒永不能达到它所渴望的真理——直到它意识到,这才是唯一的真理。

* * *

所有失去的和未曾得到的,都根深蒂固,成为我们幻想的不竭源泉,而幻想则像伞骨一样撑开了我们当下的生活,原来竟是:不在的构成了我们的此在;虚幻的成全了我们的真实。

* * *

我们面对当代艺术尤其前卫艺术,经常会抱怨"没法欣赏"。这没错,但也没对。这是传统认识论遭遇现代认识论时的尴尬。当代艺术不是创造一个美的"对象"让人欣赏,更多的是设置一种特殊"情境"激活人的感受想象与思考。当代艺术本质上是"剧场",然而,什么艺术本质上不是"剧场"呢?

* * *

在一切"学"都异化成"史"的今天(文学→文学史;哲学→哲学史;史学→史学史);我们最好重读康德《纯粹理性批判》最后部分的忠告:我们并不能学习哲学(Philosophie lernen),只能学习做哲学(philosophieren lernen)。光靠学习游泳史,不可能学会游泳。

* * *

在你不再作为青春去参与青春,而是面对青春而消费青春的时候,你就已经失去青春了。这跟年龄不必然相关,但一定跟那种纵身一跃的行动力相关。

* * *

别说你是一个精神存在,说什么你的世界观和生活态度都有其理性根据,事实上,阴雨绵绵的冬天你就愤世嫉俗、顾影自怜、沉迷形而上学和社会批判理论,阳光灿烂的夏天一来,你就成了一个乐天派、集体主义分子、经验派、分析哲学家。

* * *

我们的生命就像一场首演,你装作以为下面坐满了热情观众,其实全都是导演、编剧和演员,他们内心惦记着各自的戏。

* * *

我仿佛看到一个大剧院,有大大小小各种演出厅,各人在自己舞台上表演,想尽办法博得掌声,用眼角余光可怜巴巴地偷窥观众的数量和反应,有的厅爆满,有的厅寥若晨星,坐在下面的观众有的流泪,有的大笑,有的玩手机,有的吃爆米花,有的趁黑接吻,没有人真的在意你的演出,因为他们要准备自己上场……

* * *

屋子里的花怎么操心也养不活,屋子外的野花却怒放而芬芳。大概这就是教育学。

* * *

热爱诗歌的人,最好找个赚钱的行业,得逞自己所有欲望,却把诗歌像个秘密一样藏起来,他既不该指望诗歌带来名利,也不该责怪诗歌导致了贫穷,他的文字中最好毫无怨念,毫无憋屈与发泄,就像他下班所回到的那个房间,那个院落,那是他撒欢的地方,最后与自己重合的地方。

* * *

远处屋舍叠加在一起,有一种特别令人羡慕的热闹感,感觉那个村庄人们一定载歌载舞,生机盎然,走进去才发现它们彼此并不挨着;飞机上,你看到大地的褶皱拥挤在一起,落下去你才发现那是深不可测、宽不可渡的鸿沟;在生活中,你总是遥望一群又一群人,仿佛他们总是热闹地拥抱在一起,唯独你茕茕孑立……

* * *

当你试图用外语表达你的中式思想,你就发现,原来你的表达方式中,潜藏着那么多逻辑漏洞,独断论,毫无依据的转引,荒谬的全称判断,不恰当的比较,不符合事实的风车式假想敌,以偏概全,诗性拼接伪装成推理……

* * *

学外语你就发现,只有会"写",才真正会"读",只有懂"说",才真正懂"听"。"先输入后输出"并不是经验的秩序;作为实践主体,你需要通过"输出"来"输入"。我们总是先把自己扔到水里然后学会游泳。没有人"学会游泳再下水"。踢球后学会看球,当老师后学会学习,写书后学会读书,诸如此类。

* * *

日子越过越薄,每当我遥望一个开始,就能一眼看到它的结束,大不似从前,连一场郊游都看不透,它就像一堵喜悦的墙,堵在时间流向的方向,仿佛它会永远堵住这流逝。

* * *

建基于实证科学的心理学并不能完全解决心理问题,因为"心理"不仅是我们"面对"的心理,还是我们"具有"的心理,更是我们"所是"的心理。将心理问题对象化的心理学,正因此远离了心理事实本身。心理的另外两个维度,只有通过"内省"来认识,这时候心理学又回归到它所抛弃的哲学。

* * *

美好的人,是你把他从一切职位开除,剥夺他一切财产,让他衣衫褴褛流浪荒野,他也一样是迷人的。他并不借重任何力量,他本身就是力量。

* * *

"学莫便乎近其人"——你面对着一个有血有肉的"是":不仅"对",而且"在"。

* * *

一个智慧的人活着,这里活着一个智慧的人——这至关重要。一个人一旦死了,他的话就只是道理,而不再是信心。

* * *

看一幅画总是一种"看出……",从对象本身看出另外的东西,也就是,关联一种语义。而看一个实物,就只是"看作……"只有一种指称和命名关系。而一种单纯的感觉游戏(审美)中,只剩下"看……"不进行命名,不解读语义。在这个意义上,艺术经验不等于审美经验。

* * *

舞蹈(表演)作为身体艺术是可疑的。大多时候,它把身体对象化、工具化来实现某种效果。这跟乐队使用乐器更类似。真正的身体艺术在日常中,当我们看到少年如何自如地跳水和潜泳,服务员如何举重若轻地托起十杯啤酒穿越人头攒动,抽烟的男人看都不看扬手接住扔来的钥匙……有比舞蹈更真切的身体之美。

* * *

过于追求安静的人总是生活在喧闹中,过于追求干净的人总是生活在肮脏中,过于追求利益的人总是生活在损失中……世界的模样,取决于你手中的尺量。

* * *

能干的人有个特点:词汇表中很少出现"no",只要有路,他就会朝着目标走,让事实去说 yes 或 no。到头来你发现,"走"本身就是个"yes","不走"才是"no"。

* * *

美,并不总是诉诸独创,它更渴望被模仿。

* * *

一生太短,死亡总是比完美来得更快一点。

* * *

通过内容来评价艺术是普遍的谬误。用内容是再现还是表现、具象还是抽象、写实还是抒情来论艺术高低,完全南辕北辙。艺术家不在于创作的是什么,而是他如何创作,用高超技巧赋予同样内容以深度和力度,那么多人写浮士德,那么多人雕维纳斯,但经典只有一个。今天你也不能凭抽象、观念、解构而浪得虚名。

* * *

哲学需要产生现实影响,但一旦它投身现实,它就蒸发在"现实"中而失去了"它"这个主语。以至于投身现实的哲学其命运总像是投身于水的火。它忘了自己的使命正是保持为他者而进行加热,令其升华。

* * *

问题越具体越专业,越普遍越外行。只会谈论一般问题,就真的很一般。

* * *

对于任何有志于思想拓展的人,学好一门外语是比较便捷有效的方式。跳进一门外语中,就像洗了个澡。你会发现你在日常语言里头当作真理对待的一些观念,在这门语言中连词都找不到,至少生活中听不到。比如什么"听话""乖""彩礼""别想太多"……

* * *

成就感,更多的不是期待自己在成果上多么优异,而是在行动(力)上多么符合自己的期待。比如,做不到自己想要的早睡早起,那么挫败感将会超越任何成就而伴随一生。

* * *

用先锋艺术的跨界现象来否定审美自律论是风马牛不相及的。首先,当我们说:对一片田园的欣赏活动独立于其他活动,我们从来不是说这片田园独立于其他事物。其次,任何经验或对象,只要"是"它自身,就一定会区别于其他经验或对象。先锋艺术在"是自身"这一点上从来没有超越它的敌人:古典艺术。再激进的艺术也(甚至更)卓然于日常生活之上。那口口声声呼吁"日常"的人,贩卖的其实也正是这种呼吁的"不寻常"。

* * *

没有什么比在年龄面前的坦然更年轻。没有什么比一颗恐惧年龄的心更衰老。如果你心中充满褶皱,脸上就会写满褶皱;如果你心中舒展,脸上也会读起来令人舒展。

* * *

问题不在于"拥有什么",而在于如何"去拥有"。合同、签证、照片、购物小票、证书、芯片卡都无法简单地等同于拥有,拥有是一种行为能力,而不是统计数据。拥有的状态更像是"被拥有",一种深度沉浸,享受,身心的占据,忘我,时间感的消失,密度感的增加……当任何一段不可重复的时光展开在我们面前,我们是否有能力去全情地吸纳、内化,变成自我的营养与丰满感,不必是绝对的悲或喜,至少是五彩的充盈。

* * *

我们习惯把想象力与感受力相区分甚至对立。一般认为:被当下感受占据的人缺乏想象力,而富有想象力的人总是超出当下感受。事实恰恰相反,一个缺乏想象力的人,他的感受也是贫乏的;一个只会天马行空地想象,而无法调集所有感受来充实想象力的人,他的想象也是贫乏的。想象力就是一种充分的感受力,感受力是一种能凝聚在当下的想象力。

* * *

凡不曾深入的,都不曾拥有。如果你一天抵达三个城市,你其实不曾抵达任何城市。你因为看得多,以至于看到的那么少。什么都不愿错过的人,与一切错身而过。如果你始终不在"这里",哪里都不会有你。

* * *

习以为常是美感的最大天敌。美总是一种意外,惊喜,甚至震惊。世界并不缺乏意外,永动的海浪每瞬间都冲向不可预料的角度。但只有注目当下的灵魂,它的天线才可以捕捉极细微的惊喜。这就需要剥开重重忧虑、算计、贪心。看上去像个悖论:清空的心获赠最大的充盈。

* * *

命运并不因三心二意左顾右盼而得到更好的控制,到头来,义无反顾更像是完美本身。

* * *

酸的黑莓,即使枯萎了,也依然是酸的。——这个故事是说,不要期待年龄会自动带给人善良和智慧。

* * *

值得警惕,一个"术语"不仅仅是"发现"和"描述",它还是"创造"。因为有了"抑郁症"这个词而创造了更多抑郁症。一个被误诊为绝症的健康人,得到那个消息的时候,身体真的就垮了。

* * *

"品位"并不是由欣赏对象决定的,而是由欣赏能力决定。那只能欣赏巴赫的人,动辄文艺复兴的人,品位也是很低的。因为没有比单调、缺乏变化更庸俗的事情。品位首先是一种生长性。

* * *

我们崇尚古典主义,崇尚"永恒的美"。其实一种"永恒"的美会是很丑陋的。因为没有什么比感觉的钝化更丑陋。美始终是一种惊奇。如果今天的艺术让你感到了为难,那么,请准备好,一种可怕的美即将诞生。

* * *

你从一个远方,到另一个远方。你都管叫"回家"。你知道这一生中所有的"家"最终都是个"临时"的住所。但既然"临时"本就是生命的真相,反过来也可以说,"临时"的确就是你的"家"。——只要你足够专注,足够热爱,足够悲伤。

* * *

很多时候,失去是个好东西。正是失去,让你拥有。让你猛地惊醒,从习以为常中抬起头,感受到风的凉,日光的蓝,树叶的变黄。正是离别,让整个秋天再次充满我。

* * *

传统艺术让你感觉到美,现代艺术则是让你变美。现代艺术正是以其"不美",而让你"美"——帮你突破常规,刷新观念,恢复敏感与想象力,保持生长性。

* * *

中午阳光灿烂,晴空万里,想着下午一定去露天游泳;到了下午,突然阴云密布,下起雨来。——这个故事说明,你难以用现在的情况做条件,去安排一个将来的事情。

* * *

对于"自己写不好诗,还有什么资格谈诗"的观点,王国维是最好的反例。老王的词是天下第一差,老王的词话却是天下第一好。应该说,品诗和写诗,是两门不同的艺术,可以兼备,也可以分开,但不必然冲突,也不必然同一。

* * *

世间并无"教导",只有"训练"。一个教练本人必须是这个领域的操作高手,甚至冠军,然后才有资格去示范别人训练,他并不能单凭课堂完成一个"教导",他必须亲自示范和演练他所传递的某种技能。这就是哲学家(或广义上的学者)的真正角色。你没得可以"教导"别人的东西,你只是促成训练的杠杆。

* * *

以前我单知道"认识要付诸行动",后来我才意识到,行动也会成为一种认识。一个笃定的、顺利完成操作的、贯彻如一的行动,慢慢也就变成一种强大的精神力量、一种哲学,甚至一种逻辑。

* * *

凡事都要"实施",不能停留在观念中。否则就变得荒谬空洞而无力。"实施"就是行动,就是说出、迈出、伸出、做出。

不仅爱情是这样，工作是这样，就连思考也是这样。思考也要进入操作，但注意不是"用思考指导其他操作"，而是思考自身的说出、迈出、伸出和做出。

* * *

有朋友提出"知行合一"，这是对我的误解。我不是老调重弹"说到就要做到"，而是说：如果没有"做"，你连"说"都实现不了。我不关心一个数学公式如何得到物理应用，我强调的是：如果想要掌握它，就得反复操作它，在任何情况下把它演算出来，有一天你不能演算了，你就连这个思想都失去了。

* * *

正如天天操心健康的人，身体一般都不大好。我们单知道"操心"的力量，却忽视了"遗忘"的力量。"遗忘"就像是遛狗或者放飞鸽子，让我们日常豢养的事物，保持意外的活力，遵循自身的自然。

* * *

出路并非我们想象的，是提前寻找出来的。出路更像是我们坚持一个方向，最后回顾时形成的轨迹。

* * *

对艺术来说，重点和难点不仅在于如何具备深度，更在于如何具备浅度。对浅度的探测、定位、研究与实现，更是最后让人发出"艺术"这一声赞叹的根由。

* * *

一个人经历得多，不是说他旅行的地方多，认识的人多，翻过的书多，而是他"经历"的多——他必须从许多人和事物中穿过去,也让它们穿过自己。他必须在体内积累足够的变迁,这不妨碍他也许只是生活在一个小山村,如果他从一棵树身上呼吸了全部悲欢离合。

* * *

你想回去,其实是想回到那种心情,可是你尽管回到一个地方,一种生活,一群人,但你偏偏回不到那种心情。反之,若你能回到那种心情,任天南海北,你都回来了。

* * *

与其说我回忆起了过去的美,不如说我回忆起了过去的美所造成的震撼。过去的激情,以其余波,都足以摇撼如今的麻木。

* * *

美是无法拥有的。当你拥有了美,你就会去操心别的。只有在得到之前,失去之后,你才猛地惊醒,用全部感官,凝视着美远去的身影。你的心弦被震动,恰好就在音乐消失之际。

* * *

新鲜感能点亮好多东西,连丑陋的事物都显得可爱。渴望与丧失、悲伤与震惊,是美的神庙。世间最大的丑,莫过于习以为常。

* * *

人生总是得失相伴。所以,痛苦的根源并不曾消除。消除掉的,只不过是敏感与热爱。当你有一天不再痛苦,不是因为你抵达了,而是因为你幻灭了。

* * *

当你从剧烈的痛苦中治愈,收获的就是不可逆的麻木。有多少快乐随着痛苦远去。有多少美,因为丢失了痛苦而无法打开。

* * *

平时你的左手很弱,啥都干不了;但当你右手受伤,左手突然就变得很坚强,啥都能干。

* * *

生活并非通过文学艺术得以"储存"。生活通过文学艺术得以"存在"。当下的时光转瞬即逝,持续土崩瓦解,让我们手足无措,追悔莫及。若非文学艺术,我们无以将其"把握",凝视,按下神奇的暂停键,瞥见永恒。不是什么"从生存中学会了写诗",而是:通过写诗我们学会了存在。

* * *

在有压力的情境中,人能做实事;但只有在没压力的情境中,人才能做真事。能力因压力而增强,原创力却因压力而锐减。密集的操练和日益增强的控制力,把我们带向艺术的同时,也带离艺术。离眼睛太近的书无法阅读。一叶障目,你再无月朗风清之心。富有即贫穷。那日益夯实的生活实践,有时候就是贴紧你肉身的质密的金属——镣铐。

* * *

人心中总有一些家园般的东西,一些让你顿生柔情的部分,瞬间可以摘下面具,撕去标签,不拿报酬来盘算,在那里你安顿生命的内核,醒悟自己的使命,生起善良的愿念,快刀斩乱麻,知道自己做一切事情的导向,瞥见崇高的亮光,听见永恒的微语,因明澈而毅然。

* * *

要求学者、知识分子"走出书斋""接地气",实质上是一种反智主义,导致各学科严重江湖化,丧失专业精神。书斋、实验室才是学者天经地义的"田野"和"地头",不耕耘自己的田地,跑到别人地头去干什么?

* * *

鉴别一个人是否真正崇尚某个价值,并不是看他自己是否践行这个价值,而是看他是否成全别人享有这个价值。比如,一个人喜欢自由,并不能证明他崇尚自由,如果他愿意尊重自己下属、学生、子女的自由,他才可以说是个崇尚自由的人。

* * *

席勒说:真理必须作为力量出现。如何作为?尼采说:音乐!——音乐作为力量,包含着其中的全部真理(数学)。而我们"文明人"却认为相反,于是我们让力量日益掐灭在真理的囚笼中,守着日益虚弱的知识。

* * *

在日常视角中,我们是作为泡影去看永恒;在艺术视角中,我们是作为永恒去看泡影。

* * *

很多人苦于寻求生活的"意义",其实我们真正需要的是"意义感"。"意义"是不可抵达的抽象,"意义感"才是安顿身心的当下现实;"意义"需要认知,"意义感"却来自实践;"意义"是比较而来的相对,"意义感"却基于一种"绝对"。一次深度睡眠,一个澄净蓝天,一场轰轰烈烈的恋爱,一次雪中送炭的行为……都能带来某种"绝对",以及基于它的"意义感"。"绝对"是非理性的,不需要思索、比较、分析,它让你的生命不容怀疑地耸立、绽放、自在。"绝对"是一把莫名其妙的钥匙,让你瞬间返抵生命本身。

* * *

如果在一张黑幕上,按照璀璨程度标记每个人的生命轨迹,我们会发现:很多所谓"发达"的拐点,其实是衰落的拐点。于是,在历史的永夜里,"不见五陵豪杰墓",但知醉里桃花仙。

* * *

活来活去,终究发现:那些读诗做梦的贫穷日子,是生命最骄傲最有光彩的乐章。你以为从奋斗回到平凡只是一念之间的事,殊不知那饱含生命张力的平凡也是天赐的厚礼,灰色的钞票根本买不回金色的贫穷,因为那是不同的天意。你从未赚到什么,你所得到的,总是和你失去的一样多。

* * *

太多徘徊,等于用想象去行动;太多行动,等于用生命去徘徊。

* * *

真正值得追求的是做"好事",而不是做"好人"。"好事"是可操作的向度,"好人"则是事后评价。"好事"是可能的,

"好人"则不可能。崇尚"好人"往往带来变态与灾难。放下评价的包袱，人才能把焦点从自我转向事务，获得更大自由与专注去创造价值。某种程度上，只有不那么好的人，才能做更好的事。

* * *

人活着就是在筹划。一个人即便九十岁，也会筹划。反之，年轻人即便筹划，也不等于有一个未来等你去抵达。过于信赖筹划或者过于怀疑筹划，都是误解。应当把筹划看成在场的证据与质地，筹划并且观摩此筹划，每一当下既是筹划的起点也是目标，就像每一河段既是水的去路也是来向，它成全的是——流动。这就是尼采那个洞见：不论多么现实、虚幻与残酷，生存终究要理解为审美现象。

* * *

经常有人质问：文艺理论对文学艺术何用？其实是外行式问法。好的文艺理论，就是文学；就是文学对自身的反思，是文学的有机组成部分。我们不需要问：头脑对身躯何用？

* * *

如果历史是进步的，那就意味着，迄今为止乃至以后任何一代的存在都是没有充足理由的。因而，进化论才是最大的虚无主义。

* * *

不存在超越当下的"文本"。这就意味着，不存在真正重复的书写。书写就是春天，并没有任何死去的东西"重生"，一切都需要一再地"新生"。对"真理"的膜拜和对"创新"的迷恋都是误解,春天不巩固真理,春天也不追求创新。春天即存在。仅此而已。万物以春天的姿势进入存在。万物以写作而进入存在。

* * *

在真正的生活中,我们其实很少使用"道德"一词,我们更多地说:"他人不错","他们为人都很好"。我们真正在意的是"人"和"为人"(是否"不错"或"好")。潜意识里,我们意识到,除了让一个人成为一个更完善的"人",没有什么称得上"道德"。这跟康德所洞察的其实不约而同。

* * *

人到了一定年龄,大概三十多岁的时候,就想要活得明白。但明白并非通常所说的"知道自己想要什么"。而是明白:得到什么并不重要,通过什么方式得到才重要。通过委曲求全谋完一生,最后墓志铭上也就是四个字:"委曲求全"。在苟且猥琐的地基上,长不出顶天立地的大厦。我所崇尚的价值必须成为我生活的顶梁柱,支撑生活的实际重量,而不是当作点缀,才能成为我生命的质地。如果你崇尚勇敢,你必须通过勇敢获得粮食和居所;如果你崇尚爱,你必须通过爱谋得尊重与报酬;如果你崇尚自由,你必须在自由中忍受并获得回报。

* * *

雪场上的高手们,经过正在上山的一波波"菜鸟",做出各种炫酷的动作,收割一大片惊羡的目光。但是,并没有人知道,也没人想知道这些高手是谁,对群众而言,每一个经过眼前的高手，都是同一个高手。高手心说："群众觉得我是高手"，群众心里却说："高手就是高手"……这个故事是说：如果你追逐名誉，人们记住的其实只是名誉，所有的名都是不记名的，所有纪念都是遗忘。除非你与名同在，你整个生命，各种活动，每段时光都散发出某种值得欣赏的流畅、潇洒、健康、胜任与超然，也就是说，你享受的是你的存在本身的光华。

* * *

终究，艺术不是用来"欣赏"的，而是用来"做"的。艺术是一种深度体验，这种体验，终究只有通过身体的劳作才能深入。也就是说，只有通过身体内在的操控与放任、紧张与松弛、凝聚与流畅、酸痛与自由、节奏与旋律，你才能体验到生命的多彩、细腻与能量，获得高度的感性愉悦。真正的欣赏，就是成为。

* * *

特技只不过是基本功的赠礼。当你基本功练习得特别娴熟，某一刻，一个意外，甚至是一种差错，你突然掌握了自己梦寐以求的某种特技，并且再也丢不了，但你并不能说出：从基本功到特技那一跃是怎么发生的。——这个故事说的是所谓的"天才"和"灵感"。

* * *

今天看到一个持续多年练习书法的朋友的字，突然明白了"宁静致远"四个字的分量。那不怕慢的人，才能真的快起来，走到寻常人所无法抵达的地方。那贪快的人，其实只是绕着磨狂奔的驴而已。

* * *

我们这个"多元化"时代,更多的是为自己的行为量身定做一套理论;但真的自由与独立,是为自己所信奉的理论量身定做一套行为。

* * *

幸福就是美德。这一点没有例外。随便观察一个幸福的人,你会发现诸多美德;观察一个有德之人,你会发现幸福。有德而悲戚,幸福而卑劣,这是不可能的自相矛盾。

* * *

真正的不幸是对不幸没有承受力,只能活在侥幸中,一旦遭受病变、解职、破产……往往会彻底丧失意志,把自己交给无常,充满怨念却又奴隶般跪地求饶。

* * *

有时候,人在涉及得失的俗务中摸爬滚打时,就要提醒自己不要忘了某种更为崇高的使命。在你所从事的事业中,那涉及人类智慧、安危、真相、自由与美的内核,卓然于你个人一切得失之上,俯瞰你微不足道的荣辱,引领你再次一跃而起,不再为琐碎而分神,凝聚有限生命,投身于真正的光亮。

* * *

通过贬低别人来抬高自己其实是个赔本买卖。贬低别人的时候,你所显现的气度是低的,大家会察觉到这种气度而对你做出判断。所以,要想让自己"高明",就必须在客观格局上高，而不是主观上去做徒劳的厚此薄彼、是己非人，愈发往低矮促狭处坠落。

* * *

任何信心，终究都归于身体上的快适，信心原则实质上是"我快适，故我自信"。赚钱、获奖、晋升……是从外而内间接诱发身体的快感，但登山、滑雪、游泳、跳舞……则是从内而外绽放身体。于是奇迹出现了，上手的体育活动竟然能带来"迷之自信"，给生活其他方面都染上光彩，带来动能。

* * *

完美主义者有个误区，就是"先完美后行动"，这就导致愿望很完美，实际很蹉跎；真正有效的是"先行动后完美"。

* * *

在"多"与"少""好"与"坏"的贪念中，我们遗忘了：决定性的是"有"和"无"。以至于多少"抱憾"，竟由于"太想"。

* * *

不管写得好不好，一直还有诗自然涌出，为自己写诗，就是美妙生命的体现。

* * *

我们经常闪烁其词地说：我不知道自己想要什么。其实，看看你经常怀念什么，就知道你的渴望。我们的未来就在我们的过去，黑暗中闪现的任何火光，都在视网膜留下明亮的幻象，你瞭望世界的瞳孔，塑形于最初的温暖或灼伤。

* * *

有些事情，越是令人绝望地远离，越是激活你鲜明地去回忆,本以为岁月造就遗忘,其实它更是在积蓄一个落差,在岁月的断崖之下,终有一天,那原本微不足道的甘泉,会倾泻而下,以其全部细节、滋味与热度,注满你的当下,让你明白:没有什么属于昨天,爱与美一旦涌现,就永流不竭。

* * *

当一个地方静下来,它就会有一种魔力,那些物质似乎都变成内凹,纷纷让出空间,形成许多真空,把你的注意力吸附到它的形与色,光与影,声与香,让你安神怡心,灵魂陷入温软床榻。——相反,喧嚣是外凸的,挤满空间,发生排斥反应,把你的情绪与精力挤压消耗。

* * *

很多时候,你不是不能理解,只是不能专注;你不是没有时间,只是没有心情;你不是"看不完书",而是根本就没有看书。你为了计划搬动一座大山,一再放弃搬动几块石头的机会。

* * *

我们错误地信仰:通过不幸可以换来幸福。其实不幸只能换来更多不幸,只有幸福能换来幸福。道理很简单,只有火可以点燃火,水不但不能反而会浇灭火。所以,不管多么不幸,都要找到自己生活中哪怕一丁点幸福的火苗,凝视它,享受它,吹旺它,借着它的能量蹬出自行车最艰难的第一脚,然后它就会顺利滑行起来。

* * *

不用相信任何一个专业有什么"通俗"法门。千百年来,

"通俗"所建立的依然是一个平均的流俗世界。"相对论"再怎么科普，真正懂相对论的依然只是少数物理学家。任何"导读""简写""概论"所建立起来的，其实是一套独立的入门级的知识体系，它并不等同甚至不通达它所宣称要"导读"的专著。很简单，必须金刚钻才能穿透的岩层，你不能指望聚酯纤维做成的"导论"来带你穿透。是的，简易梯子有助于爬楼，但梯子丝毫不等于楼，甚至与楼毫无关系。通俗化是危险的，正如长久停留在简易梯子上是危险的。

* * *

海德格尔的悖论在于，他试图规避纠缠于"存在者"的整个哲学史而采用了一整套独创的术语体系，这就使得他自身的言说变得很不现象学，对"存在者之存在"起到的是遮蔽而不是澄明作用，他并非不能知道：我们向来已经是置身于日常语言（误解）中，误解也是"在之中"的一部分，在我们被抛进的那个世界里，已然是有形而上学的，那并非绝不能是我们本真的存在样态，既然存在不能被锁定为某个存在者，那么，它也不能被反向锁定。"未定"不能替代"前定"成为另一种"既定"。但凡言说，都是在做定义，这是语言的原罪。除非沉默，否则萨特的口号也只是对另一种"本质"的颁布。

* * *

大多数哲学家直至存在主义、分析哲学的代表人物，都很不释然，是因为归根到底没有摆脱一种"真理执着"，只是变着法子跳出前人来颁布真理。他们总是悬设某个中立的东西，无论叫作"理念""存在"还是"语言"，来审视这个多愁善感的人间世。他们不愿承认：是诉求创造了真理，而不是相反。笛卡尔古怪的公理"凡是在思考中清晰可辨而区分的，都是真实的"是值得发扬的一种健康的现象学精神，我们可以更大胆一点："凡是人所诉求的，都是存在的。"否则，（按照一种笛卡尔式的逻辑），这诉求从何而来呢？

* * *

执着于反对"人类中心主义"也是时代哲学的一种盲目，归根到底是二元论的阴魂作祟。在一个无来无去的世界中，有什么东西是会因为"中心"而变成错误的呢？如果人类中心主义是徒劳的，那么，去人类中心几乎是不可能的一种妄念，一个悖论。凡动物（也许按照万有引力定律，凡物）都是自我中心的，也许这才是一种谦虚？从根本上，人类还不曾真正骄傲过，他还没宣布自己是上帝，虽然黑格尔那里初露端倪，海德格尔欲说还休。人是这个世界自身开出的花，没什么需要跳到这个世界对面去保持谦逊的。

* * *

海德格尔真正的卓越，在于时间性的提出，而不是什么存在主义。大半部《存在与时间》都在卖关子，直到最后托出"时间性"（未完成）。那些为人津津乐道的"此在""操心""去蔽"……若不落到时间性上，终究是饶舌。用"时间性（Zeitlichkeit）"代替"时间（Zeit）"，并强调"得时（zeitigen）"，"当下化（gegenwärtigen）"，总而言之，抛弃历史悠久的名词，亦即错误地对象化了的"时间"，而用一系列动词来理解时间，这是极其卓越的，时间不是别的，就是"去"，因此，他说时间首先是"将来",这是深刻的,即便过去,实际上也是作为将来在发挥作用。不过,其实这个"去存在"也是多余的,"存在"就够了,因为,凡是当下,无疑就是一种绽出;凡现在时,就是正在进行的将来时。

* * *

当你发现自己耗费毕生所追求的,只不过是别人的默认设置,就需要警惕虚无的侵袭。比如容貌、家产、(移民)身份等。如果有些东西是不用追求也可能拥有的,那么反过来,它就很可能不是用来追求的。值得追求的,应该是每个人都必须亲手去追求的东西,爱、才干、成绩、品质……是致力于建立起你在世间的不可替代性,而不是沐猴而冠。

* * *

智慧,归根到底是一种品德。智慧的人,首先必须是勇敢的人。只会听从前人的人,又怎么相信他会带给后人以启迪呢?他虽未必有和武林高手搏斗的身手,但一定有敢于挑战的勇气——这是我们从哲学史留下的名单中一再看到的。智慧还意味着真诚,极致的真诚,一个人或许可以在生活中撒谎,但在自己的思考中,一定没有任何隐藏,如果一支手电想要照亮道路,却用布捂着光,那是怎样一种悖谬呢?

* * *

当我们说"热爱大自然",我们热爱的并不真的是"大自然":我们不会热爱沙漠或者寸草不生的山谷,我们更不会想要去月球表面漫步,甚至都想不到那也是"大自然"。我们热爱的甚至都不是"有机自然",没人会热爱显微镜下细菌的世界……我们热爱的不过是对自己有益的东西,亲切的东西,美好的东西,对大自然的热爱并不高尚于对城市的热爱,我们对城市的憎恨只不过因为那里有威胁生命健康和安全的东西,丑陋的东西,我们热爱的是健康、安全和美好,我们将其命名为"自然"。

* * *

成就一件事情,关键在于某种"极端"。一粒种子从泥土里萌出芽来,一定是对某种平衡的打破。压强原理最害怕均衡用力,激光最懂得老好人的无用。摆脱阻碍,腾出身手,凝聚心力,全靠无情。不温不火,相互抵消,平衡的状态其实就是"零"。世界肇始于失衡。万物起源于偏执。

* * *

谦虚就是智慧,但首先是勇敢。勇于面对自己。何必想:"我都这把年纪了,还学这个?丢人。别人二十年前就会了。"生活并不是比赛,落后了就丧失了全部。生活是散步,只要你肯走出来,风景就是你的。

* * *

你总是对自己说:等我准备好了再开始(生活)。就好像,你要准备好所有的配料,再开火做饭。但柴火一直在燃烧,你无法制止,等一切准备好了,柴火已经烧完了。

* * *

我们有一个误区,就是认为从"学"到"教",中间有个转折叫"学成",好像有那么一刻,你拥有了足够储备,就进入了输出阶段。其实,并不存在这个转折,所谓"教",不是教一个

"成(果)",教的就是"学"。一个人一直在"学",并且向别人传递这种"学",这才是真意。故汉语皆称"学者""学人""学问"。

* * *

"学以致用"说了一半,没说出的另一半是"用以致学"。但更真相的其实是:"学中用,用中学"——当下的"用"是未来的"学",当下的"学"是未来的"用"。只是同一事态的两种不同时态。

* * *

我们的愚蠢,很多时候是我们不坦诚,不坦诚,又是因为不够勇毅。明白真相所需的智商量其实很低,但要求的人格力量却不低。说白了,很多"我愿意"就能解开的问题,你非得化装成"我不能"。你的自谦背后,其实是推卸责任。

* * *

生活中,总要有一丁点事情,给你带来巨大的满足,可以是养一盆花,练个书法,也可以是某项运动,那种满足感会凝聚在你身体的姿势上,改变你的面部肌肉,成为你的气质,然后,你在做别的更难的事情的时候,就会携带着这种光彩,感染周围的环境,带来某种便利,进入一种良性循环。

* * *

既不宜把价值建立在贬低其他人的基础上,也不宜把价值建立在贬低过去的自己基础上。否则,在你立足之地以外,一切皆为虚无,你就等于无立足之地。追求更多的人,不必否定此前与此外之为有。

* * *

你之所以相信你的趣味、你的判断，不是通过大规模的赞同来实现的，也不是通过敝帚自珍的自我聚焦，而是通过持久、深度、丰富的醇美体验，通过身心切实感受到的幸福，通过年龄增长反而愈加激活的创作热情。

* * *

青春并非特定年龄的许诺，而是特定症状的集合。写作就是青春的症状之一，创造力才是生命活力，创作者始终在人们心中留下年轻的形象。

* * *

写作是一种反刍，一种深度消化，把摄入的养分再次以一种细腻、精致、高融合度的方式化入自己的血液；也是一种美妙的回归，夜深人静，乘坐文字的时光穿梭机，空投到美妙的时光中，深度沉浸、探测、发掘。第一次体验就像是采集，细腻的写作则是精雕细琢的生命成品，它并非"复制"或"记录"，而是冶炼、发酵、提纯，是收集生命体验打造一个新的存在之维。

* * *

理性其实也是有道德属性的，比如说，放弃野心去务实，放弃对"实体""存在"和"真理"的执念，去承认人类的界限、语言的工具性、意志的生物性，做出具体而微的推进。

* * *

一个人并不因为谈论前沿的话题，就是前沿的；只有当他学会前沿地谈论，才是前沿的。也就是说，真正的更新，是方法、路径上的更新,而非话题的更新。比如说:一个人并不因为谈论后现代主义,就是一个后现代主义者,他很可能依然是一个现代主义,甚至前现代主义者,如果他讨论的是"后现代的本质",并且主张"后现代主义的优越性"。

* * *

有一种"理性的真诚",它考验的不是你说什么,而是怎么样说。你真正认同的,将内化为你的做法,而非只是内容。

* * *

做人有两个底线:为善不能到伤害自己的地步,为恶不能到伤害别人的地步。

* * *

节约是一种美德,不是指节约自己的东西,而是节约别人的。尤其是时间。由此,你必须戒除啰唆,找事,多余的关切,单向度的爱,未被邀请的帮助……

* * *

成熟就是意识到:不只有你一人是骄傲的,自命不凡的;不只有你一人幻想着、期待着一举成名;不只有你一人把自己的全部渺小与失败定义为落难天使;不只有你一人在同情着、怜悯着大街上行色匆匆的"他们";不只有你一人,轻描淡写地谈论着别人的苦难……你以为,这世界只有一个"我",剩下的都是无足轻重的"他们";殊不知,你只在一个人眼里是"我",而在剩下的全世界眼里,你都只不过是一个无足轻重的"他"。

(2018—2019 年)

第五辑

照片中其实就是个无名水库,大家都觉得应该是某个"名胜"。世界之美并不在远方,而在我们互为远方的身旁,在你把它"远方化"的时候,在你驻足的凝视中,在你钟爱的瞬间。

* * *

在创造力旺盛的年纪,感到心中有一座活火山,请一定抓住,把任何你想写的写下来,因为有一天,它真的会过去,甚至在你还很年轻的时候。你甚至都能感到那微光与余烬,挣扎着最后的摇曳,以及最后那缕蓝烟中似曾相识的余温。你用或不用,才华都会消失,它不会囤积,就像财富,像智慧,总有万千种方式窥伺在你生命之路,把它们偷梁换柱,你要用好,把它们尽情挥霍,变成雕塑、神殿,或者夜空中的礼花,不管什么,变成怒放与肥沃,你不要犹豫,不要等待,不要两手空空。

* * *

世间种种虚荣,哪一种有创造的荣耀大,那是你身上暗含的神性,从创世记那口气息中传递到你基因中的魔法。那是伟大的奇迹,朝向至善至美,那几近于无的,竟通过你的手,成为绝对的有。单凭电流从手心抖落时,内心刹那的明丽与饱满,就足以偿还一生大半辛劳。什么样的穷奢极欲,比得上瞥见永恒时的狂喜。

* * *

不管女人还是男人,重要的不是做一种性,而是做一个人。一个理性健全、身体健康、情感丰富、欲望调匀、心灵良善的个体。过于强调性别,无论是正面还是负面,都是对个体的忽视,对人性的贬低。让一切各归其位,既不压抑,也不增生,最后,让自己成为自己唯一的性别。

* * *

诗意和正义,理应是一回事;浪漫和抗争,理应是一回事。因为,你若果真向往美好的现实,必然向往美好的实现。

* * *

一个理性的社会,需要养成"对事不对人"的习惯。我们期待大家做好事,而不是期待大家做好人。因为"做好事"是可以落实的,可以根据法律和先例来执行;"做好人"却是抽象的、主观的,动辄得咎。一个人要为自己的行为负责,而不是为自己的抽象"人格"负责。没有人因为一件"坏事"而成为一个"坏人",也没有人因为被评为"好人",所作所为就都是"好事"。

* * *

不必幻想这个世界"总归是进步的",它只要倒退一小步,那也就是你的一辈子。

* * *

人从来不是在宏图中成长的,人是在精度中成长,精密度是任何一项工艺的最终指标,大到航天飞机,小到芯片;大到攻城略地,小到修身养性。禅定修行,担水砍柴,精密度把你带入生命深处,让你看到激光雕刻的多面璀璨,万米隧道尽头的新世界。

※ ※ ※

翻译就是临帖。一种深度、精描的摹写,搁置自我,调动所有精锐储备,尽可能跟从作者的心迹、脉搏、调性、逻辑、结构……翻译是最好的学习。

※ ※ ※

一种死亡,往往不是发生在一瞬间,而是一场漫长的衰亡。既然你舍不得离开你所爱,就让你所爱变为非爱。

※ ※ ※

你在这里就会觉得那里好,你在那里又会觉得这里好。真正"好"的不是"这里"或者"那里",而正是在"这里—那里"之间逡巡所开启的张力,唤醒的感知与深情。没有"一种生活"是幸福的,只有"充满活力的敏感性与丰富性"被称为"幸福"。

※ ※ ※

一首好诗是对诗歌合法性的最佳辩护。

※ ※ ※

从洪水与瘟疫的支离破碎的现实,突然切入哲学的理论世界,就会感觉到一种荒诞与虚假,我们自以为有更高的世界,我们尽量捂住眼睛不去看面前,而去看那个理想,幻想有一天现实会自动变成理想,或者,理解中的火可以融化现实中的冰。这是多么造作与虚伪的逻辑。再去想亚里士多德震耳欲聋的教诲:人是政治动物。若你不通过行动,建立思想与现实之间的通道,则你的思考是不合法的。你一旦思考,就是在做出一个承诺,一个建设更好现实的承诺。

* * *

我们不担心模仿一个作品,因为每个人对同一个作品的具体感受总是独特的,由此模仿而成的作品,也注定是独特的。我们担心的是模仿一个观念,再好再坏的作品,也都成为同一个观念毫无例外的标记。

* * *

洗衣机解放了人类的双手,汽车节约了人类的时间,手机缩短了交流的成本——这都是什么鬼话,放眼望去,人类变得更忙碌,更没时间,更压抑在重重成本之下。技术发展再快,也没有贪婪跑得快。

* * *

历史一再表明:"正义"是行不义最好的借口。所以,你要远离不义,最好是跟"正义"保持距离。

* * *

谈什么道德,都不如康德一句话震撼人心:永远不要把人当工具,只能把人当目的。用它来检查你一切行为,就能完成清晰、不造作的道德判断。比如我们争论了多少个世纪的"爱情"与"欲望"的区别,可以迎刃而解:爱是把对方当目的,而不是工具——我通过满足你而满足我自己,我满足自己就是在满足你。

* * *

投篮球的时候,你并不"知道"距离的远近和球的重量,你举起球,朝着篮筐投出去,如果没投中,投近了,你下次就会多用点力;但这一次,你投得过远了,还是没进,于是你在上次与这次之间取一个中间状态；这次，你终于投进了，你的身体就记住了这个感觉。这里的"多"与"少"究竟是什么意思？你并不知道，也不需要知道。你既不能预先丈量世界，也不能预先丈量自身。你只能通过"效果"来丈量"活动"。你通过"调试"来获得"真理"。这里的"真理"其实就是"有效"。

* * *

"因信得救"并不是什么宗教话语，而是生活的基本构成。生活不是因为"确实"而生出"信心"，往往是因为"信心""信赖"而获得力量，从而促成了"确实"。世上本无所谓实在，"信"得多了，便成了实在。

* * *

年龄是一件被滥用的伪装。我们把自己的懒惰、不学、自大、狭隘、嫉妒、健忘……全都归咎于它。一句"岁月不饶人"轻轻打发所有过错，却忘了，你在拥有时光的时候，并没有做得更好。

* * *

成年人普遍患一种"骄傲饥渴症"，任何一种交往、一个行动，若不能成全自身的骄傲，就不再有动力去做。交往，更像是进行一种攀比与较劲。在这种情况下，不会有真正的快乐与松弛，有的只是水涨船高的焦虑。年龄越大，骄傲饥渴越强烈，但在现实中越难满足，最后只能坐井观天，蜗角争地。

*　*　*

骄傲感本身倒也没啥不对,说白了就是一种价值感的需要。但我们过于迷信一种"客观主义",以及一种"绝对主义",相信价值是客观、绝对的,这导致了无穷攀比。一个不合理的实践哲学背后,其实是一种颠倒的认识论。它意识不到:价值是多元的,因为价值是主观的。

*　*　*

如果一种价值是以贬低他人为代价的,哪怕是一种"高尚"的追求,那么,它总会导向某种残忍。"我想成为天才",与"我想成为总统""我想成为首富"有着核心的同构,它是另一种穷奢极欲。真正健康的情绪是"我爱","我在路上已经获得巨大满足"。真正免除嫉妒与怨恨的良药,是及时的幸福感,是欲罢不能的爱。是"已有","正在",而不是"将要"。

*　*　*

诗歌、艺术、哲学,这些不是奢侈,而是必需,它们致力于让我意识到自己的存在不是虚无,而是一个奇迹,永恒的一种显现,它们所建立的价值是所有价值的奠基:生(活)是重要的、必然的、尊贵的。

*　*　*

做一个人就意味着"做一个例外",否则也只是虚无,而非存在。

*　*　*

令人悲伤的不是青春在你自己身上凋零,而是青春在任何人身上都凋零,包括你羡慕的人,让你无可追寻。

*　*　*

自卑是很丑陋的一件事情。自卑的同义词并不是谦逊,而是傲慢。二者都是对虚荣的崇拜,得之则慢,失之则卑。对某个外在标准顶礼膜拜。无原则,无敬畏,无努力,充满贪欲与嫉妒。自卑的反义词并不是自信,而是自知。低者知其高,高者知其低。有自知之明,才是美与尊严之所系。

*　*　*

方言的凋零,远没有物种的凋零、森林面积减少受到我们重视。方言并不是一个标准语种无足轻重的变奏,形形色色的方言是一棵千年古树周围所共生出来的一个巨大的生态系统,这系统是由无数生命体所构成,它们各自填补着系统的某一个环节,负担着整个系统无微不至的意义输送、基因表达和新陈代谢。单凭标准语,并不能完成这么层次丰富、毛细繁多的意义编织、经验承载与情感表达。方言的凋零,意味着生态多样性的凋零,荒漠化,盐碱化,语义单一化,句型机械化,发音金属化,情感抽象化。

*　*　*

"低欲望"也成了一个可以贩卖的欲望。"来,花点钱,我卖给你一个低欲望生活。"资本辩证法真棒,你要啥我就卖啥,你不要,我就卖"不要"。

*　*　*

正是(唯有)通过"偏见",我们才能看到世界。正如唯有通过光、空气、尘埃、水汽我们才能看见终端那个"物"。我们无法假设那个抽空了所有"中介"的"纯真之眼",那无非是空洞的"视而不见"。区别只在于：每当偏见隐匿自身，变得"透明"，我们就称其为"真实"；每当偏见自身凸显出来，如大雾天、阳光炫目的正午、风起云涌的黄昏，我们就说"真相"被隐藏。鞋子合脚，我们就说自己走在踏实的大地上；鞋子不合脚，我们就说一切只是误会。但无论如何，我们都是通过鞋子来行走的——就连赤脚也是鞋子之一种。

* * *

善待身边每一个具体的人，而不是远方的人与虚拟的人，才能构筑起真正接近"善"的一个个台阶。

* * *

有一天，我们会意识到艺术比哲学（科学）说出的真相更多。哲学从混沌中取出一根树枝，说：我向你们展示"清晰"的真相；艺术把树枝扔回混沌，说：我向你们展示清晰的"真相"。

* * *

他者并非一个"我之外"的实存，而是我领会自身存在的一个维度。即便在鲁滨孙的荒岛上，我也会把自我当成一个"他者"，借此我才能完成"存在"与"意识"。反过来，世上的他者，其实也就是自我的一个倒影。他人非但不是地狱，恰好是生存的内在构成，硬币反面。

* * *

我们从来不是用"里面的我"界限分明地走向一个"外面的世界"。我走向世界，不如说更像舌头伸缩在口腔。一个前景意识，游走在一个巨大的背景意识之中。我所走进的，总是已经"我化"了的空间。

* * *

既然我可以退回到"我思"这个奇点,把整个肉身也当作"外物";那么,反过来,我也可以扩充"我在",把整个"世界"当作我的身体。正如我不只是用"眼睛"来看,我也用光线来看,用光线所照耀的事物和形体来看,整个视觉世界都是我眼睛的延展,听觉世界实际上就是我耳朵的延展,空间就是我身体的延展。

* * *

路上碰到,面对面聊天,几小时聚餐,两三天大型聚会,一起长途旅行……各种聚散,其实都是对最终结局的一次模拟。每一个小小的美好相聚,都伴随着一次小小的死亡,你忍不住想延长,想"杯莫停",想"秉烛游",你想将一小时延续为一个月,一个月延续为一年,直到你意识到,再长的陪伴与共享,最后也是分离。再多的喜剧,最后都是在凸显那个悲剧。

* * *

我们所说的"客观性",根本上就是指的"不自由性"。当我们发现,我们的任何感知、思考和行为,存在不由自主的成分,我们就称之为"客观"(而非"主观"),以至于,心理学也变成了一种"客观主义"的科学。因为"自由"虽然发自我们的"心",但我们的"心"却不总是自主的,它不由自主的一面(服从心理机制的一面),亦被视为客观了。

* * *

我们的存在始终受到一种"创世"的诱惑，一首诗的写出，一幅画的画成，让一个"未曾"变成"已在"，像神话中那只手，从虚空中掏出一件又一件金光灿烂的宝物，这是存在最深沉的召唤与明证。这甚至不能比喻成生出一个孩子，那未曾有过的孩子，很可能只是重复已有千年的命运轨迹，但我们寄希望的"未来之人"，却是一首终极之诗、绝对之画，它不断为虚空添进新的意义、新的感受、新的氛围……那迷人的不可捉摸之物，而不是按部就班的预期，才是存在的意义与尊严之所在。

* * *

关于意义只是语言内部自我编织的游戏的后结构主义唯名论新神话可以休矣。意义既不是荒诞地来自"世界"，就像从树上摘取的苹果；意义也不是符号的蛛网，吸风饮露的神仙。意义是"做"出来的。意义既不是纯粹的"饭"，也不是纯粹的"吃"，而是"吃饭"。无饭谈不上吃，无吃谈不上饭。吃饭是一个需要不断实现的过程，以此我们在时间与空间中绽出。

* * *

柏拉图在他的哲学中爱用医学作为比喻是具有洞见的。哲学和医学一样，始终要以"健康"为最高价值，而不是某个医术本身的自鸣得意。没有绝对高明的医术，只有"治好病"的医疗过程。

* * *

精神分析学所掩盖的几乎和它所揭示的一样多。就像一个人站在墙头猛地拉你一把,把你拽出一个坑的同时,掉进另一边的坑里。

* * *

在进行一段书写之前(无论诗与思),你心中如果涌起一股"浩叹",就像一个水龙头意识到背后有个巨大的水塔,那么书写一定流畅、喷薄、清晰而又有节律。否则,难免无病呻吟、逢场作戏的拖沓无力。

* * *

所谓思考,就是凡事都能想到反命题,并且,还能反回来。

* * *

心硬的人往往比心软的人更仁慈。心软只是一种无力,硬朗却往往匹配着担当。道德必须发自主动的意志,而不是息事宁人的软弱。

* * *

人终究是要被激素征服的,那就让一些美与豪迈率先占领我们的激素,比如诗歌,比如滑雪冲浪,比如高原与荒漠的驰骋,比如若即若离的爱情,比如愤而起、鸣不平……

* * *

但凡证明,终究都是为了说服。但实现说服,未必需要证明。信仰从未远离我们,它是我们获取真理的一种方式。很多时候我们"信了",就称其为"对了"。

*　*　*

卑微的尘粒,竟有过如此的深情。它若非存在,存在的又是什么?

*　*　*

诗始终比思考深刻一步,不,与诗相比,思考总是肤浅的。诗能深入你的肉,你的骨头,你的呼吸,你走路的步幅,你哭泣的力度,你爱恨的旋涡,你的时光和你的死亡……

*　*　*

文人炫耀自己的学识,有时像暴发户炫耀自己的金链子。炫耀并不因对象而区分高下。当你还在炫耀,证明你还不幸福。你从自己的拥有中并未得到满足。其实也就是说,你并不真的拥有。

*　*　*

你无法伤害恶毒的人,你只能伤害善良的人;你无法伤害恨你的人,你只能伤害爱你的人;你无法伤害怀疑你的人,你只能伤害信赖你的人;你无法伤害对你坏的人,你只能伤害对你好的人。总之,你只会伤害不该伤害的人,"人之道,损不足以益有余"。

*　*　*

就像莎士比亚说的,嘴只可能咬伤给它送食物的那只手。当你有机会伤害这个世界,是因为这个世界向你裂开了善意的口子。

*　*　*

并没有你可以赢得的未来;只有你从未享受的过去。

* * *

人是可以永葆青春的。必然而且唯一的办法就是：做自己想做的事情。你在她/他身上看不到遗憾与悔恨，也就是说：看不到时间的征服，看不到屈从。

* * *

不管理解的分歧有多大，不管在这些旗帜掩护之下有多少罪恶潜行，不得不承认，生而在世为人，归宿依然是"真""善""美"。而检验这一切的标准，竟然是"美"。你也许为你的行为有一万个关于"真"和"善"的借口，但你只需问自己，这个行为是不是值得欣赏的？你就知道它是否真的"真"，真的"善"。

* * *

无私是痛苦的，自私是荒诞的。爱人是脆弱的，自爱是虚无的。

* * *

美总是陷入腐朽，丑和悲剧从来不会。

* * *

"美""纯真"甚至"爱情"这些词，都只属于一段苛刻的年龄，而不会永远属于任何一个人。这些词，会像秋叶一样从一个人身上谢落，即使曾经一度辉煌，辉煌到我们忘了它们也在时间之中。

* * *

只有一种幸福值得追求，那就是所有人都有可能得到的幸福。侥幸是不值得追求的。因为侥幸本就不是追求得来的。

* * *

动人的不是"我陪你一起热闹",而是"我陪你一起孤单"。这个"陪"不是站在旁边,不是鼓掌点头,是理解,是爱,是不约而同、不言而喻。

* * *

美不是一种感受,而是一种经历,如果没有经历过冬天,伴随着它的荣枯,你就不会对春花有深刻的感受;没经历过攀缘之苦,你对山顶的风景就会损失深度体验。美并不是一个片段、断片,而是一根线条、一个纵深。所谓感受其实是一条漫长的经历,在时间和历史中累积起来的生命的内在关联,以感受之名寄托的那种命运的显现。

* * *

科学主义统治各个学科之后,我们对常识的不信任发展到极致。常识意味着"不科学"。吊诡的是,很多学术性的道理,虽然能说服我们的理性,却说服不了我们的常识。"太阳东升西落""酒精令人开心""我爱你"这些不科学的言论,依然统治着我们的生活,并且,顽强地保持着它们的价值,不像是终将一日被淘汰的样子。常识,在历史上固然经常扮演保守落后的角色,但部分地,也许反过来,倒是我们朝向未知世界边际处,最大胆也最前卫的觉悟。

* * *

关于艺术的"高雅"的论断并无必要。艺术与生活之间的隔离主义,要么导致了艺术的僭妄,要么导致了生活的放荡。艺术不需要声明自己不是"需求",艺术也不是什么"高级需求",艺术是各种需求达到精致化的后果。生活既不要拍脑袋把艺术拉下神坛,声称什么生活已经就是艺术;艺术也不要制造人为的种族隔离而享受落差带来的殊荣,而不承认自己的穷爹娘。艺术是生活各个方面努力的方向,艺术是生活的可能性与必然性,那样一种生活,我们称之为"美"与"好"。

* * *

对于艺术,几乎不存在什么"无偏好"审美。不管听音乐、看小说还是琢磨画作,太依赖一个人的心情了,它更像是一种对症下药的心理魔术(毕达哥拉斯曾用过的那种)。唯有自然风景,往往带着偶然、突然和强力,扑面而来,把你攫住,拽出体外,无需思考也不容分辩。

* * *

如果一场比赛只能有一个胜者,那么,它就是结构性残忍的,无论胜败者,都承受着这种残忍。真正的赢家,是规则本身。

* * *

"走马观花"是看不到花的。你必须和你的环境构成生存性的关联,你呼吸着它的节奏,融入它的命运,它的美才进入你的体内,你才感到在枯槁中绽放的那些明丽、渐变的细腻、惊见的欢喜。失去这种生存性的关联,哪怕你长久置身于同样熟悉的环境中,也会恍如隔世,感到陌生,彼此无法交心相照,美也蓦然消失。仅能凭着记忆去"知道",却无法"感到"美了。

*　*　*

没有哲学的日子,人固然是空虚的;但没有文学的日子,人是干枯的,没有灵性,没有光泽,没有深沉饱满的呼吸。

*　*　*

不应说"每个个体都是片面的、不足的",应该说"每个现象,都必须从某个尺度来测度,因而显出该尺度所固有的片面与不足"。不是"你"不完整,是"尺度"无从完整。

*　*　*

康德说,艺术领域并没有什么法则可言,直到天才创造出杰作,才诞生了一个法则。在实践领域(人格与行为领域),其实也一样,直到一个人做成了一件事,你才知道人类行为的边际在哪里,可能性在哪里。在此之前,一切关于人类可能性的猜测,都只是虚无。

*　*　*

人的孤独感是莫名其妙的一种东西,我们总是看着人群说"那是他们的热闹,谁知我内心的孤独",可是他不知道,"他们"根本不存在,有的只是几百个同样孤独的个体。同样,那些被人群簇拥的人,也无法摆脱孤独,因为他只不过是被复数的"孤独"簇拥着,当聚会散去,他们都回到自己密封的躯壳中,谁也不真正拥抱着谁。

*　*　*

我们经常带着鄙夷谈起"常人""平庸"。其实,"常人"与"平庸"是最难抵达的理想境界。无论是身体还是心灵,我们经常处于风雨飘摇中。能保持平衡,达到平均值,要临深履薄,用尽平生气力。撒手不管,或用力过度,得到的不是"平庸",而是崩溃。

* * *

最重要的引导,始终是兴趣的引导(而非学识)。所谓授人以"渔",指的就是兴趣。没有比"爱上"更重要的力量。世界不是"说服"推动的,是意志,是愿意,是持久的激情——爱。

* * *

"美"是一个贬义词,当你欣赏一场电影、一个画展、一场音乐会、一本小说,都用一个"美"字来形容,艺术家会感到绝望,你周围的朋友会把你当成笨蛋。"美"也是一个可有可无的词,在想要使用这个词的场合,你不说话,只是微笑,深呼吸,或者跳起来,并不会导致任何损失。这大概就是维特根斯坦所暗示的。

* * *

一旦解释介入,美感就消失了。美感不仅是感受的高级境界,其实也是认识和行动的高级境界。在认识上,美感就是会心一笑;在行动上,美感就是雷厉风行。

* * *

我们总是拿着"自我"作为一个典范,去度量一切"非我"的他人,自然就会在一切人那里发现不满。明智的人,与别人的好相遇,避开别人的不好;不因好而全部拥抱,不因不好而拒人千里。这也是庖丁的智慧。知人之智,归根到底是自知之明——相信自己并非最公正的审判者。

＊ ＊ ＊

真正的安全感并不在于具备了消费力,而是具备了生产力。能在这个虚无的时空中创造出价值来,是比占有一席之地更神奇的天赋。

＊ ＊ ＊

一颗真诚的心就总是年轻的;充满算计与虚伪,年轻面孔也掩不住老气横秋。

＊ ＊ ＊

浪漫不是"不切实际",是对虚无的抗拒,是万物生长时对光的渴望,对地心引力的抵制,是明知绝望的勇气,是肩膀上潜在的翅膀对飞翔的记忆,是坠落的天使前生的印记,是高贵与永恒的线索,是柏拉图窥见过的神迹。

＊ ＊ ＊

快乐有千万种。人最大的幸福,还是眼见给别人带来了幸福。

＊ ＊ ＊

回忆即爱,表达即行动。比如你回忆起一个人,一定是出于自己可能都没意识到的爱;而你要不要向他(她)表达,这有着天壤之别,表达并不只是如风的言语,它是改变航向的洋流。

＊ ＊ ＊

当你抱怨青春流逝的时候,你的青春才真的流逝了。青春是个量的问题,而不是质的问题。就像火堆与蜡烛,蜡烛并不是没有光。问题是你如何将它点亮,你眼中的光,你一挥手的光,你起舞时飘飞的光,你心底爱与智的光,那无论多微弱,也依然能照亮夜晚的光,只要一息尚存,就不至于无,除了自己,无人能熄灭的光。

* * *

美是一种人格指标,是一生努力的准绳:一个人能否体现出一种持久、多维的美感。比如,啰唆饶舌就不美,适可而止的沉默是美的;具有丰富内心的人是美的,内心贫乏就不美;慷慨大方的人看上去很美,斤斤计较就不美;流着哈喇子的欲望是不美的,如箭在弦的涨潮却是美的;一本正经或装疯卖傻都是不美的,亦庄亦谐的幽默感却是美的;自知且自信是美的,脱离实际的自负或自卑是不美的;自制力是美的,放任自流是不美的;爱人是美的,过度自爱则不美……人生也许是这样子:最后,你变得最美。(或者相反。)

* * *

欲望不因对象而分高下,凡损人利己者皆为卑劣。没有"高贵的追求"这种事情,只有"高贵地追求"这种事情。

* * *

艺术是情感的,而哲学是理智的? 不,所有精彩的都是令人疯狂的,所有令人疯狂的都是深刻的。

* * *

文学绝不是消遣,它是人性的必需品,不亚于粮食与空气,它把人提升到神一般的存在,在陀思妥耶夫斯基、巴尔扎克、契诃夫……的笔下,你同时成为农民与贵族、囚犯与圣贤、智者与文盲、富人与饿殍、男人与女人、悲剧与喜剧……

你悲天悯人，与古同在，你的胸怀扩充为天地。若不是文学，你只不过一粒自私的微尘，在风中挣扎着消散。

* * *

不应说"某人有这样一个思想，真了不起"，任何人都不能单凭某个思想而了不起，就像不会有人夸贝多芬某个音符了不起。任何时候，了不起的都是那个建筑物，而不是板砖。

* * *

英雄编织的毛衣，你得用一辈子去拆解。华丽的音乐，理智的讽刺，动人的观点，拆出任何一个立面的墙壁，都是单薄的、肤浅的。美妙的建筑没有别的，就是各种单体的奇妙互补，力学平衡的达成，步步为营的登天。

* * *

二元论终究是令人绝望的，我们唯一的出路是一元论，也就是说：认识到我的悲欢、我的情欲、我的孤独与自恋、我小小的饥饿与满足……都是普遍的、绝对的，都是思想，也都是意志。没有等待我去超升的第二个世界，只有等待我去完成理解的那同一个世界。

* * *

最终我们会发现，我们对生命所能做也值得做的不是"挣脱"，而是"理解"。

* * *

美在于怀着爱意与敬意，去凝望，去遭遇，乃至被刺痛；而不是携带着标准与滤镜，去侧目，去染指，去导演。

* * *

即便那些最"无法无天"的人也是深深赞同规则的，正是基于对规则的认同,他们才得以占规则的便宜,或者去突破规则。对规则毫无认同的人,顶多只不过是一头闯入城市的野牛,盲目冲突,毫无所成,而不会成为江洋大盗。也就是说,人心的"良知",并不由于作恶而减少。疾病,反而是对健康的认同。

* * *

一个缺乏自制力的人,也会是一个缺乏行动力的人。他若不能控制自己,也就不能控制生活。他的"放纵",无非是一股异己力量"借过"的通道,其中没有任何意志力,也没有真正的欲望。他在内疚与挫败感中沉沦,他无法腾出手去攻城略地。他没有时间,没有精力,没有意志去筹划,去展开,去享受。他跟自己缠斗不休并一败涂地。无法自控的人,不得自由,无喘息之机,没有真正的快乐。

* * *

勤于思考,不等于活得抽象,思考是为了照亮当下。思考和感受,都是出于并朝向生命之爱。"思"是坚硬而冷峻的锤子和铁锥,在它的切磋琢磨之下,最后从大理石中脱颖而出的光辉灿烂的感性,你把它称作"诗"。

* * *

我们误以为"永恒"是一种幻觉,一条无限延伸的路。殊不知,永恒正是当下的一种质地。一种光辉灿烂,笃定、充实而自足的当下。

* * *

没有永恒,无法凝视当下;没有当下,无法实现永恒。没有永恒的当下只是气泡,没有当下的永恒只是虚构。

*　*　*

为什么知识越多的人会越谦逊,越觉得自己无知?你画一个圆圈代表已知的世界,圆圈外就是未知世界。你的圆圈越扩大,与未知世界的接触面就越大,就越发觉自己无知。反之亦然。

*　*　*

庸俗的本质其实就是单薄,天天谈论黄段子是单薄的,天天把"相对论"挂在嘴边也是庸俗,生活与头脑,缺乏层次,缺乏褶皱,缺乏丰富性和多样性,就会陷入庸俗。——大自然从不庸俗,即便天空、大海和沙漠,也从不重复自己。

*　*　*

我们把"私人"与"公共"画出界线,使用了公共的物品之后要洗手,可是,即便在最孤僻的独处中,我们也操持着最为公共的东西:语言。我们被语言的粗鄙、油污、破旧所污染而不自知。我们日日洗澡,却不净化自己的语言。我们随便从手机上捡起一件语言的百衲衣就穿上,我们翻食语言的垃圾桶,躺在语言的苍蝇堆上。可是诗,引领我们上升,参天大树,探出潮湿阴暗的丛林,接受新鲜的风、充沛的阳光、洁净且肥沃的雨水……那不懈的提炼者,酿出了语言的醇酒,金黄的面包,分享给众人。语言的环卫工人,农民,牧夫,严谨的厨师……诗人。

*　*　*

诚如赫拉克利特所言,博学与智慧是两码事。一个人用头脑理解的道理固然高明；然而一个人因这理解而达到的人格上的"清明"状态，才能建立"道理"与"日常"之间的关联。我们喜欢听一个幸福者的言论，因为他的言论至少真实地滋养了他。没人愿意聆听一个干枯的博学者。就像没人愿意聆听一具没有生机的躯体——尽管它五脏俱全。

* * *

"爱智慧"这个词，我们容易忽视的是这个"爱"字。孔子说"吾未见好德如好色者"，大概说的就是这个"爱"字。对待智慧就像对待性伴侣一样，情感与理智高度统一。能对理智产生生理快感，才是智慧的真正面貌。

* * *

你可以愿望一个利于大家的东西，但你这个愿望本身依然是私人的。这是我们"好心办坏事"道德困境的根源。你有没有可能形成一种大家所共有的愿望，或者会不会设想大家都能满足各自的愿望。——这也许才是希望所在。

* * *

当我沉浸在诗歌久了，我就预感到一种疏松的威胁，我便渴想着哲学的深邃绵密；当我沉浸在哲学久了，我就预感到一种枯干的威胁，我便渴想着诗歌的丰盈多汁。我的生命总是在这两端荡漾，维持艰难的平衡，妄图渡越四顾茫茫的时空，找回伊萨卡。

* * *

沉浸在哲学中，你未必是个可爱的人；但当你沉浸在诗歌中，你几乎总是可爱的。诗是一种直接的状态，读诗、写诗和你的心态之间,呈现出互相成全的关系,读一点诗,我们就可爱一点。哲学毕竟呈现出一种抽象,即便在你面目可憎的时候,你也依然可以思考概念和逻辑问题。简而言之,单靠哲学达不到哲学的目标:人的完善。我们需要直接的力量:诗、山水、大海和天空。

* * *

不论是卑微的碌碌还是崇高的碌碌,都是碌碌;不论伟大的杠杠还是平凡的杠杠,都是杠杠。生命本身的质地,不会染色于它所念叨的形容词。

* * *

你以为是未来在牵引着过去,其实是过去引导着未来,童年的阴影几乎铺成未来所有黑夜,童年的光亮铺成了未来全部白天。我们以为"故乡"是土壤,其实"故乡"是那颗种子,曾经的你,未来的你,全部的你。

* * *

过度的善举经常抱怨世间的无情。它忘了真正决定价值的是需求而非泛滥的供给。干旱的人不会感激洪水。善意若不克制,也只是灾难。过度的善举背后是一种"致命的自负"。

* * *

善良很多时候是一种伪装了的软弱,把"不得不"伪装成"情愿"。这种"善良"往往对更弱小者暴露出极大的恶毒。他们中间流行的其实是尼采所谓的奴隶道德。这就是为何在经典伦理学讨论中把"自由意志"视为道德的前提。

永远不说"不行",要说"可以,但有另外一种方式……",永远不说没有缝隙,要说:走,我们去寻找微光,说不定那就是黎明。

* * *

压抑年代所蓄积的饱满在及时行乐的年代涣散成纷纷的早泄。

* * *

我们总以为力量是物理的,至少也是生理的,其实它是心理的。心里的悔恨、挫折、自卑会让一个身强力壮的人一蹶不振,从此失去行动力。而心灵的振作、释怀和遂志,会让一个羸弱的人容光焕发、手脚麻利、举重若轻。

* * *

困难总是想象放大的,现实却总是可以度过。所以,不要让想象战胜了现实,而要用行动来消除顾虑。

* * *

真正的拥有,是始终不曾真正拥有。比如初恋,比如故乡,那些你永远不会厌倦、忽略和遗忘的事物。

* * *

并非"失去才懂得珍惜",即便再给你一次机会,你也并不会珍惜。有意义的是一定限度内的、持续的失去,裂出一道缝隙,拉开一道距离,带来一种摇曳的不确定性,通风透气,让你恢复听觉与视觉。

* * *

"一生"是由许多个"重生"构成的:免于父母之怀是一次

重生,告别家乡去远方求学是一次重生,出国是一次重生,一场爱情是一次重生,踏入职场是一次重生,切换工作也是,生儿育女也是……生从来不是一场完成时的存在,不是站在"无"对面的"有"。生是不断地重新出生。生不是待在那里,而是一次又一次地、哪怕是带着阵痛和感伤的出生。

* * *

自信是什么？当一个人信奉某种理念,而他真的按这种理念去做到了,他就获得了自信。否则,即便收获再多,他也会被一种无力感所折磨。

* * *

离别是一把钥匙,它开启了许多早已被习惯锁进遗忘的事物。

* * *

心不在焉,目视而不见。壮志未酬,丘壑难入胸怀。美景从不在你心外,你看到的都是自己的状态。

* * *

没有纯粹的感知,感知总是随境遇而突变。同一片山水,昨天是温柔,今天就成了刺痛。

* * *

对于有死的存在,并不存在"投资品",实质上都是消费品;不存在"所有权",实质上都是使用权;不存在"拥有",皆为租借。

* * *

突然无法谈论任何人的死亡。很显然:只有幸存者能够谈论死者。并不存在那个假想中的"尊重"和"谦卑",不会有死者和生者坐在同一个圆桌上谈论死亡。谈论死亡永远是幸存者的特权——如果不是"骄傲"的话。众所周知,死不会被改变,任何悼念都改变不了死,只不过荣耀了生。死是绝对的虚无,与一切脱钩。只有虚无可以纪念虚无。只有沉默、孤独、受难,用自身的湮灭去喂养遗忘,才能与死者相逢于另一端。

* * *

活跃在你身边的鸟儿,跟笼中的鸟有本质不同。它不只是"一只鸟",而是一个网络的端口。一只鸟儿的自然冒出,牵连出整个生态,它意味着链条上下有很多物种已经归来。它仿佛上帝递到你面前的一封信,联通你和神秘而广阔的宇宙,带来天堂的讯息。

* * *

一种立场(范式、出发点)会带来一种系统性的发现,它成为你赖以远行的偏见。持有马克思主义的立场,本雅明开启了他奇怪的对电影的资本主义批判;持有(反)黑格尔主义的范式,阿多诺获得了大量的反常识的脑筋急转弯;持有极端唯名论的范式,古德曼系统重构了我们与世界之间的关系(的理解)。无路则无以远行,但路并非远方。

* * *

当你发现一只不知名的鸟,你就用各种办法调查它的名称,当各种信息核对上了,确认了名字,你得到了什么呢?——你对它的观感并不会因为一个命名而增加——你获得的是一个通道。一个名字，把你个人的经验联通到一个历史性的人类经验，以及与此名词相关的牵丝不断的人类历史积累的知识。专名并不是"命名一个事物"以便于称呼对象，命名是放入文明之网中的一个节点，让一个孤立的点成为"九省通衢"。

* * *

当我们说人品和学品、画品、诗品有一定关系，我们并不是认为道德与造诣之间有什么逻辑关联，更不是试图拿道德来绑架艺术和学术。只是说，一个老想着算计别人的人，总是有着多于学术、艺术目的的人，他就难以凝聚心力，一心一意地经营他的主业。这的确会造成影响，显出某种涣散、犹疑、乏力和枝枝蔓蔓。

* * *

中文"明白"是一个很贴切的表达式。思维的最佳状态是具有，上心只是浅层状态，深层状态是上身：就好像你全身的神经和毛细血管，你全部生存维度（情感、实践、思维）的神经和毛细血管，都受到了这一缕光的照亮。你感到你的存在从此有所不同，虽然这个"不同"可能是多么微不足道，就像一粒盐化入一口大缸，但每一滴水的的确确变得不同。

* * *

思考也是受到冲动支配的，那种冲动一旦过去，写出来的东西就干巴巴的，明明那些概念、逻辑、证据链条都还在，但整体的严密性和有机性就大打折扣。——所谓"冲动"，是一种全身心的激活状态，不仅仅抒情依赖这一点，说理也依赖这一点，实践活动亦如此。人是一个有机整体，它必须整体协调到某个频率，以便高效率、高质量地完成某一项任务。

* * *

我们总在寻找一本书的"观点"或者"结论"。我们相信：一本优秀的厚书，是在用各种案例、各种逻辑环节来证明一个观点，得出一个结论。之所以有那么烦琐的论证（叙述），是为了说服，让我们"相信"。事实往往相反，不是那么多事实和逻辑环节在证明一个观点，而是一个观点作为工具、角度、出发点，在帮我们重新审视每一个事实和环节，重新认识那些习以为常。所谓"相信"，就是这样一种沉落、解剖和揳入，与其说相信一个观点，不如说更为犀利地进入事实。

* * *

在"雾霾"这个词出现之前（大约 15 年前），北京是没有雾霾的，没人体验到雾霾，人们甚至很少觉察到空气差（比现在差多了）。概念不仅是一种解释，更是一种塑造，塑造我们的感知。如今我们处处闻到了雾霾，好像一切都是刚刚涌现的。

* * *

一种理论，并不是提供"真理"，揭示"事实"，一种理论是提供一种概念工具（扳手、钳子、改锥……），帮助更为精密地打磨、拆解、衔接、更新我们的感知和认识。各种理论构成一套脚手架，最终成全的是一种在空无中伫立起来的姿态各异的生活世界。

***

很多时候，一张照片是一种态度、一串铺垫、一番劳作，它需要去了解候鸟群如何在黄昏时起飞，几月几号的月亮会在哪个角度的天空升起，它需要热爱和耐心，尤其需要承认：一瞬间的美值得日日月月的守望。

***

读好了一本好书的标志，就是对十本相关好书产生了饥渴。

***

什么是理智？理智就是要对不义永远保持愤怒！

***

要么无知无畏，要么无知特畏。从来缺乏清醒的勇敢，理智的敬畏。

***

总是在最后一点残冰融化时感受到一年的结束，在最初一丛迎春花点亮时感受到新一年的开始，日历在我眼前总是模糊的抽象的隔膜的事情，被人捉着手去告别和迎接。对我来说，轮回是一种身体上的事情，一种关闭换来的一种苏醒。

***

言论集从 2015 年走到 2019 年，重要的也许不是 thoughts，而是 thinking；不是活着的人有思想，而是思想在人身上活着。

（2020—2021 年）